新时代教育高质量发展书系
XIN SHIDAI JIAOYU GAO ZHILIANG FAZHAN SHUXI

U0729738

梅越平 ◎ 主编

多彩的教育

STREAM融合课程案例集

中国大百科全书出版社　　知识出版社

图书在版编目（CIP）数据

多彩的教育 ：STREAM融合课程案例集 / 梅越平主编.
-- 北京 ：知识出版社，2021.11
（新时代教育高质量发展书系）
ISBN 978-7-5215-0018-9

Ⅰ．①多… Ⅱ.①梅… Ⅲ.①课堂教学－教案（教育）
－初中 Ⅳ．①G632.421

中国版本图书馆CIP数据核字（2021）第258738号

多彩的教育：STREAM 融合课程案例集　　　　梅越平　主编

出 版 人	姜钦云
图书统筹	王云霞
责任编辑	易晓燕
责任印制	吴永星
出版发行	知识出版社
地　　址	北京市西城区阜成门北大街 17 号
邮　　编	100037
电　　话	010-88390659
印　　刷	北京一鑫印务有限责任公司
开　　本	787 毫米 ×1000 毫米　1/16
字　　数	255 千字
印　　张	19
版　　次	2021 年 11 月第 1 版
印　　次	2023 年 3 月第 2 次印刷
书　　号	ISBN 978-7-5215-0018-9
定　　价	60.00元

本书编委会

主　　编　梅越平

副　主　编　易　珊

编委人员　巴春霞　　王思浩　　陈克娜　　夏榕蔓　　罗　睿

　　　　　　　黄颖新　　任亚楠　　江淑娇　　孙　逊　　李　峰

　　　　　　　夏方方　　庄丽伟　　黄夏萍　　汪　颖　　刘　慧

　　　　　　　徐日纯　　唐华昱　　牛翠贤　　赵燕飞　　欧广玮

　　　　　　　孙　帅　　程忠娣　　周小燕　　陈碧云　　李　聪

　　　　　　　郑　伟　　郭美燕　　陈羽歆　　黎永豪

序

　　教育是关乎千家万户的事业，任何一个社会，都需要教育思想的引领。时代在变，教育也在变。然而，变中也有"不变"，所以，我们要对教育进行哲学的思考，只有搞清楚了哪些需要变，哪些不能变，才能真正做好教育。而教育的本质是什么，什么是好的教育，理想的教育是什么样的，这些最基本的教育问题应是教育哲学思考的源头。只有弄清楚这些最基本的问题，我们才能找到正确的方向，办出有质量的教育。

　　教育是培养人的事业，是一个通过培养人让人类不断走向崇高、生活更加美好的事业。因此，教育最重要的任务是塑造美好的人性，培养美好的人格，使学生拥有美好的人生。如何达成这样的目标？那就需要一批有理想、有情怀、有追求、有实干精神的校长和教师，用自己的青春和智慧去践行。而在现实中，也确实有这样一群人，他们热爱教育事业，关爱每一个学生，一步一个脚印，用脚去丈量教育，用心去感受教育，用智慧去点亮教育。

　　如何将这样一群人聚在一起，用他们的智慧去影响更多的教师？

　　中国大百科全书出版社、知识出版社策划出版了"新时代教育高质量发展书系"，进行了可贵的探索。他们在全国范围内会聚了60名优秀的教育工作者，这些教育工作者大多是扎根教育一线的优秀校长和教师。书中的经验、实践、体会和思想，既有教学的艺术，也有管理的智慧；既有育人的技巧，也有师德的弘扬；既有教师的发展思考，也有校长的成长感悟；既有师生关系的融通之术，也有家校关系的弥合之道。60本书，60个点，每一个点都是一门学问，一门艺术。

　　我今年给"新教育"的同人写过一封新年信，题目是"让教育沐浴人性的光辉"，从三个方面对教师的工作提出了建议。我也把这三条建议送给这套丛书的作者和读者朋友。

　　一是要善待我们自己。要珍惜时间，张弛有度，让人生丰盈；发现教师职业魅力，做一个善于享受教育生活的人；培养健康的爱好，做一个有生活情趣的人；与学生一起成长，做一个在教育过程中不断进取的人；不断挑战自我的最高峰，做一个创造自己生命传奇的人。

二是要善待学生。要把学生作为一个真正的人看待，让学生能够张扬自己的个性，发挥自己的潜能，成为更好的自己。在我们教室里的学生，首先是活生生的生命。我们应该从生命的角度考虑，首先是如何帮助他成为一个人，一个有理想、有激情、有智慧的人，一个能够适应社会并且受人欢迎的人，一个挖掘自身潜能、张扬不同个性的人。

　　三是要把教育的温暖传递给社会。许多问题，归根结底是教育的问题。尽管我们任何一个人，作为个体的力量都是有限的，但是，再渺小的个体，也能够温暖身边的人。所以，我们要让所有和我们相遇的人，都能够感受到我们的美好和温暖，这也是让人与人之间，让全社会变得更美好、更温暖的有效方式。

　　有人性的人是明亮的，有人性的教育是光明的。让教育沐浴人性的光辉，我们的今天将会更加幸福，我们的明天将会更加美好，我们的世界将会因此璀璨。

　　是以为序。

朱永新

2020 年 5 月 1 日

目 录 | CONTENTS

STREAM 融合课程

　　本节内容以 STREAM 为主题，进行主题项目的开展。STREAM 是所有融合课程的基础。我们最先接触到的理念便是 STREAM 中的融合。STREAM 融合课程中包含了 S（科学）、T（技术）、R（阅读）、E（工程）、A（艺术）、M（数学）。以项目式学习的形式为主，在每一个项目中提出一个核心问题，让学生围绕着这个问题进行探索研究，在研究解决的过程中，学生通过自主学习掌握新知识。不难发现，在整个过程中，学生对于知识的获取不再是通过老师，而是自己主动对知识进行汲取。

　　在此板块，我们设置更偏向于工程技术方面，知识的综合性强，包含编程、工程搭建、电路连接、科学实验。随着课时增加，学生的动手能力以及逻辑思维能力逐渐得到提升。

智能发光杯

易　珊

一、设计背景

在喝水、喝饮料时，有时候我们并不知道此时的水温，贸然喝可能会烫伤自己。如果有一款可以提示水温的杯子，在水温不同的情况下给予指示，以免遭受烫伤。在这个项目中，学生将从生活实际问题出发，运用不同的知识方法设计一款可以提示水温的水杯。

二、解决问题

怎样设计一款水杯可以提示水温？

三、融合要素对接

类别	目标详解
科学原理	物理：1. 能够利用 LED 灯、Arduino 扩展板和线路串联成闭合回路，使得线路可以工作正常。从中可以学习到电路的基本知识（人教版九年级物理 第十五章第 2 节《电流和电路》）；2. 学会利用传感器，掌握传感器的基本原理（人教版九年级《物理》第十六章第四节《变阻器》）信息：教学生学会利用 mPython 图形化编程软件，根据温度的变化指示灯做出不同的变化。（广东高教 B 版七年级下册《信息技术》第二章《智能机器人程序设计》）
技术制作与技术知识	1.mPython 软件编程的方法 2. 将所编好的程序语言收录到扩展板中，用电线将 LED 灯与传感器、主板连接起来 3. 通过这个过程培养学生的逻辑思维能力
工程支持	学生通过自主动手制作发光杯，通过项目式学习进行方案的设计、实施、优化和最终产品的得出，学会系统地解决问题
艺术	学生对产生的反应发出的灯光进行设计，将产品设计得更美

四、课前准备

mPython 掌控板及其配件、温度传感器、水杯、胶带、剪刀等。

五、5E 教学过程

情境引入→问题探究及方案设计→教师对模块编程进行讲解→学生实操→外观设计→完善改进→模型成品展示交流。

5E 探究式教学流程

1. 参与引入

你会不会遇到这样的情况，有时候在自己口渴时准备猛喝一口，结果发现水很烫，把自己烫得直哈气。我们有什么样的方法可以避免这样的情况发生，为杯子做一个显示标志提示我们水温呢？

2. 自主探究

以小组为单位，指导学生进行自主探究：

（1）如果让你来设计，你会设计出什么样的杯子？将你的想法写下来或绘制出来。

（2）你所设计的杯子的原理是什么？需要用到哪些材料和技术？可以实现吗？

（3）探讨制作步骤，制作流程分为哪些阶段？每个阶段会运用到什么知识和技术步骤？

教师先让学生根据自己的想法进行方案的设计，学生会根据不同的原理和方法得出不同的方案，此时教师让每组派代表分享方案，其他小组进行可行性分析。

怎样制作让你的杯子更好看？

3. 解释交流

教师可以挑选出一种可行性最强的方案让学生们进行制作，在这里我们以其中一种方案为例。方案不局限于此，教师也可以根据实际情况做出调整。此方案主要用到的是 Arduino 扩展板与传感器的连接以及 mPython 图形化编程。

教师利用问题进行指引：

（1）在此情境下，我们研究的变量是什么？学生会回答水的温度。

（2）那么我们要用什么工具或方法来监测"温度"这个变量，并且根据温度的变化使杯子做出反应？从这里引入"传感器"这个概念。教师分发温度传感器给学生，让学生观察。

【温度传感器】传感器是一种检测装置，能感受到被测量物质的信息，并能将感受到的信息，按一定规律变换成为电信号或其他所需形式的信息输出，以测，将接收到的温度信息转化成为信号，转到相应的处理器中。

（1）收取到的温度信息怎样转到处理器中呢？处理器又是什么呢？在这里，我们将传感器与处理器相连，它就像我们电脑的 CPU，可以将温度传感器传过来的信号按照我们的编程语句指示传出端的设备做出相应的变化。

（2）传感器可以监测温度，那么要怎样让你的传感器将它所检测到的温度表达出来呢？学生可以给出自己所想象的表现形式，声音、灯光等。

【mPython 模块编程】指导学生进行编程：（mPython 的基本用法）

（1）带学生熟悉软件的基本界面，这个编程软件并不需要编程代码，而是图形化模块编程。

（2）所要确定的关系是灯光会随着温度的变化而变化，RGB 灯带随着温度的变化而变化，温度在 30～50℃变黄，温度在 50～60℃时变橙，超过 60℃变红。当然每个人对温度的敏感度不一样，可以根据自己对热爱的接受程度进行数值的改变。

（3）将逻辑想法转换成为编程模块。

4. 精致完善

教师提问：这里的传感器温度跟实际水温是一样的吗？因为有玻璃的阻隔，可能有一定的误差，因此同学们需要根据差值进行调整。学生根据老师的指导进行编程、线路的连接以及测试，自己还可以根据需求改变温度阈值，以及随着温度所改变的小灯的颜色或者亮灯样式。**继续向学生提问：**在你掌握了如何编程之后，你能对编程语句做出改变，让小灯发生不同的变化吗？或者可以不是亮灯，有别的变化方法吗？有的学生可能会让灯光随着温度的上升越来越亮，有的学生会把灯光变为喇叭、蜂鸣器，超过一定的温度时，蜂鸣器会响。

5. 展示评价

学生展示交流他们所做的发光杯，倒入不同水温的水，测试发光杯是否可以根据温度的变化产生相应的变化。在这个过程中学生讲述制作过程和制作心得。

项目	自评	他评	教师评	总评
产品设计				
操作过程				
实际效果				
新颖之处				

续表

六、教学点评

这一项目的难度较大，在这个课开展之前，教师应对学生进行 mPython 简要教学，以免学生会跟不上或者不会使用，让他们先了解其基础编程模块应该怎样堆放。有的学生在小学时期可能学习过 Scratch 这样的模块编程软件，对于 mPython 应该比较好上手。学生在学习到它的基本功能之后再去应用会有比较大的兴趣，并且也会通过这次项目继续思考它可以编写出其他的程序用于生活实际用途，或者仅仅是好玩也许就能培养学生编程思维。随着人工智能的迅速发展，培养学生的编程能力是至关重要的，其实在本书的一个章节中专门有关于人工智能、编程方面的项目，老师应很好地把握开展这些项目。

DIY 酸奶产业链

易 珊

一、设计背景

酸奶作为一种奶制品，受到很多人喜欢，每个人的口味也不一样。制作酸奶的原理和过程都并不复杂，让学生通过开展 DIY（自己动手做）酸奶项目，不仅能够学习到酸奶制作的原理，涉及的生物学和化学知识，还可以通过市场调查、营销策略培养学生发现问题、解决问题的能力，同时还可以培养学生的创新精神。

二、解决问题

DIY 一款酸奶并设计营销思路。

三、融合要素对接

类别	目标详解
科学原理	生物：1. 通过观察酸奶成分表、查阅资料等方式了解酸奶制作及酸奶的有效成分是什么、酸奶的种类；2. 通过制作酸奶，掌握酸奶发酵的原理，了解其中起作用的菌类——乳酸菌的形态，了解微生物在生活中的作用（人教版初中生物八年级上册第五单元第四章第二节《细菌》）化学：在乳酸菌发酵中涉及什么样的化学反应，我们品尝到酸奶的酸味来自哪里。（人教版初中化学九年级下册第十二单元课题1《人类重要的营养物质》）

续表

类别	目标详解
技术制作与技术知识	学生学会市场调研、产品促销等系列手段，将自己所制造的酸奶成功地推销出去
工程支持	让学生思考并给出合理方案：如果要量产所制的酸奶产品，需要怎样做？
艺术设计	为你的酸奶制品设计外包装，让它更容易被销售出去，从而培养学生的艺术涵养

四、课前准备

酵母粉、纯牛奶、各种水果若干、酸奶机。

五、5E 教学过程

情境引入→酸奶设计→实地调研→产品制作→加工改进→分享交流。

5E 探究式教学流程

1. 参与引入

教师以询问学生喜不喜欢喝酸奶，喜欢喝什么品牌的酸奶引入。这种引入方法更能引起学生的兴趣。**教师继续提问：**那么同学们想不想自己亲自动手做出你最爱的酸奶呢？在本次项目中，我们将打造自己的酸奶品牌，制作属于你的酸奶。

2. 自主探究

指导学生进行自主探究：

探 **究活动一**

自制酸奶

学生以小组为单位去超市，将酸奶的品牌及其成分记录下来，每个小组可以选购自己最喜欢的酸奶或者感兴趣的酸奶进行品尝，一起绘制成表格（见下表），将酸奶口感一起记录下来。汇总所有学生的调查表格，让学生分析酸奶的成分，并研究其与酸奶口感的关系。

品牌	购买时间	口感	成分

教师提出问题指导学生探究：①酸奶形成的原理是什么？②不同的酸奶口感不一样，有的稀有的稠，是不是酸奶越浓稠其品质就越好？③酸奶中的成分对酸奶的制成有什么作用，是不是都需要添加？④怎样让酸奶的保质期更久？⑤如果需要你设计制作一款酸奶制品，可以考虑的方面包括酸奶的口味、口感等。请写出你的设计方案。

学生根据老师所提出的问题，以小组的形式先进行资料查找与探究，写出研究报告与所设计的方案。

探 | **究活动二**

市场调研与产品营销

为了让你的产品能够畅销，需要利用一些方法营销你的产品。学生设计营销自己产品的方式，小组讨论得出营销方案。

老师给出建议，学生可以从产品的新颖度、产品包装（即包装外观的设计）、合理定价、客户需求调研、选择销售的渠道、宣传促销等多个方面进行方案的制订。制定合理的营销方法和产品外包装。

3. 解释交流

本项目的主要难点在于酸奶制作的原理，教师在学生制作前先给学生做简单的介绍。

【**酸奶形成的原理**】自制酸奶的基本原理其实就是在牛奶中接种乳酸菌，让它在合适的温度（40～42℃）下大量繁殖（发酵），把牛奶中的乳糖分解成乳酸。因为发酵过程中产生的乳酸，会使发酵液的酸度逐渐下降，当 pH 值达到 4.6 左右的时候，牛奶中的酪蛋白就会缓慢地沉降下来，形成细腻的凝冻，整体溶液的黏度也会增加，就形成了我们喜爱的酸奶。经过一段时间的发酵后，将奶降温并放置一段时间，形成凝固状的酸奶，当然也可以在发酵完成后添加果肉等其他配料。如果在发酵完成后再一次加热灭菌，就是常温酸奶（乳酸菌全部杀死了）。

乳酸菌进行发酵其实就是乳酸菌在无氧条件下进行呼吸作用，涉及的化学反应方程式为：

$$C_6H_{12}O_6 \rightarrow 2C_3H_6O_3 + 能量$$

4. 精致完善

学生根据所设计的酸奶制作方法进行酸奶制作实验，并在制作测试之后根据反馈进一步改进，最终得到满意的产品。在制作产品过程中，按照所制作酸奶的口味，还可以向里面添加果粒，改进酸奶的黏稠程度等。在制作过程中可以通过现在比较热门的微视频 App 进行记录宣传，还可以通过朋友圈进行宣传和推销。

5. 展示评价

在学生完成制作之后，让学生将所制作的酸奶带到学校，小组之间互相品尝打分，每组进行宣传，并将制作过程的视频放出来，分享制作过程，小组评分，选出最受欢迎的产品。

项目	自评	他评	教师评	总评
设计方案				
酸奶品质				
包装设计				
宣传手法				
是否解决问题				

六、教学点评

本项目从产品的研发到包装设计，再到宣传销售，都是需要同学们参与设计的，在这个过程中，学生们不仅学习到了制作酸奶的原理、涉及的生物以及化学知识，而且学会了营销的方法，对以后学生的就业也有很大的帮助。在整个过程中都运用到了设计思维的理念。第一步，学生需要自己做调研，调查大众所喜爱的产品是什么，了解需求才能做出更受欢迎的产品，这样销路才能更好。第二步，学生决定自己要做什么样的产品，这一步是需求定义。第三步，学生对自己的产品进行构思，在设计好产品后还要考虑怎样将产品推销出去。

第四步，学生们开始着手将自己的设计实现，做出原型产品，再在此基础上一步步改进，最终得到满意的作品，并真正上市实践。在这个过程中，不仅需要学生们团队合作，还提升了学生从多个方面解决问题的综合素养，是综合性非常强的一课。

厨房废油变手工皂

陈克娜　王思浩

一、设计背景

在厨房中，经常会产生废弃油脂，很多餐饮单位流出的废弃油脂则更多。一些不法分子为赚黑心钱，会把大量的废弃油脂重新加工变成地沟油送回餐桌，严重影响了人们的健康。如何防止这种现象的发生，一直是让有关部门感到头疼的问题。学生在九年级化学下册已经学习了酸碱的知识，对油脂的碱性水解有了初步的了解。教师可以引导学生利用已有知识并查阅相关资料，尝试回收家庭或学校食堂废弃油脂，将其作为原料制成肥皂，并可根据创意需求，变成DIY手工皂。自制的手工皂可以清洗厨房中的油污，环保又省钱，还能在一定程度上避免地沟油流回餐桌，引发人们的健康问题。

二、解决问题

利用油脂皂化反应，改进配方制作手工皂。

三、融合要素对接

类　别	目标详解
科学原理	1. 化学：去除油污的原理（初中化学第九单元《溶解与乳化》，高中化学选修四《碱性水解和表面活性剂》，高中化学选修五《皂化反应》） 2. 生物：微生物对废油的分解原理与环境影响（高中生物必修一《微生物》） 3. 物理：溶解性，火碱与油脂的物理性质（八年级物理《热现象》）
技术制作与技术知识	1. 溶解、分液、凝固等化学基本操作 2. 搭配设计相关配饰
工程支持	1. 整套实验的仪器组装 2.DIY 手工皂的设计资料

续表

类　别	目标详解
数学描述	用控制变量法探究加入原料的量的控制对成品的影响
艺术体现	手工皂的色彩搭配，配饰融合主题，装饰切割不同形状等

四、课前准备

原料：颗粒碱、油脂（橄榄油、杏仁油等，学习方法后可收集家用废油为原料）。

装饰材料：食用色素套装、干花套盒、香味剂、金粉金箔。

工具仪器：加热炉、温度计、电动打蛋器、不锈钢打蛋盆、不锈钢小勺（搭配颗粒碱使用）、量杯、刮刀、镊子、一次性手套、一次性筷子、模具（选取）。

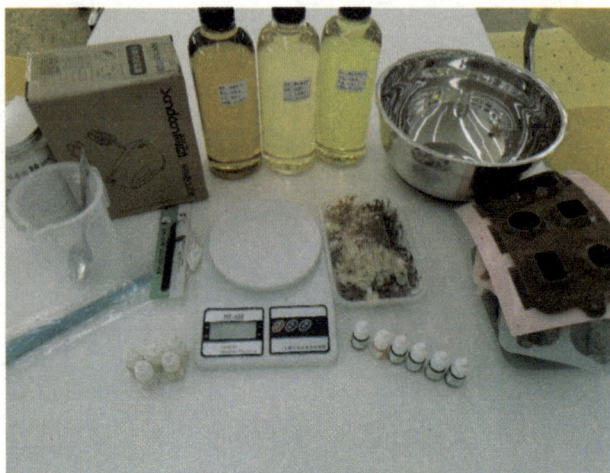

厨房废油变手工皂－原材料－王思浩摄

五、5E 教学过程

情境引入→查阅资料，初步形成流程图→去除油污原理和化学基本操作等，讲解→完善手工皂制备方案，课堂练习手工皂→回收废油合作制造手工皂→手工皂添加创意后校园营销→成品展示交流与评价。

5E 探究式教学流程

1. 参与引入

提问生活中如何处理油污？

2. 自主探究

教师给出探究项目和学生引导，将废弃油脂变为手工皂需要了解哪些方面的知识，让学生有方向地查阅相关资料。将学生的

想一想，猜一猜，论一论

油渍弄脏衣服怎么办？

展示图片，提问生活中如何处理油污？

探究任务分解为以下4个部分：

（1）地沟油的危害

查阅资料，了解地沟油的危害，以及废油是如何被微生物分解，使江河"富营养化"，从而使水沟或河水发臭的。通过调查，可以进一步让学生感受到将废油变废为宝的必要性。查阅资料，了解油脂有哪些好处，比如可以做肥皂，有些废油还可以做花的肥料等。

（2）油脂变为手工皂的原理

学生查阅资料，了解油脂可以如何变为肥皂，这其中涉及哪些原理。有条件的学生可以实地考察，生活中的肥皂是如何通过化工生产出来的。

（3）收集废油自制手工皂

将厨余废油等收集起来，查阅资料，根据"皂化价"设计配

厨房废油变手工皂－学生作品－王思浩摄

方，添加原料制作环保手工皂，制得产品包装存放一个月左右，待产品成型，展示改进。

（4）校园展销会

课堂与家庭制作的手工皂可以进行校园义卖，锻炼学生表达能力，还可以奉献爱心，帮助他人。

3. 解释交流

现象问题1：在本课堂中所制作的手工皂能否日常使用，取代生活皂？

在本课堂中所制作的手工皂为基础款，普通肥皂的活性因子主要用来去除油污，不具有更多功能。而肥皂不可避免的碱性环境能简单破坏细菌和病毒的蛋白质结构，从而有一定杀菌消毒功能，为提高其他功能如滋养皮肤、消毒杀菌可加入一些草药或试剂。

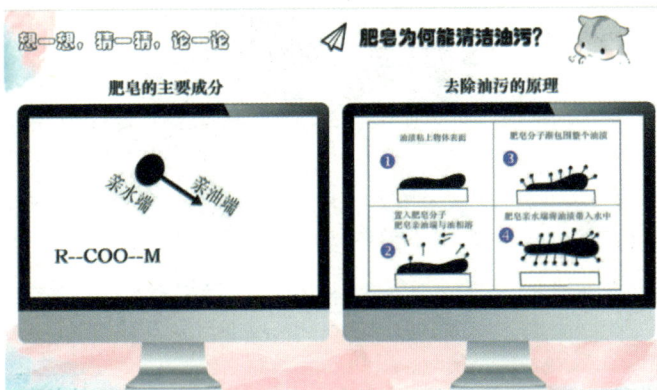

厨房废油变手工皂－上课 ppt 截图 2－王思浩制作

现象问题 2：除油因子具体为何物？为什么油腻的手工皂逐渐变"干"？

教师在学生确定方案和已了解资料的基础上做进一步的指导。首先对学生进行提问，学过的去除油脂的 3 种方法和原理是什么，学生大部分能够回答出来：汽油去油污是利用了溶解原理，是一个物理变化；洗涤剂去除油污是利用了乳化原理，也是一个物理变化；氢氧化钠等碱性物质水解油污是一个化学变化。因为初中生还没有具体学习该化学反应方程式是怎样的，但是根据已有知识，教师讲解后会比较容易理解。该化学变化涉及的化学反应方程式为：

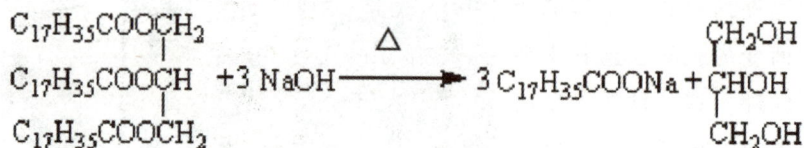

$$\begin{array}{c} C_{17}H_{35}COOCH_2 \\ | \\ C_{17}H_{35}COOCH \quad +3\ NaOH \xrightarrow{\ \triangle\ } 3\ C_{17}H_{35}COONa + \\ | \\ C_{17}H_{35}COOCH_2 \end{array} \quad \begin{array}{c} CH_2OH \\ | \\ CHOH \\ | \\ CH_2OH \end{array}$$

现象问题 3：烧碱为什么要加水溶解，溶解过程中烧杯为什么会变热？制作过程中为什么要对烧碱和油脂进行预处理？

教师播放视频，指导学生进行溶解、过滤和分液的操作，让学生知道什么情况下可以用到哪些操作。利用所学物理知识进行操作，使用玻璃棒搅拌加速溶解和冷却，利用滤纸筛网进行固液分离减少费油中有害杂质，可以适当利用棕榈油的分子非极性萃取高纯油脂。

同时教师提醒学生所用药品的注意事项，比如烧碱具有很强的腐蚀性，取用保存时一定要注意安全，不可直接接触皮肤。溶解烧碱过程中会释放大量的热，需要较大容器，加速冷却。而且，烧碱和废油的比例或者加入的其他原料的量都有可能影响最终肥皂的成型和洗涤效果，学生需要去调配。

4. 精致完善

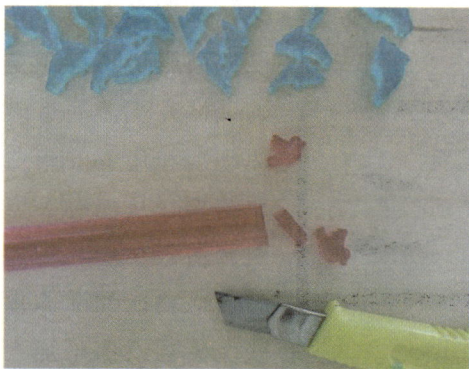

厨房废油变手工皂 – 学生制作切割 – 王思浩摄　厨房废油变手工皂 – 学生制作装饰 – 王思浩摄

根据教师的扩充讲解与提供的药品和仪器，学生在工艺流程初步设计的基础上进行完善。最终大体可以按照以下4个步骤的工艺流程进行制造：回收废油脂——预处理原理——皂化反应——定型干燥。按照此基本步骤，学生可以得到标准的可以去除油污的肥皂。教师可以引导学生充分发挥想象力和创意，在标准版手工皂的基础上升级，如加入其他具有特殊功效或者香味的物质，还可以加入只是为了美观的物质，增强手工皂的美观性和实用性。不同模具中DIY的不同形状，也会让手工皂增加趣味性。

学生还可以对制作出来的手工皂进行精美包装，在校园中开展营销会，向其他同学和老师介绍手工皂的来源与意义，让他们感受探究魅力的同时，也可以让自己感受到探究的成就感。

5. 展示评价

在保证安全的基础上，学生对本组制作的手工皂进行简单的效果试验。教师组织对本探究项目做整体性评价（总分100分），如下表所示。

项目分解（分）	自评	他评	教师评	总评
资料收集（10）				
工艺设计（10）				
展示说明（10）				
使用效果（20）				
创意想法（20）				
营销效应（20）				
解决问题（10）				

六、教学点评

本节课通过向学生铺设废油脂的好处和坏处等背景，引导学生产生废物利用的想法。本探究项目涉及的知识点，学生已经有了大部分的了解，其他相关知识可以上网查阅，这个过程也可以培养学生筛选信息的能力。学生根据已有知识，设计出初步的工艺流程后，教师对相关的更深的知识向学生进行讲解和演示，帮助学生设计更完美的路线，达到理想的效果。最后，教师启发学生开发创意和想象力，

厨房废油变手工皂 - 作品展示 - 王思浩摄

DIY 本组的作品，并进行校园营销，可以提高学生的表达交流能力和创造力，符合 STREAM 核心素养的理念。

梦幻天气瓶

易 珊

一、设计背景

天气瓶不光可以作为预报天气的工具，也是一个美丽的装饰品，其制作方法简单，但其中涉及多方面的知识。学生在进行这个项目时可以利用多种学科知识进行探究，提升学生解决问题的综合能力。同时，对天气瓶进行艺术设计，培养学生的美学素养。

二、解决问题

天气瓶真的能预测天气吗？自己设计制作一款天气瓶并进行验证。

三、融合要素对接

类别	目标详解
科学原理	化学：1.通过制作天气瓶，理解饱和溶液会析出晶体的原理（人教版九年级）；2.掌握樟脑的一般性质，樟脑是一种有机化合物，室温下为白色或透明的蜡状固体 物理：温度对晶体形成有影响，其他条件因素诸如气压、湿度等对晶体的形成并没有太大影响 生物：天气瓶的原料之一樟脑来自樟科植物的树干，实验所需的樟脑来自天然樟脑，不是合成樟脑
技术制作与技术知识	在实验操作过程中涉及晶体的析出等实验操作，培养学生的动手操作能力
工程支持	学生通过自主动手探究验证问题，通过项目式学习进行方案的设计、实施、优化和最终产品的得出，学会系统地解决问题
数学描述	在对药品进行称量时，运用到读数、计数和药品的配比
艺术	天气瓶的制作不仅是能够让相关的化学反应发生，还需让此产品美观，学生对外形进行设计，达到更美观的效果

四、课前准备

硝酸钾、氯化铵、蒸馏水、无水乙醇、樟脑、烧杯、玻璃棒、托盘天平、量筒、温度计、水槽、玻璃瓶（带盖子）、手套。

五、5E 教学过程

情境引入→问题探究及方案设计→实验操作 →相关原理探讨→外观设计→完善改进→模型成品展示交流。

5E 探究式教学流程

1. 参与引入

老师利用情境引入：等会儿天气怎么样大家可以告诉老师吗？你想成为可以预测天气的天然气象台吗？今天开启我们的挑战——制作一款天气瓶，并且验证天气瓶是否真的可以预测天气。

2. 自主探究

以小组为单位，指导学生进行自主探究：

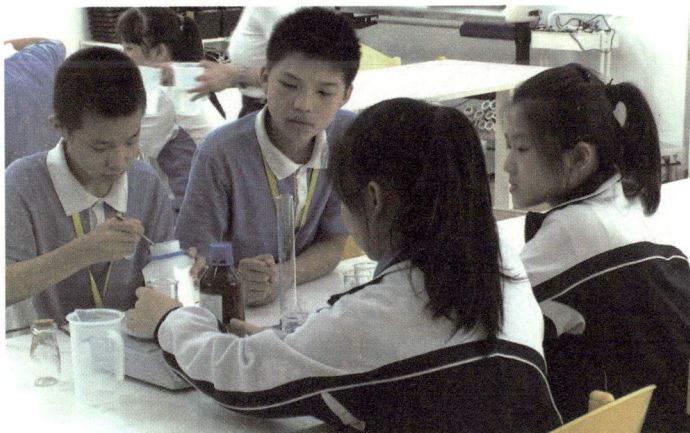

学生对物质进行称量

1. 怎样制作一款可以产生变化的天气瓶，需要哪些材料，制作方法是怎样的？

2. 天气瓶真的可以预测天气吗，为什么它可能因为天气的变化而产生变化，其中的原理是什么？

3. 解释交流

学生通过查阅资料得到天气瓶的制作方法，由于需要的物品难以获得，因此教师需要为学生提供化学物品（详见课前准备）。学生在确定好制作步骤之后，教师对其步骤把关。学生根据所设计的实验步骤进行实验，变化不同的温度，观察瓶内发生的变化。之后根据不同的天气，学生观察并记录瓶中发生的变化。

【**天气瓶的制作**】第一步，准备好密封效果好的透明玻璃瓶、酒精炉、试管等试验用具，再称好 2.5g 的硝酸钾和氯化铵、10g 的粉状天然樟脑，量好 33mL 的蒸馏水、40mL 的酒精；第二步，将硝酸钾和氯化铵溶解于水中，将樟脑溶解于酒精中，分别得到两种不同的溶液；第三步，将这两种溶液混合在一起，加入蒸馏水，搅拌至澄清，再将其隔水加热到 30 ~ 40℃ ；第四步，将完全冷却的溶液倒入玻璃瓶中。为了避免酒精挥发，一定要密封静置。

【**饱和溶液以及结晶**】在学生完成实验操作后，让学生第二天观察实验结果，并通过实验现象讲解溶液及结晶。我们所制成的这个体系就是一个溶液，溶液中含有溶剂和溶质，在我们所配制的体系中，可以溶化固体、液体或气体溶质的液体称为溶剂，例如此案例中的酒精和水。溶质是被分散在溶剂当中的物质，在此是硝酸钾、氯化铵和樟脑。如果实验成功，随着温度的降低，瓶内会有晶体析出。由于之前溶液在温度较高的情况下溶解的溶质较多，而随着温度的降低，溶液的溶解度会降低，这时候，溶液因过饱和，多的溶质将不能被溶解，因此析出的物质称为结晶体。

4. 精致完善

在制作出天气瓶之后，学生要根据天气的变化写出一个天气瓶使用说明书，帮助使用者可以更好地使用。

【**使用说明书参考**】以学生所做出来的天气瓶为主，此说明仅供参考：

如果液体很澄清，说明天气将会是晴好的；

如果液体是浑浊的，有时伴有沉淀，那么天气也会像溶液一样多云；

如果溶液中有沉淀悬浮，就预示着潮湿的天气或者下霜；

如果悬浮的沉淀和浑浊的液体并存，说明暴风雨将会到来；

如果在晴朗的冬日里液体中有沉淀悬浮，就说明要下雪了；

如果在暖和的日子里或者下雪的冬天，液体中有大块的沉淀，说明将会阴天；

如果在杯底有晶体析出，说明要下霜了；

如果在顶部有螺旋纹，说明要起风了。

【**进阶任务**】让学生为天气瓶设计好看的瓶子和外包装，让它更有销路。

5. 展示评价

学生展示交流他们所做的天气瓶，根据天气情况，测试天气瓶是否可以用。介绍制作过程中的心得。

项目	自评	他评	教师评	总评
实验设计				
操作过程				
实际效果				
外观设计				

六、教学点评

有关"溶液"的内容在化学中有一定的难度，学生可能会较难理解，利用本项目，可以激发学生的兴趣，起到让学生自主探索的作用。本项目充分利用了 STREAM 的教育理念，既有科学知识的保证，也有学生自主动手操作，并且还可以进行艺术加工，培养学生美学素养，从而多方面提升学生的综合能力。

学生对自己制作的天气瓶进行介绍，并展示天气瓶的营销方案

松花蛋为什么能开花

易　珊

一、设计背景

　　美味爽口的松花蛋深受大众喜爱，不仅美味，而且样貌也是晶莹剔透，让人不禁好奇，它为什么能长成这个样子？是什么神奇的魔法让它从普通的鸭蛋变为松花蛋的呢？里面涉及了哪些原理？你可以自己尝试着做出来吗？

二、解决问题

　　如何制作松花蛋？

三、融合要素对接

类别	目标详解
科学原理	化学：1. 通过制作松花蛋的过程，了解并掌握其中发生的化学反应。加入的化学物质先进行反应生成碱（人教版九年级化学下册第十单元《酸和碱》）；2. 碱与鸭蛋中的蛋白质是如何发生反应的 生物：1. 了解并掌握加入的化学物质在产生 NaOH 和 KOH 后会使蛋中的蛋白质凝固与沉淀，发生蛋白质变性，从而了解蛋白质的性质。（人教版生物七年级下册第四单元第二章第一节《食物中的营养物质》）2. 掌握氨基酸的概念及基本结构；3. 了解松花蛋的营养价值
技术制作与技术知识	根据所查阅资料制作松花蛋
工程支持	学生通过自行探究、查阅资料并制作、改进方案，设计包装将松花蛋形成可以进行量产销售的产品，体现工程性，了解松花蛋的工业做法
艺术层面	为制作好的松花蛋设计怎样的外包装，让它看起来更美观，更有销路

四、课前准备

　　鸭蛋若干、松花蛋粉 750g、茶叶适量、开水 150g、塑料袋 2 个。

五、5E 教学过程

　　情境引入→实地调研→产品制作→加工改进→分享交流。

5E 探究式教学流程

1. 参与引入

教师播放《舌尖上的中国》关于松花蛋的视频，并引入：美味爽口的松花蛋深受大众喜爱，不仅美味，而且样貌也是晶莹剔透，让人不禁好奇，它为什么能长成这个样子？是什么神奇的魔法让它从普通的鸭蛋变为松花蛋的呢？这其中涉及了哪些原理呢？

2. 自主探究

以小组为单位进行探究：1. 松花蛋的制作需要哪些原料？ 2. 松花蛋是如何制作的？每个制作步骤为了产生怎样的效果？你可以根据你所查找的资料制作一盘可口的松花蛋吗？

学生根据老师所提出的问题，以小组的形式先进行资料查找与探究，写出研究报告与所设计的方案。

3. 解释交流

首先教师让学生根据所制作的松花蛋介绍制作方法，根据学生的介绍逐步讲解其中涉及的原理。由于其中涉及的原理较为复杂，因此需要老师进行较为详细的讲解。

【材料准备】生石灰（CaO）、食盐、纯碱（Na_2CO_3）、草木灰（主要功效成分为 K_2CO_3）、茶叶和锯末。一般的配比大概是 100 个鸭蛋，100 克食盐、生石灰 675 克、纯碱 250 克、草木灰 1000 克、茶叶 100g 克，锯末适量。

将上述材料按照比例混合起来，加入水搅拌制成料。将鸭蛋放入其中腌制 45 天后取出，就可以得到松花蛋了。

教师：制作方法看起来非常简单，但是其中涉及的原理却十分繁多。那么其中涉及哪些原理呢？先请同学们进行归纳总结。根据学生的回答进行补充。

教师进行提问 1：在我们加入的原料之中产生了哪些有助于松花蛋形成的反应？

在这个过程中涉及的化学反应有：

$CaO+H_2O=Ca(OH)_2$ 这里的生石灰的主要成分是 CaO，它与水反应可以生成 $Ca(OH)_2$，该反应为化合反应，两种或两种以上物质反应生成另外一种物质的反应，该反应的特点是：反应物是两种或两种以上，而生成物只有一种。

这时的生成物 $Ca(OH)_2$ 会与纯碱 Na_2CO_3 起化学反应，反应方程式为

$Ca(OH)_2+Na_2CO_3=CaCO_3\downarrow+2NaOH$。$Ca(OH)_2$会与生石灰的主要成分$K_2CO_3$发生反应，反应方程式为：$Ca(OH)_2+K_2CO_3=CaCO_3\downarrow+2KOH$。这两个反应均为复分解反应，产物中有碳酸钙沉淀，虽然生成物的碱性比反应物的要强，但是反应还是可以发生。复分解反应是由两种化合物互相交换成分，生成另外两种化合物的反应。

教师进行提问 2：那么生成物与鸭蛋是怎样发生反应的呢？

鸭蛋蛋白的主要化学成分是蛋白质，蛋白质会分解成氨基酸。教师根据需求对氨基酸的基本结构进行讲解。需要对氨基酸的结构通式进行讲解。

产生的强碱会和氨基酸发生反应，生成氨基酸盐，由于蛋白质是脂溶性的，生成的氨基酸盐不溶于蛋白，于是以一定几何形状结晶出来，那么漂亮的松花，正是这些氨基酸盐的结晶体。

教师进行系统性总结：鲜蛋转化为松花蛋的过程，起主要作用的是一定浓度的氢氧化钠，实际常常应用的辅料是生石灰（CaO）和纯碱（Na_2CO_3）。当碱液浸入蛋内后，蛋白和蛋黄开始变化。首先是蛋白质变成碱性蛋白，形成冻胶状的凝固体，又由于蛋白质所产生的氨基与糖，在碱性环境下，使蛋白呈棕褐色。蛋白质所产生的硫化氢和蛋黄中的铁化合，使蛋黄变成墨绿色，所以松花蛋五颜六色。

教师进行提问 3：为什么松花蛋呈青黑色呢？

由于蛋中含有硫，时间久了，会产生硫化氢气体（我们平时所说的臭鸡蛋气味的气体），蛋黄本身含有许多矿物质，如铁、铜、锌、锰等。硫化氢气体与蛋清和蛋黄中的矿物质作用生成各种硫化物，于是蛋清和蛋黄的颜色发生了变化，蛋清呈特殊的茶褐色、蛋黄则呈墨绿色。蛋黄中的铁、铜、锌、锰与硫化氢产生的硫化物大都极难溶于水，所以它们并不被人体吸收。

4. 精致完善

在制作出爽口的松花蛋之后，请同学们思考，如何量产使得松花蛋可以大规模上市进行销售，写出你的营销方案并为松花蛋设计美观的外包装，使其销量更好。

5. 展示评价

在学生完成制作之后让学生展示所制作的松花蛋，小组之间互相品尝打分，每组进行宣传，并将制作过程的视频放出来，分享制作过程，小组评分，选出最受欢迎产品。

项目	自评	他评	教师评	总评
设计方案				
松花蛋品质				
制作过程				
包装设计				
是否解决问题				

六、教学点评

在本项目中涉及一些化学中最基本的化合反应和复分解反应，学生通过本项目的学习，结合生活中的现象，能对这些反应有更好的理解与运用。生物上关于蛋白质方面也可以做很好的讲解。利用这个项目，我们可以很好地教授学生相关的知识，达到学以致用的目的。

自制多口味的汽水

陈克娜

一、设计背景

当天气渐渐变暖变热时，我们经常喜欢来一杯清凉解暑的汽水，可是这时，耳边可能会响起妈妈的唠叨声：汽水不健康，会腐蚀牙齿。那我们能不能自己来做汽水呢？学习了二氧化碳的相关知识后，自制汽水就变得很简单了。同时，根据个人喜好的不同，我们还可以制作不同口味的汽水，在校园里举办一个汽水展销会，也是个不错的选择呢！

二、解决问题

根据理论原理，制作不同口味的汽水。

三、融合要素对接

类　别	目标详解
科学原理	化学：制作汽水时产生气泡的化学反应原理（九年级化学上册第六单元课题2《二氧化碳制取的研究》） 物理：柠檬籽"上翻下滚"的原因主要与柠檬籽在液体里面受到的浮力有关，利用现象进行解释（八年级物理上册第六章第二节《密度》、八年级物理下册第十章第一节《浮力》）
技术制作与技术知识	化学实验基本操作：原料的预处理与添加 实验现象的观察
工程支持	原料选择、汽水制作步骤及展销产品包装设计
数学描述	所加原料量的多少和比例对自制汽水口感的影响调配
艺术体现	自制汽水的颜色、展销时包装设计的艺术感

四、课前准备

小苏打、柠檬或果珍、水、塑料瓶、玻璃杯、糖、冰块、各种水果、榨汁机等，根据学生需求进一步准备。

五、5E 教学过程

情境引入→交流原理，设计实验步骤→制取原理等讲解→自制最简单的汽水并分享现象→自制不同口味的汽水并包装→成品校园展销→交流与评价。

5E 探究式教学流程

1. 参与引入

设置场景：炎热的夏天，同学们最喜欢什么样的避暑或消热方式呢？

学生会给出各种各样的答案。

再给学生展示几张不同品牌的汽水图片或宣传广告视频，让学生交流他们是否喜欢喝汽水，最喜欢喝什么牌子或者什么口味的汽水。进而引导学生，是否知道汽水制作的原理，以及自己如何制作汽水？

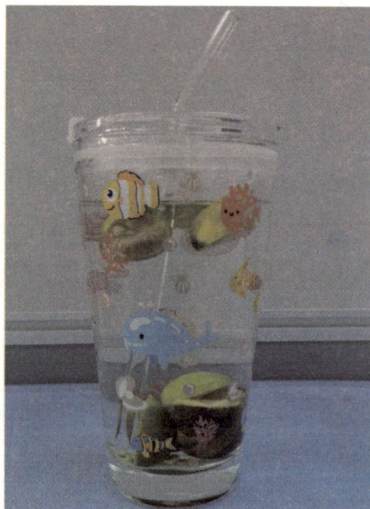

柠檬雪碧图片

2. 自主探究

（1）查阅资料，初步确定步骤

教师给出学生指引，汽水的成分是什么？这种主要成分又是如何得到的？启发学生从问题中延伸，自己查阅相关资料，了解不同品牌，如雪碧、可口可乐、苏打水、芬达等的成分与原料的不同。

通过调查，每个小组先确定本组想要制作的汽水，列出相应的原料，并写出制作流程。

（2）制作简单汽水，观察现象

学生根据本组设计的步骤，初步尝试制作一杯汽水，教师引导学生观察现象，思考出现不同现象的原理。

3. 解释交流

学生对查阅到的汽水制备原理与教师和其他小组分享，教师点评补充。同时，各小组将初步尝试制作汽水时观察到的现象与大家分享，并解释原因。

现象问题 1：将原材料混合在一起后，为什么会有气泡出现？涉及的化学原理方程式是怎样的？

【解释】以柠檬汽水为例。柠檬中富含柠檬酸（$C_6H_8O_7$）。柠檬酸是一种酸性比较强的有机酸，一分子柠檬酸溶解在水中后，能够电离出 3 个 H^+。小苏打（$NaHCO_3$）是厨房常用的一种发酵剂，它能够与酸反应产生大量的二氧化碳，而汽水其实就是溶解有大量二氧化碳的溶液。涉及的化学方程式为：

$$C_6H_8O_7+3NaHCO_3=C_6H_5O_7Na_3+3H_2O+3CO_2\uparrow$$

现象问题 2：杯子中有柠檬籽时，为什么会"上翻下滚"呢？

【活动】学生在制作好柠檬汽水之后，让学生观察汽水中柠檬籽的位置变化。

【解释】物体在液体中的浮沉与物体的密度有关。当物体密度大于液体密度时，物体会下沉；当物体密度小于液体密度时，物体会上浮。柠檬籽上翻下滚是因为气泡附着在柠檬籽上，会使柠檬籽平均密度降低，小于液体密度而上浮；浮上液面后气泡破裂，使柠檬籽平均密度增加，高于液体密度而下沉。

4. 精致完善

学生根据制作汽水的基本原理，再次调配汽水，并再次观察现象感受涉及的原理。同时，学生以展销汽水为目的，将自制的汽水调配成不同的口味，比如不同的甜度和酸度，还可以向其中添加不同的水果，调配成自己喜欢的汽水，并用不同类型的瓶子等包装，设计外观和展销宣传语，设计海报，在校园进行展销。

5. 展示评价

根据学生自制汽水并展销的整体过程，教师组织对本探究项目做整体性评价，如下表所示。

项目分解	自评	他评	教师评	总评
原理说明				
外观设计				
展示说明				
展销效果				
创意想法				
是否解决问题				

六、教学点评

本节课的探究项目比较简单，学生只要清楚原理，动手制作汽水是很容易的。学生在制作汽水的过程中，了解学习相关原理，学会观察现象并分析原因，可以提高自己分析问题、解决问题的能力。同时，学生将作品展销的过程可以培养他们的语言表达等能力，整体提高了学生的综合素养。

自制家庭灭火器

陈克娜

一、设计背景

在我们的家庭生活中，总会存在着一些不安全因素，火灾就是其中一个危险系数非常高的隐患。而且，由于火灾的特殊性，我们很难预知它的发生。火灾一旦形成一定规模，就会造成严重的后果，轻则损失财产，重则危及生命。其实，大部分的火灾在发生初期就能被扑灭，但是由于很多家庭未在家中配备灭火器，或是即使配置了也形同摆设，这才导致火灾发生时错过了最佳灭火时机，最终变得不可收拾。而很多家庭不愿配备灭火器的原因是觉得灭火器不够美观，而且即使有灭火器也不会使用或觉得操作复杂。

二、解决问题

怎样才能让大家乐意在家中配备灭火器，还能让灭火工具在关键时刻随手可用，甚至是自动感应而应用呢？我们能否抛除传统的灭火器，自己制作一款具有创意、使用方便、造型美观，甚至可以自动感应灭火的灭火器呢？

三、融合要素对接

类别	目标详解
科学原理	化学：燃烧的条件、灭火的原理（九年级化学上册第七单元课题1《燃烧与灭火》）； 物理：蒸发吸热现象（八年级物理上册第三章第三节《汽化和液化》）
技术难点	1. 化学实验基本操作，如加入固体或液体的操作方法； 2. 搭建反应仪器或装置的技术
工程应用	1. 灭火器各个组成部分的有效连接与组合； 2. 灭火器中传感器的连接，如何实现感应等
艺术体现	制作的灭火器不仅实用，还能满足人们放在家中美的享受，甚至可以作为一种工艺品或家庭摆件，外观设计美观有创意
数学应用	对灭火器尺寸的测量，是否方便携带和应用

四、课前准备

材料种类	具体材料或试剂等
灭火器外壳	玻璃花瓶、矿泉水瓶、气球、喷雾式化妆品瓶、合适大小的隔层（如茶漏）等
药品和试剂	硫酸铝溶液、碳酸氢钠溶液、碳酸钾溶液、碳酸氢钠干粉、碳酸钾干粉、水等
外观装饰品	彩笔、彩带、小彩灯、花束等
感应器	温度感应器、红外感应器等
产品测试	操场沙地（着火区）、打火机、废纸、木棍（可燃物）
制作工具	剪刀、注射器、橡皮筋、胶带、胶水等
设计工具	铅笔、白纸（用来画出要制作的灭火器和没法现场制作的概念型灭火器）

五、5E 教学过程

情境引入→查阅资料，初步形成设计图→燃烧条件、灭火原理、二氧化碳制取原理等讲解→改进灭火器设计方案→搭建并制作灭火器→完善并改进灭火器→模型成品展示交流与评价。

5E 探究式教学流程

1. 参与引入

先给学生播放家中厨房起火、火锅店固体酒精失火、电动车电池充电爆炸起火等视频，让学生感受到火灾带来的危害；再给学生播放消防员手持灭火器进行灭火的视频，让学生意识到灭火器的重要作用。

教师提出问题：同学们，你家里有灭火器吗？你知道如何使用灭火器吗？你觉得使用灭火器时方便吗？你感觉灭火器的外形美观吗？

学生根据自己的情况，互相分享自己的观点，教师进一步总结并铺垫项目背景。教师接着提出问题，让学生明确项目目标：那么，怎么样才能让大家乐意在家中配备灭火器？还能让灭火工具在关键时刻随手可用，甚至是自动感应而应用呢？我们能否抛除传统的灭火器，自己制作一款具有创意、使用方便、造型美观，甚至可以自动感应的灭火器呢？

2. 自主探究

要自己制作灭火神器，学生必须了解灭火原理等相关知识。因此，教师引导学生完成课下调查任务，并以小组为单位，将收集到的信息资源做成 PPT，课上与同学们分享交流。

教师给出学生要收集的相关信息指引，比如燃烧的条件，灭火的原理，传统灭火器的种类、内部构造、化学成分以及使用方法等。学生也可收集一些新颖的灭火器及原理，为后续进行创意设计灭火器提供灵感。如果学生未收集到有关资料，教师为学生展示三星旗下公司设计的灭火花瓶，并解释相关原理，让学生获取更多创意灵感。

小组分享交流，有利于学生更加了解灭火器的相关知识。教师还可对灭火器原理及化学成分等核心知识做进一步解释，比如每一种药品是如何起到灭火作用的，哪几种药品组合反应可以用来灭火等，为学生后续项目中选择药品提供理论基础，也防止用药不安全造成的隐患。

将班级成员分为 6 组，每组 4~5 人。小组成员展开头脑风暴，一起讨论本组要制作的创意灭火神器的设计、构成及用到的药品。待各部分组成确定后，一人作为代表在草稿纸上绘制方案图，其他成员补充修改，同时，要在图上标注所用材料、药品及装饰，以及灭火的操作原理。通过在草稿纸上作图，检验设计是否有缺陷，是否存在漏液等安全隐患，不断对设计进行修正。

同时，教师鼓励学生多设计一些灭火神器，即使现有材料无法完成，有一个好的概念同样值得表扬。

3. 解释交流

小组解说者将本组设计的灭火器制作方案向老师和同学们阐述，解释为什么这么做，并把本组从网络或书籍上查阅到的相关资料和大家分享。

教师在学生方案和已了解资料的基础上做进一步的指导，具体包括以下知识：

（1）燃烧的条件

燃烧需要满足可燃物、与空气或氧气接触以及温度达到着火点 3 个条件，且 3 个条件必须同时满足时才可燃烧。

（2）灭火的原理

要想达到灭火的目的，只需破坏燃烧的任意一个条件即可，即移除可燃物、隔绝空气或氧气、将温度降低到着火点以下。

（3）灭火器的种类与原理

根据灭火器中的成分，灭火器可分为二氧化碳灭火器、水基型灭火器、干粉灭火器等，主要是利用二氧化碳、水等物质能够灭火的原理制作的。比如二氧化碳灭火器的原理化学方程式为 $Na_2CO_3+2HCl=2NaCl+H_2O+CO_2\uparrow$。根据灭火器的移动方向，又可将其分为手提式、推车式等种类。小组也可以设计诸如投掷式等其他样式的灭火器。

产生的二氧化碳除了不仅能阻燃，并且还能很好地隔绝空气，因为二氧化碳的密度大于空气，会覆盖在可燃物表面，阻断可燃物与空气的接触，从而达到灭火的目的；让学生感受一下灭火器在喷出后周围的温度，发现温度要低一些，从而向学生解释：二氧化碳在汽化时由于物态变化，需要吸热，使周围的温度降低，从而起到降温的作用。

各小组代表将本组设计的灭火神器的外观、所用材料及灭火原理等元素向大家展示说明，教师向学生展示准备好的材料，学生依据已有的材料，以及灭火器的效能性、美观性、实用性等设计原则，进一步修正制作方案。

4. 精致完善

学生将本组需要用到的材料和试剂、药品挑选好，摆放在桌面上，但教师要提醒学生注意安全，尤其是药品和试剂。接着，小组内根据本组设计的方案，进行灭火器的组装与装饰，包括用什么材料的外壳、用什么形状的外壳、用什么灭火药品、通过什么方式灭火、整体的绘画装饰以及如何将传感器进行连接等。

5. 展示评价

小组全部将创意灭火神器制作完成后，小组间分别对各组制作的灭火神器的美观性进行打分。接着，全体学生在教师的带领下，小心地带着本组的作品到学校操场的沙地上，准备灭火的效果测验。为了安全考虑，教师点燃微量小火做效果测评，学生根据本组设计的灭火原理操作灭火，如投掷式灭火、喷射式灭火等。

灭火测试结束后，小组间再根据产品是否可以有效灭火、是否使用方便等情况进行反思，如有不足之处，小组考虑应该从哪些方面进行改进和完善。

根据项目过程，对学生活动前知识调研情况、创意灭火器的设计情况、制作出的创意灭火器的效果、实用性、美观性等情况及灭火器展示说明情况等进行评价，具体评价量表如下表所示。

项目评价量表

被评小组名		评价人	
评价项目	评价具体内容	分数（满分 10 分）	
活动前资料收集与分享	小组内收集的相关资料是否齐全且完整性强		
	小组对信息进行分享，思路与逻辑是否清晰		
	小组分享的理论知识是否能让大部分同学有所收获		
创意灭火器的设计	根据已有仪器和药品，是否可独立设计灭火器		
	所设计的灭火器是否创造性强，且能解决问题		
创意灭火器产品	作品的灭火效果，是否实用		
	作品的大小与操作是否方便使用		
	作品是否美观，功能是否多样		
	作品的创意是否新颖，让人耳目一新		

六、教学点评

　　根据传统灭火器的基本原理，开展基于STREAM理念的探究实验活动，将科学、技术、阅读、工程、艺术和数学的跨学科知识都融入真实的解决问题的情境中，以任务驱动的形式，引导学生进行探究和设计创意灭火器。由燃烧的条件、灭火的原理、灭火器的种类及具体原理到抛除传统的灭火器，制作携带方便、实用又美观的灭火器，这使学生认识到化学与生活的紧密联系。项目过程中，学生实现小组化，建立学习共同体，小组成员之间相互交流启发，彼此合作，发现并解决问题。评价方式实现多元化，包括学生自评、教师评价和学生互评，学生成为学习的真正主人，小组成员之间、各小组之间，互相学习，取长补短，共同进步。飞速发展的信息时代对人才的需求越来越大，学科间的联系日益密切，教师在教学中应该更加注重学科间的联系，深入本学科知识的理解，将其他学科知识加以融会贯通，融入真实生活情境中来，以期让学生更好地适应未来社会对于综合素养的需要。

声光互动蛋糕模型制作

巴春霞

一、设计背景

　　马上就要到妈妈的生日了，丹尼想要送一个特别的礼物给妈妈，她灵机一动，不如做一个不一样的生日蛋糕！围绕主题"声光艺术"设计一款具有声光效果的生日蛋糕模型，蛋糕的蜡烛会随着音乐闪烁，不仅可以播放生日祝福歌，而且音乐停止蜡烛就自动熄灭，想想是不是觉得很酷炫呢？那就让我们在STREAM课堂上发挥你的创意，大展身手吧！

二、解决问题

　　寻找出声光互动蛋糕模型的制作方法以及所需要的材料。

三、融合要素对接

类　别	目标详解
科学原理	物理：1.声光互动蛋糕模型电路设计原理；2.声音传感器接在电源主板的方法、电路与灯光设计原理
技术制作与技术知识	1.mPython 编程，解决声音大小和光的调节问题 2.声光蛋糕模型搭建的材料与外观设计
数学描述	LED 显示灯和旋转按钮
艺术体现	设计出具有美观性和灯光色彩绚丽的艺术性的蛋糕模型

四、课前准备

　　灯带 3～4 条，声音传感器、掌控板、旋钮（调节音量大小）、彩带、蜡烛、彩色卡纸、剪刀、胶水等。

五、5E 教学过程

　　情境引入→头脑风暴，初步设计蛋糕模型→声光互动蛋糕设计原理讲解→编写程序→搭建模型→下载程序并测试声光效果→成品展示交流与评价。

5E 探究式教学流程

　　1. 参与引入

　　教师提出问题：你觉得利用教师提供的材料能设计出蛋糕模型吗？声光互动蛋糕能实现光影变幻的效果吗？教师展示事先制作好的模型，学生思考并回答。

　　学生认真观看。

　　教师进一步启发：思考如何把声音和光带添加到生日蛋糕里面，随着声音的大小实现光亮度发生强弱的变化。

　　2. 自主探究

　　引导学生查阅资料，尝试通过已学和了解到的知识设计生日蛋糕模型。它不仅可以播放生日祝福歌，而且蜡烛会随着音乐的声音强弱闪烁，实现变幻的效果。

　　（1）声音传感器、掌控板、LED 灯如何搭建电路？

　　搭建电路时，将声音传感器接在电源主板的输入端，将小灯模块接在电源主板的输出端，并保证输入和输出在同一条电路里，接线图如下所示。使用充电宝给电源主板供电，同时打开电源开关，此时主板上的指示灯被点亮。

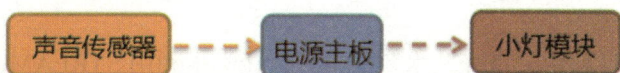

（2）mPython 编程软件如何利用按钮来实现声音的大小调节、切换音乐、灯带与音乐的暂停与继续？

（3）灯带随音乐的声音强弱展现不同的亮度，通过调节音量的大小，灯带的灯光也有不同的明暗度，如何实现？

3. 解释交流

学生通过编程讨论，查阅资料，同时讲解小组设计的作品思路。教师根据学生的设计图，讲解以下关键知识点：

声光效果在程序中如何实现。

教师引导学生正确编写程序代码，比如：

（1）灯带与音乐的暂停与继续；

（2）灯带随音乐的声音强弱展现不同的亮度。

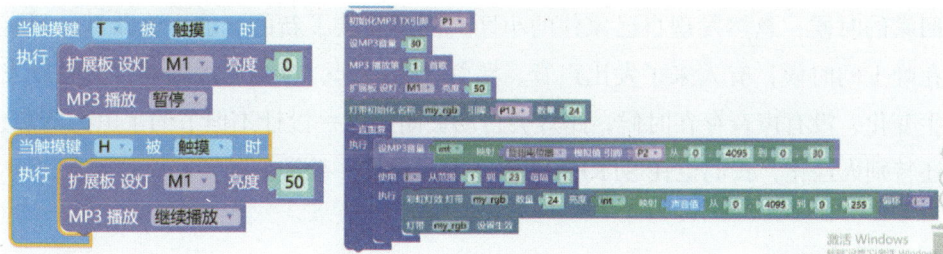

教师引导并提示学生利用材料搭建形状各异的蛋糕模型。

4. 精致完善

学生根据探究创作搭建模型，并把掌控板、灯带和声音传感器镶嵌到作品中，反复调试，将其拍照记录下来。

5. 展示评价

教师组织对本探究项目做整体性评价，如表所示。

项目分解	自评	他评	教师评	总评
作品创意				
程序设计				
外观设计				
功能实现				

六、教学点评

本探究项目利用"声光艺术"的主题，让学生利用 STREAM 元素，设计一款声光互动蛋糕模型，知识点有信息技术编程、物理中的声光电知识及美术中艺术性，综合性比较强。在探究中，体现学生动手制作、创意美学设计与编程的思维。

智能声光路灯制作

巴春霞

一、设计背景

随着人工智能水平的发展，马路两旁的路灯也越发智能化了。你瞧，晚上回家的时候，忽然发现自己家住的小区周围都安装了新的智能声光路灯，只有在晚上的时候，有人来了发出声音，路灯才会亮起，灯光亮度随着声音强度发生变化，没有声音存在时候，路灯会自动关闭。这一设计不但节约了电力资源，还特别人性化，我们也在 STREAM 课堂上，设计一款类似的智能路灯吧。

二、解决问题

寻找智能声光路灯的制作方法以及所需要的材料，并探究其工作原理和程序设计。

三、融合要素对接

类　别	目标详解
科学原理	物理：1. 智能声光路灯的电路设计原理（人教版物理九年级第十五章《电流和电路》）；2. 声音传感器和光感传感器接在电源主板的方法，及电路与灯光设计原理（人教版物理九年级第十五章《电流和电路》、八年级上册《光现象》）
技术制作与技术知识	1.ArduinoScratch 编程，解决声音大小和光的调节问题 2. 智能声光路灯搭建的材料与外观设计
艺术体现	设计出具有美观性和灯光色彩绚丽的路灯模型

四、课前准备

灯带 3～4 条，光感传感器、声音传感器、掌控板、旋钮（调节音量大小）、彩带、蜡烛、彩色卡纸、剪刀、胶水等。

五、5E 探究式过程

情境引入→头脑风暴，初步设计智能声光路灯模型→智能声光路灯设计原理讲解→编写程序→搭建模型→下载程序并测试声光效果→成品展示交流与评价。

5E 探究式教学流程

1. 参与引入

提出问题： 你觉得利用教师提供的材料，能设计出智能声光路灯的模型吗？

进一步启发： 思考如何把声音和光带添加到路灯里面，让声音的大小控制光亮强度。

问题思考（小组讨论）

引导学生查阅资料，智能声光路灯需要同时满足两个条件才能亮灯，一是判断时间在晚上，也就是环境光传感器检测到外界光线比较暗；二是有人经过，也就是声音传感器检测到声音。当这两个条件同时满足的时候，小灯才亮起来。

2. 自主探究

（1）声音传感器、掌控板、LED 灯如何搭建闭合电路？

搭建电路时，将声音传感器接在电源主板的输入端，将小灯模块接在电源主板的输出端，并保证输入和输出在同一条电路里。使用充电宝给电源主板供电，同时打开电源开关，此时主板上的指示灯被点亮。

（2）mPython 编程软件如何利用按钮来实现声音的大小调节、灯带与声音的控制？

（3）灯带随声音强弱展现不同的亮度，通过调节声音音量的大小，灯带的灯光也有不同的明暗度，如何实现？

3. 解释交流

（1）光感传感器电路工作原理

光强检测模块，也叫光敏传感器，其原理是根据光照强度的不同，输出不同的信号。光强检测模块的输出量是模拟量，输出最大电压为 5V，输出最小电压为 0V。大家可以采用模块进行编程读取，返回值为 0～100，光越强，返回值越大。

（2）声音传感器电路工作原理

声音传感器工作原理是根据声音强度的不同，其输出值也不同。声音检测模块的输出量是模拟量，输出最大电压为 5V，最小电压为 0V。大家可以采用模块进行编程读取，返回值为 0 ~ 100，声音越大，返回值越大。

学生通过编程讨论，查阅资料，同时讲解小组设计的作品思路。教师根据学生的设计图，讲解以下关键知识点，声光效果在程序中如何实现，教师引导学生正确编写程序代码。

①灯带随音乐的声音强弱展现不同的亮度。声音越小，经过灯带的电流越小，光信号越弱。

②教师引导并提示学生利用材料搭建形状各异的路灯模型。

4. 精致完善

学生根据探究创作搭建模型，并把掌控板、灯带和声音传感器镶嵌到作品中，反复调试，将其拍照记录下来。

5. 展示评价

各小组展示，汇报制作的声光路灯搭建的模型和效果。

学生将影响声光效果的因素进行总结，尝试撰写研究报告。

教师组织对本探究项目做整体性评价，如下表所示。

项目分解	自评	他评	教师评	总评
作品创意				
程序设计				
外观设计				
功能实现				

六、教学点评

本探究项目的主题是"声光艺术"，旨在让学生利用 STREAM 元素，设计声光控制的路灯模型，知识点有信息技术编程、物理中的声光电知识及美术中的艺术性，综合性比较强。在探究中，体现学生动手制作、创意美学设计与编程的思维。

创意灯光旋转木马制作

夏榕蔓

一、设计背景

旋转木马或回转木马是游乐场机动游戏的一种，即旋转大平台上有装饰成木马且上下移动的座位供游客乘坐。最早记录的旋转木马出现于拜占庭帝国时期。约1860年欧洲出现第一个以蒸汽推动的旋转木马。如今在各大小游乐场、商场等地皆有各式旋转木马。旋转木马是大部分同学小时候喜欢的机动游戏项目，因此旋转木马被制作成产品在各大商场销售，但是价格昂贵。为了让同学们体验到旋转木马产品带来的乐趣，就设计了此课程，既让同学们体验制作自己喜欢物品的愉悦，又能将市场上价格较高的产品通过自己动手的方式给做出来。

二、解决问题

寻找出创意灯光旋转木马制作的方法以及所需要的材料。

三、融合要素对接

类别	目标详解
科学原理	数学：运用对称轴的知识，把握衔接孔的切割（北师大版 七下第五章第一节《轴对称现象》;北师大版 七下第五章第二节《探索轴对称的性质》） 物理：电路的相关知识及实际操作（人教版物理 九年级第十五章《电流和电路》；人教版 物理 九年级第十六章《欧姆定律》） 信息：在 Inkscape 软件上编辑设计创意的木马形状 美术：设计出独具创意特色的创意灯光旋转木马产品
技术制作与技术知识	1. 学生能够掌握创意灯光旋转木马的方法和原理 2. 运用激光切割技术进行模型切割
工程支持	学生考虑该研究题目的价值，能否推广到实际生产生活中

四、课前准备

三块圆形模板并提前进行打孔、一个圆柱木头、两根绳子、白乳胶、正负极电线、开关、两五号电池、灯带。

五、5E 教学过程

情境引入→制作方法分析→原理讲解→电脑软件木马设计→模型的设计制作→产品分享。

5E 探究式教学流程

1. 参与引入

教师利用情境导入：有一个偏远山区的小女孩，她家庭非常贫困，她从来没有坐过旋转木马。有一天她在电视上看到了旋转木马后，就喜欢上了旋转木马，很想拥有一个旋转木马。但是市场上旋转木马的木质产品价格昂贵，今天我们一起来设计一个独具创意的旋转木马送给这个山区的小女孩，希望她对生活充满希望，希望她以后能为梦想而奋斗。

2. 问题思考（小组讨论）

问题1： 同学们了解的旋转木马的结构有哪些？如何做一个旋转木马木质产品？

问题2： 如果我们要做一个会发光的旋转木马，同学们有什么办法？

学生总结（教师归纳）：

（1）创意灯光旋转木马的设计制作方法。

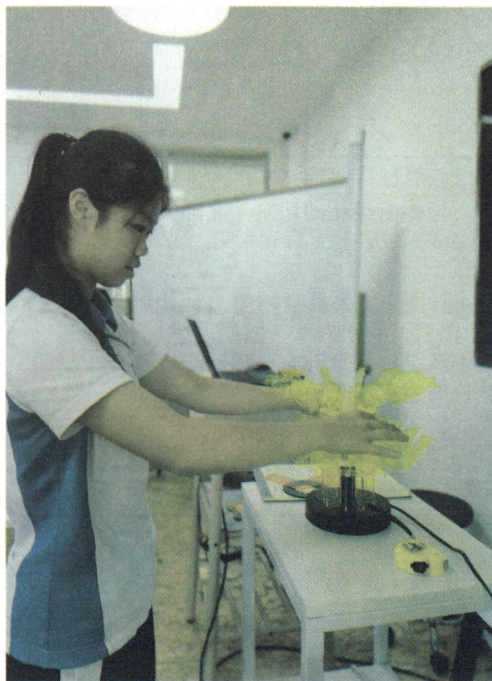

学生安装旋转木马灯

（2）电路相关知识的讲解。

（3）激光切割电脑软件设计木马模型。

（4）激光切割木马形状。

（5）材料准备。

3. 自主探究

指导学生进行自主探究：

【自主探究一】 根据讨论的结果，请同学们以小组为单位在电脑上进行创意木马造型设计，并进行讲解。

小组分享设计成果，并解释设计意图。

【自主探究二】 灯光创意旋转木马设计制作。

（1）电脑设计完成，进行激光切

割。

（2）各组根据自己的设计，用准备好的材料进行组合设计制作模型结构。

（3）探究电路的制作。

（4）探究整个模型结构的组装。

（5）探究灯光的布局设计。

4. 解释交流

【闭合电路】是指电荷沿电路绕一周后可回到原位置的电路。一个简单的闭合电路由电源、用电器、导线和开关组成。

【电路的基本组成】电源是提供电能的，用电器是消耗电能的，导线是输送电能的，开关是控制电流通断的。电源一般有电池和发电机，用电器包括灯泡等。

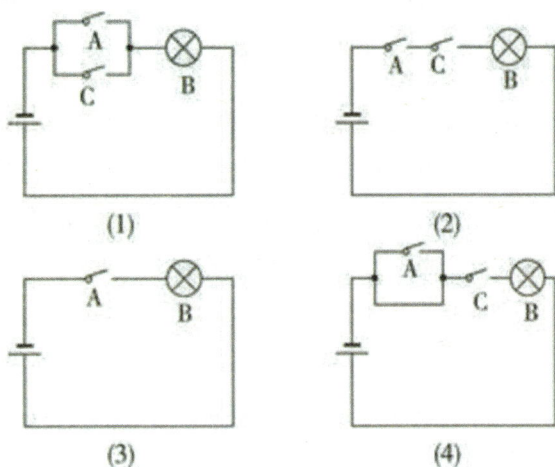

创意灯光旋转木马制作 - 电路图 - 夏榕蔓绘制

【欧姆定律】闭合电路中的总电流是由电源和电路电阻决定，对一定的电源，R（电阻）视为不变，因此，电流的变化总是由外电路的电阻变化引起的。

5. 精致完善

学生根据探究创作得出结论，将其拍照记录下来，形成探究结果报告。

6. 展示评价

【成果汇报会】

各组将自己设计制作的作品进行小组汇报（汇报设计概念、遇到的问题以及需要改进的方向等）。

学生投票选出最有创意奖、最美观奖。

学生得出研究报告后，分享自己的研究成果，讨论怎样进行创意灯光旋转木马设计制作更科学，并进行进一步的验证。学生根据参与情况对本节课的表现给予评价。

项目	自评	他评	教师评	总评
设计思路				
实验操作				
创意想法				
是否解决问题				

六、教学点评

本节课为探究式教学，设计制作较多，培养了学生的设计制作操作能力。在自主设计探究的过程中，也培养了学生的逻辑思维能力，本课主要的内容是创意灯光旋转木马的设计制作，将日常生活中可能会遇到的问题与实际教学相互联系，使得项目更具有研究意义。

制作鹏城小夜灯

巴春霞

一、设计背景

作品来源于民间剪纸艺术，利用皮影戏效果，围绕主题"声光艺术"设计一款具有深圳特色建筑的多功能小夜灯。它不仅可以提供照明，还可以为孩子播放睡前音乐和关于深圳的故事，光影变幻、时尚雅致，其艺术特色加上播放音乐对学生进行爱国主义教育。让学生了解到因为有了国家才有我们这座美丽的城市，才有了现在美好的生活。作品给家庭生活增添了趣味性，同时也激发学生对 STREAM 学习的热爱。

二、解决问题

寻找鹏城小夜灯制作的方法以及所需要的材料，并探究小夜灯的工作原理。

三、教学目标

类　别	目标详解
科学原理	物理：1.声音的大小对光的强弱的影响（人教版物理九年级第十五章《电流和电路》）2.电路与灯光设计原理（人教版物理九年级第十五章《电流和电路》、九年级物理第十九章《生活用电》）
技术制作与技术知识	1.mPython 编程解决声音大小和光的调节问题； 2. 激光切割机的使用； 3.Inkscape 绘图软件的使用
工程体现	通过绘图、切割、组装等环节，从作品功能与美观等方面，制作具有深圳建筑特色，符合"声光艺术"主题的小夜灯模型
艺术体现	设计出具有美观性、艺术性的具有深圳建筑特色的小夜灯

四、课前准备

灯带 3～4 条，MP3 模块、掌控板、切割木板、切割机、旋钮（调节音量大小）、播放器等。

五、5E 教学过程

情境引入→查阅资料，初步设计具有深圳建筑特色模型图片→小夜灯设计原理讲解→绘图、编写程序→切割机切割图形并搭建模型→下载程序并测试声光效果→成品展示交流与评价。

5E 探究式教学流程

1. 参与引入

教师提出问题：你觉得利用绘图软件、切割机和掌控板，能设计出小夜灯并实现光影变幻的效果吗？

教师播放几段音乐和有关深圳故事的视频，学生认真观看。

教师进一步启发：如何把声音和光带添加到小夜灯里面，随着声音的大小实现光亮度发生强弱的变化？

2. 自主探究

引导学生查阅资料，尝试通过已学和了解到的知识设计一款小夜灯。它不仅可以提供照明，还可以为孩子播放睡前音乐和关于深圳的故事。

（1）绘制小夜灯思维导图。

（2）Laser Maker 软件如何绘制建筑矢量图形？

（3）切割机如何切割建筑模型？

（4）mPython 编程软件如何利用按钮来实现声音的大小调节、切换音乐、灯带与音乐的暂停与继续？

（5）灯带随音乐的声音强弱展现不同的亮度，通过调节声音音量的大小，灯带的灯光也有不同的明暗度，如何实现？

3. 解释交流

（1）查找民间"皮影戏"资料，了解其原理及与光学的关系。

皮影戏（Shadow Puppets），又称"影子戏"或"灯影戏"，是一种用灯光照射、以兽皮或纸板做成的人物剪影以表演故事的民间戏剧，表演时，艺人们在白色幕布后面，一边操纵影人，一边用当地流行的曲调讲述故事，同时配以打击器乐和弦乐，有浓厚的乡土气息。皮影戏就是光与影的相结合，达到美妙的视听享受和效果。

（2）绘制具有深圳特色的建筑

深圳自古以来被称为"鹏城"，其中地标建筑有很多，学生查阅深圳特色建筑有关知识，如何利用网络资源和 Inkscape 绘图软件进行绘制。

小组成员不会绘制特色建筑模型，可以上网搜索特色建筑的矢量图形，导入绘图软件，然后描边保存成切割机能够识别的文件格式。

（3）编写程序

学生通过编程讨论、查阅，同时讲解小组设计的作品思路。教师根据学生的设计图，讲解以下关键知识点：

声光效果在程序中如何实现。教师引导学生正确编写程序代码，比如：

①灯带与音乐的暂停与继续。

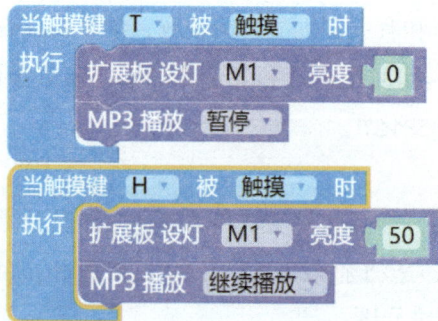

②切换音乐。

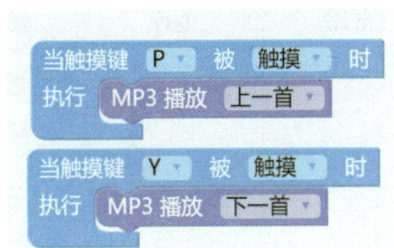

③灯带随音乐的声音强弱展现不同的亮度。

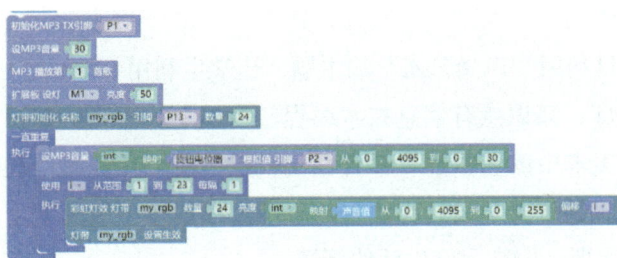

（4）切割搭建组装模型

小组讨论，利用切割材料组装模型，切割机如何设置镂空、雕刻效果。

学生做小夜灯模型正面图　　　　**学生做小夜灯模型背面图**

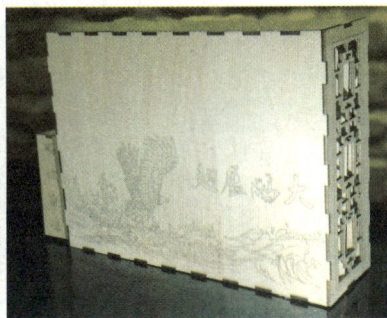

4. 精致完善

学生根据探究创作搭建模型，并把掌控板、灯带和声音传感器镶嵌到作品中，反复调试，将其拍照记录下来。

5. 展示评价

教师组织对本探究项目做整体性评价，如下表所示。

项目分解	自评	他评	教师评	总评
资料收集				
作品创意				
路演说明				
外观设计				
功能实现				

六、教学点评

本探究项目利用"声光艺术"的主题，让学生利用 STREAM 元素，设计一款多功能小夜灯，知识点有信息技术编程、物理中的声光电知识、工程中的切割机的使用及美术中的艺术性，综合性比较强，需要几课时。在探究中，体现学生动手制作、创意美学设计与编程的思维。在创作中鼓励学生多创意，并且培养学生热爱深圳，向往美好生活的情怀。

智能防疫测温机器人

巴春霞

一、设计背景

2020 年初突发的新冠疫情，使正常的校园生活受到巨大的冲击。本融合课程计划开展项目式学习，让学生自主探究、设计、制作一款校园防疫机器人，其功能包括自动化监测学生体温、消毒、考勤、配送、报警等。既能减少接触风险，又能解放教师。此款机器人还可以用于校园一些功能室，比如：午餐午休教室、校门口、校医室等功能场所。

本课例是项目的启动阶段，包含 2 课时，要实现第一个功能：测量体温。

二、解决问题

寻找制作智能测温机器人所需要的材料，讨论智能防疫测温机器人的程序。

三、教学目标

类别	目标详解
科学原理	生物：根据新冠病毒的特点，要做到哪些防护避免感染（人教版生物八年级上册第五章《病毒》） 物理：智能测温机器人电路工作原理（人教版物理九年级第十五章《电流和电路》）
技术制作与技术知识	1. 智能测温机器人程序设计（广东高教 B 版七年级下册信息技术 第二章《智能机器人程序设计》） 2. 智能测温机器人外观模型设计
工程支持	从功能和外观方面，设计搭建智能测温机器人
艺术体现	美术：设计一款外形美观与实用的具有美学价值的测温机器人（岭南美术出版社八年级下册第六课《色彩表现》）

四、课前准备

设计制作机器人用到的主要材料有：Arduino 创客教育机器人套件包含 AS-Board 主控板、温度传感器、3P 适配线等，功能及材料详细见下表：

测温机器人功能需求与核心绘制材料组成分析表

主要器材	功能需求	图片	数量
AS-Board 主控板	集合多种传感器，相当于机器人微电脑		1 个
温度传感器	属于数字传感器，用于测量体温		1 个
3P 适配线	实现机器人各部件之前的连接，保证线路畅通		若干根

主要器材	功能需求	图片	数量
Arduino Scratch 软件	机器人的编程软件，实现代码编写，完成机器各项指令功能		每台电脑安装1个

五、5E 教学过程

情境引入→查阅资料，讨论疫情期间，医护人员、教师和学生要做哪些防护→学生初步设计机器人，了解并绘制工作原理，编写机器人程序→选择零件并搭建简单测温机器人模型→优化模型→成品展示交流与评价。

5E 探究式教学流程

1. 参与引入

随着新型冠状病毒疫情的"无接触"需求，医护人员在跟病人接触的过程中也要做好防护，避免交叉感染。要设计防疫机器人，我们首先要了解关于新冠病毒的知识，以及从生物医学角度来分析如何做好 个人防护。今天我们在STREAM 课堂上设计一款能够防疫测温的机器人。

教师展示相关图片，启发学生思维。学生们每天进入校园首先要进入测温箱测量体温。先了解市场上各种测温仪是如何工作的。

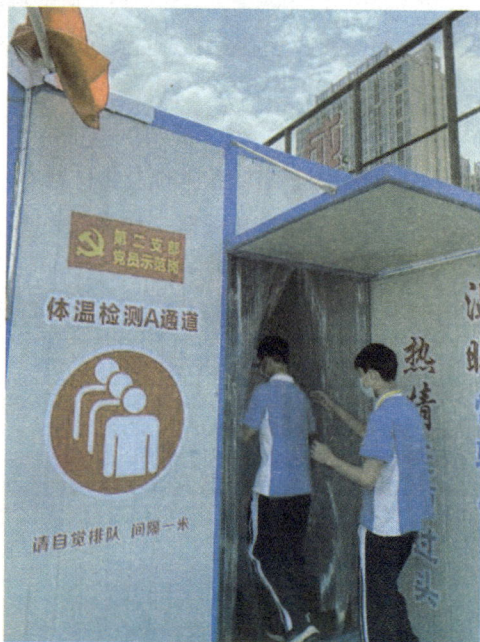

测温箱

2. 问题思考（小组讨论）

引导学生查阅资料，新冠肺炎病毒有什么特点？医生在给病人治疗的过程中如何避免交叉感染？病人如何防护呢？如何根据功能和需求，设计这款防疫测温机器人？

新型冠状病毒特点：这种病毒对

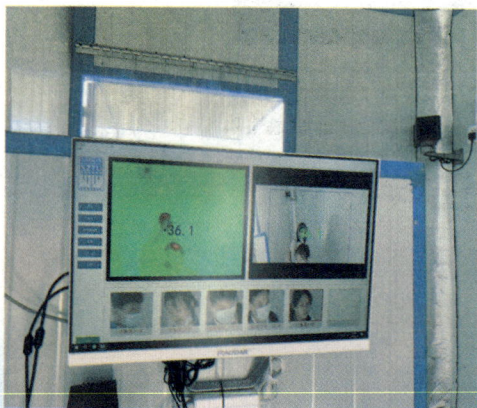

学校测温箱

75%的酒精、含氯消毒液、乙醚、过氧乙酸、氯仿等敏感，对紫外线也敏感。传染源主要是感染新型冠状病毒的患者，潜伏期的患者也有传染性。主要的传播途径是经呼吸道飞沫传播和接触传播，气溶胶和粪便等也有传播的可能。

教师和学生防疫措施：做好个人防护，对每个学生都要及时地测量体温，对教室、功能室等学生可能接触的场所和其中的物品进行消毒，学生之间避免近距离地接触。要求学生勤洗手，上学和放学路上戴好口罩。

3. 自主探究

小组讨论探究：

（1）让学生自己设计防疫机器人，从外观、功能等方面进行考虑，先小组讨论绘制，再展示预期初步设想。

（2）制作防疫测温机器人需要哪些传感器，各有什么作用？

（3）自主查阅各种测温仪的工作原理，了解红外线物理部分相关知识，包括红外线的热效应，掌握测温的原理。

4. 解释交流

学生通过讨论，查阅资料，编程编写，讨论可能需要的设备，教师根据学生的设计图，完成以下内容环节：

（1）设计制作一：设计与绘制测温机器人造型

根据外观、功能，学生小组讨论，绘制校园防疫测温机器人的初步模型，小组展示绘制的作品。

学生汇报成果展示

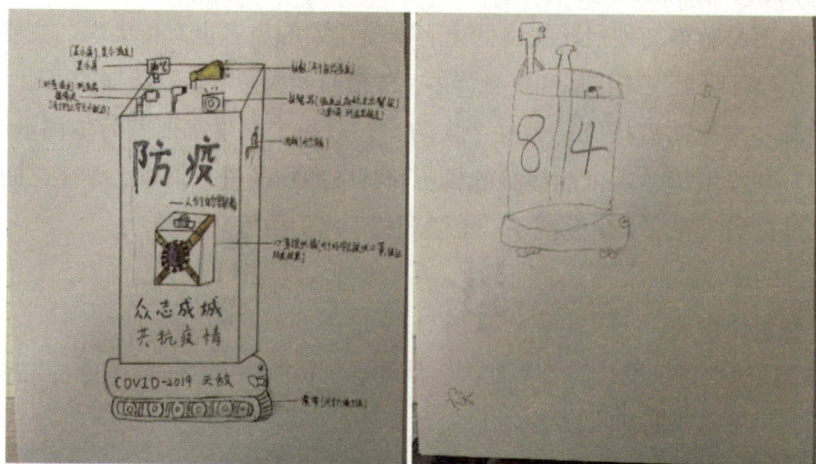

学生设计图

（2）设计制作二：让机器人检测体温

①学生自主查阅相关资料，知道常见的各种测温仪的名称及工作原理。并查阅物理中关于红外线的相关知识，了解利用红外线测温的工作原理，包括红外线的热效应。温度计是测温仪器的总称。根据所用测温物质的不同和测温范围的不同，重点了解电阻温度计。电阻温度计的工作原理是通过温度传感器在不同的温度下，热敏元件的阻值发生改变，从而输出不同的电压信号，温度越高，信号值越大。

②利用 ArduinoScratch 软件，编写程序实现测量体温并报警。人测体温需要借助于体温计，而温度传感器的出现能更好地让机器人检测体温。温度传感器能够检测室内空气温度，当人触摸温度传感器感应按钮时，传感器就会感应到人体的温度（检测范围是 0 ~ 100℃），并将温度数据反馈给输出设备。反馈结果有多种方式，如蜂鸣器报警、彩灯闪烁或 LED 灯亮，也可以采用数码管来显示体温的数值，从而使测量结果更加形象直观。如果体温超过 37.3℃，机器人会蜂鸣器报警、彩灯闪烁或者 LED 灯亮，我们可以及时对体温高的人员采取有效措施。

5. 精致完善

各小组展示测温程序，并反馈在编写程序过程中出现的问题。

学生根据探究创作得出结论，将其拍照记录下来，形成探究上传固件，安装驱动后，不能正常显示体温示数，如何解决。

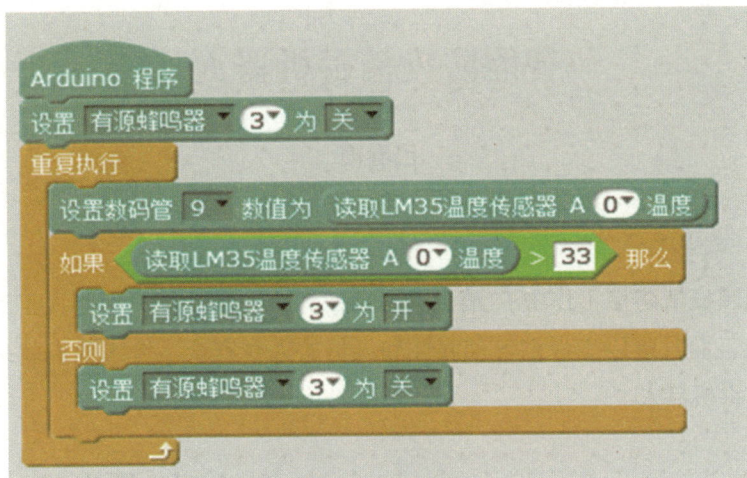

机器人测温报警程序

6. 展示评价

学生得出研究报告后，分享自己的研究成果，得出怎样进行简易测温仪设计制作更科学。进行进一步的鉴定。根据学生参与情况对本节项目课的表现给予评价。

项目评价表

项目	自评	他评	教师评	总评
设计思路				
实验搭建				
创意想法				
是否解决问题				

六、教学点评

本节课结合当下疫情，让学生设计一款能够测量温度的机器人。本节课是探究式教学，在自主设计探究的过程中，培养了学生的逻辑思维能力，引导学生将后疫情时代校园防疫会遇到的问题与实际 STREAM 教学相互联系，使课题更具有研究意义。

智能防疫消毒机器人

巴春霞

一、设计背景

在校园疫情防控工作中，"消毒"是第二大重要的功能。但是人工消毒不仅效率较低，而且难以确保消毒彻底性和人员的人身安全。今天我们就来设计智能防疫消毒机器人。

二、解决问题

寻找制作智能防疫消毒机器人所需的器材，并探究其工作原理和程序设计。

三、教学目标

类　别	目标详解
科学原理	物理：智能防疫消毒机器人电路工作原理（人教版物理九年级第 1 十五章《电流和电路》） 化学：1. 了解消毒液的成分和原理（化学九年级上册第四单元《消毒净化》）；2. 掌握配置消毒洗手液的方法（高中化学选修五第三单元《蛋白质变性》） 生物：了解病毒中蛋白质的作用，了解如何消灭病毒中的蛋白质（高中生物必修一第二章《生命活动的承担者》）
技术制作与技术知识	1. 智能防疫消毒机器人程序设计（广东高教 B 版七年级下册信息技术 第二章《智能机器人程序设计》）； 2. 智能灭菌消毒机器人外观搭建设计
工程支持	根据项目需要，从工程结构稳定性等方面，设计搭建智能防疫消毒机器人
艺术体现	美术：从美学角度升级设计外观，设计一款外形美观与实用的具有美学价值的智能防疫消毒机器人（岭南美术出版社八年级下册第六课《色彩表现》）

四、课前准备

设计制作机器人用到的主要材料有：Arduino 创客教育机器人套件包含 AS-Board 主控板、蠕动泵、软管、电机、3P 适配线、ArduinoScratch 软件等。

五、5E 教学过程

情境引入→搭建简易消毒机器人模型→编写消毒机器人程序→调试测试程序→优化升级模型→成品展示交流与评价。

5E 探究式教学流程

1. 参与引入

在校园疫情防控工作中，"消毒"是第二大重要环节。但是人工消毒不仅效率较低，而且难以确保消毒彻底性和工作人员的人身安全。今天我们设计一款智能防疫消毒机器人。

2. 问题思考（小组讨论）

（1）自主查阅化学消毒液成分相关知识，了解免洗消毒洗手液的配比，学会选择消毒洗手液的品种。

（2）从功能和外观方面，进行智能防疫消毒机器人的搭建，并能做到独自完成搭建。

3. 自主探究

（1）学生记录家中洗手液主要成分，学会如何选择可消灭新冠病毒的消毒洗手液。

（2）智能防疫消毒机器人如何实现将消毒液（次氯酸或过氧化氢）打成干雾状，然后喷雾到空中？

（3）学生对消毒机器人进行 ArduinoScrach 基本程序编写，并将程序下载到消毒机器人主控板中，指示消毒机器人进行快速消毒。

4. 解释交流

（1）学生自主查阅消毒液成分并做好调查记录，结合新冠病毒的特点讨论如何选择消灭新冠病毒的消毒洗手液。制作好的消毒液可以通过程序设计，改变蠕动泵速度，调节一次喷出消毒液的量（一次喷出太多造成资源浪费；太少，又不能彻底消灭病毒）或者直接打成干雾状喷出。

（2）自主学习 AS-Board 主控板。

之前我们接触过电信号，它是连接传感器、执行器、主控板之间的桥梁，不同的传感器的信号传输也是不一样的，如下图所示：

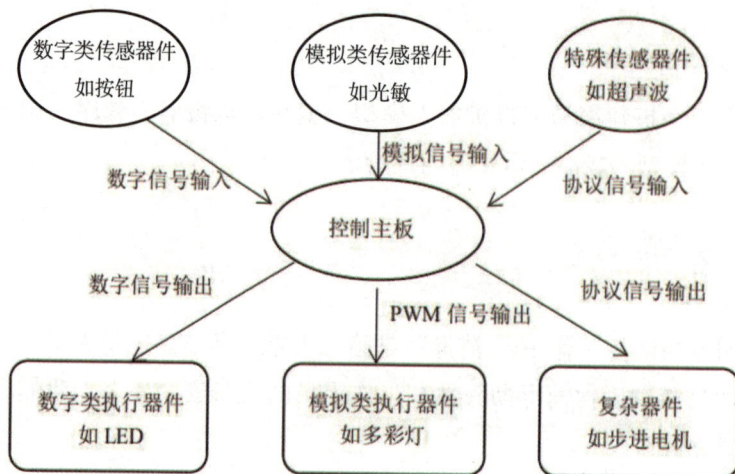

通过图片，学生可以了解 AS-Board 主控板形成闭合电路的原理。AS-Board 主控板是组合了 Scratch 测控板和 Arduino 主控器二合一的主控板。测控板集成了声音传感器、超声波传感器、按钮、滑竿等，数字信号口端口从 2 ~ 13，可以连接机器的输出设备和数字传感器，如蜂鸣器、红外避障传感器等，模拟信号口 A0 ~ A5 可以连接各类模拟传感器，如温度传感器、红外循迹传感器等。

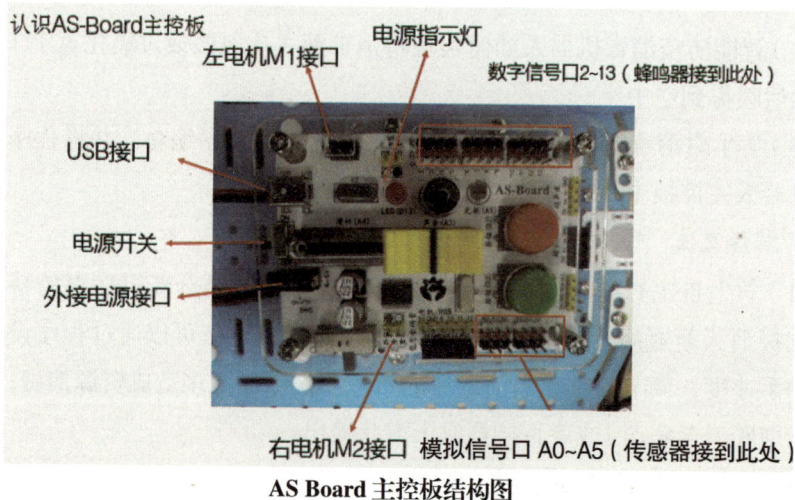

AS Board 主控板结构图

（3）搭建简易机器人小车。

在 ArduinoScratch 软件中下载编写程序，首先将 AS-Board 主控板与电脑连接起来，此时用数据线一端与主控板相连，另一端与电脑 USB 接口相连，选择上传固件即可实现连接。利用 Arduino 机器人套件工具搭建机器人简易小车是制作功能机器人的第一步，再根据项目需求进行外观设计。

（4）设计消毒程序。

学生查询了解电机的工作原理及接线方法。电机，又称为马达，是一种将电能转化为动能的器件。ArduinoScratch 中通过模块进行电机的控制，AS-Board 主板提供有两个电机接口 M1、M2，CF-Board 主板提供有四个电机接口 M1、M2、M3、M4，将电机模块与这些接口连接之后即可通

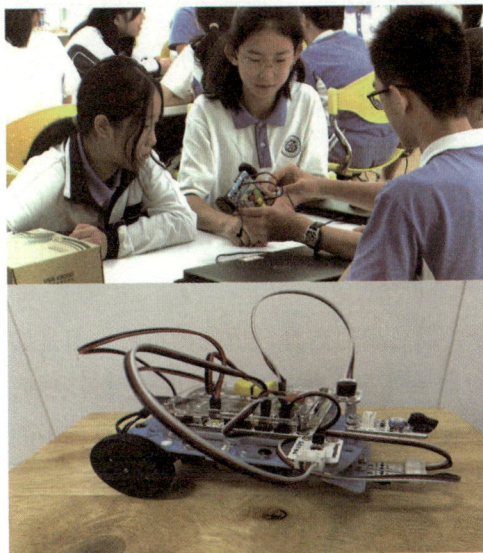

学生搭建机器人小车

过该软件模块进行电机的转速和转向控制，转速的变化范围为 0 ~ 255。

学生通过编程讨论，编写程序，同时讲解小组的作品设计思路。学生对机器人进行 ArduinoScratch 消毒程序编写，并将程序下载到机器人主控板中，指示机器人进行快速消毒；机器人消毒程序：体温超过 37.3℃，蜂鸣器报警，机器人蠕动泵转动，喷出酒精消毒液；否则停止消毒。

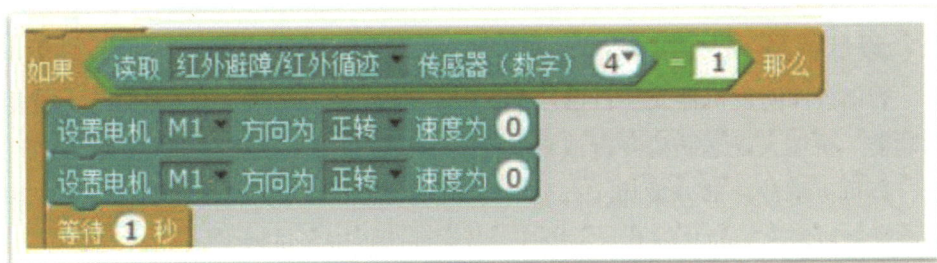

消毒机器人程序图

5. 展示评价

教师组织对本探究项目做整体性评价，如表所示。

项目分解	自评	他评	教师评	总评

续表

资料收集				
外观设计				
展示说明				
创意想法				
是否解决问题				

六、教学点评

大部分学生了解了消毒洗手液的成分，以及如何选择合适的消毒液，但是如何在此知识的基础上制作智能防疫消毒机器人还是有难度的，本课受设备限制，我们只能制作出简易的机器人，但是外观不重要，重要的是学生在制作过程中的思维碰撞。由于程序设计出现问题，调试不出来，有些小组可能会不成功，但是在整个探究的过程中，学生能够学会辩证地思考问题，也能够从反面去思考问题，研究解决问题的方法。

智能防疫配送机器人

巴春霞

一、设计背景

智能校园防疫机器人项目设计过程中，"配送物资或者送餐"是第三大重要的功能。机器人配送防疫物资或者送餐，不仅可以降低人工接触交叉感染的机会，还可以解放一部分教师，有利于校园的管理。今天我们就在上一节《智能防疫消毒机器人》的基础上，来设计一款智能防疫配送机器人。

二、解决问题

寻找智能防疫配送机器人所需要的材料，探究智能防疫配送机器人的程序设计和制作过程。

三、教学目标

类别	目标详解
科学原理	物理：智能防疫配送机器人电路工作原理（人教版物理九年级第十五章《电流和电路》）
技术制作与技术知识	1. 智能防疫配送机器人程序设计（广东高教 B 版七年级下册信息技术第二章《智能机器人程序设计》） 2. 智能防疫配送机器人外观模型设计
数字描述	掌握数字逻辑平均值运算方法，计算灰度阈值大小
工程支持	根据项目需要，从工程结构稳定性和外观方面，设计搭建智能防疫配送机器人
艺术体现	美术：从美学角度升级设计外观，设计一款外形美观与实用的具有美学价值的智能防疫配送机器人（岭南美术出版社八年级下册第六课《色彩表现》）

四、课前准备

设计制作机器人用到的主要材料有：Arduino 创客教育机器人套件包含 AS-Board 主控板、红外循迹传感器、红外避障传感器、3P 适配线、刀刮布地图等，功能及材料详细见下表：

测温机器人功能需求与核心绘制材料组成分析表

主要器材	功能需求	图片	数量
AS-Board 主控板	集合多种传感器，相当于机器人微电脑		1 个
红外循迹传感器	可以自动识别轨迹，实现机器人巡逻功能		2 个

续表

主要器材	功能需求	图片	数量
红外避障传感器	能够自动检测障碍物，属于数字传感器		1个

五、5E 教学过程

情境引入→复习逻辑语句→学习红外循迹传感器→学习红外避障传感器→编写程序，仿真调试，优化模型→成品展示交流与评价。

5E 探究式教学流程

1. 参与引入

制作防疫配送机器人与制作的送餐机器人功能是相似的，只是不同的是配送的物品不同，思考用 Arduino 创客教育机器人设备，需要哪些传感器？

回顾学习过的编程逻辑语句，比如，条件语句，如果……就……，如果……就……，否则……；循环语句，重复执行，设想本节课的机器人程序要用到什么逻辑语句。

2. 问题思考（小组讨论）

引导学生查阅资料，制作智能防疫配送机器人需要哪些器材，并和小组成员讨论红外循迹传感器的工作原理。

红外循迹传感器可以自动识别轨迹，实现机器人自动巡逻的功能——它是可以将颜色深浅转化为电信号的器件。红外循迹传感器会检测地面反射回来的光线强度，并确定其检测面的颜色深浅，一般来说，颜色越浅灰度值越小，颜色越深灰度值越大。因此，我们要采集仿真环境下地图的灰度阈值，灰度阈值的采集本文以黑白两种颜色来说，分别读取黑色和白色环境下红外循迹传感器的数值并记录。灰度阈值的计算方法就是取两个数值的平均数，即传感器在黑线上的返回值与在白色地面上的返回值相加再除以 2。

3. 自主探究

（1）进一步了解主控板、红外避障传感器、红外循迹传感器接线方法及形成闭合电路的工作原理。

（2）如何准确计算出红外循迹传感器的灰度阈值。灰度阈值的计算方法是读出并记录黑色数据和白色数据，再取其数学平均值。同时讲解小组设计的作品思路。教师根据学生的设计图，与小组成员讨论，灰度阈值如何计算，完成下列课堂小组活动登记表。

课堂小组活动登记表

名称	端口数值	黑色数值	白色数值	灰度阈值（平均值）
（右边）红外循迹传感器				
（左边）红外循迹传感器				

（3）讨论影响红外循迹传感器灰度阈值的因素有哪些？

机器人工作的场所、环境光线强弱、教室地面材质的变化和红外循迹传感器安装的高度等因素，都会影响机器人循迹的运行。因此，测量准确的灰度阈值可以有效防止机器人脱离循迹轨道。这是实施过程的难点，要求学生反复实验，采取正确的措施预防。

4. 解释交流

（1）设计制作 1：让机器人实现循迹。

研究红外循迹传感器之前，我们先来研究灰度传感器。灰度传感器是一个模拟量传感器，由高亮 LED 和光敏电阻组成，利用光敏电阻的光电效应来检测物体表面反射光的强度。

实验证明，在安装红外循迹传感器时，传感器与检测面的高度要保持在 5~10mm，运行仿真时，红外传感器安装高度、检测面材质变化、环境光线强度等因素，都会影响传感器返回值的大小，测量准确的灰度阈值可以有效防止机器人脱离循迹轨道。经过实际高度运行，循迹机器人的实际控制距离可以达到 30~50m。

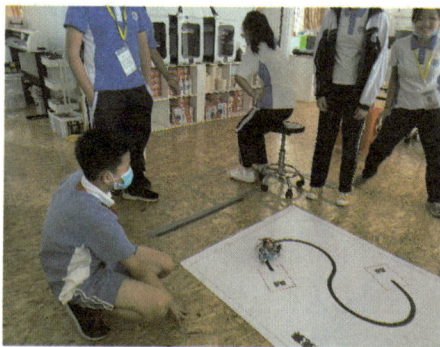

机器人测试仿真地图

（2）设计制作 2：让机器人实现自动躲避障碍物。

红外避障传感器的原理就是根据红外线碰到障碍物会反射的原理设计的。红外避障传感器有两个探头，一个发射头 T，一个接收头 R（见下图），就可以检测到前方是否有障碍物。发射距离可通过电阻来调节。

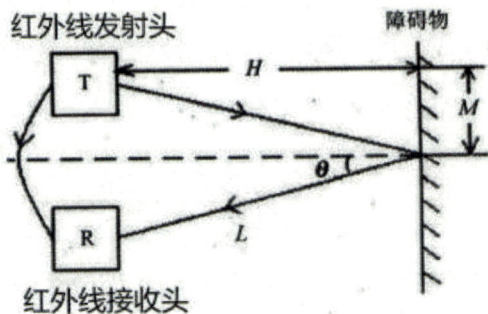

红外避障传感器原理图

属于数字传感器，因此它要接在 AS-Board 主控板数字模拟口 2～13 口任意一个，其返回值只有 0 和 1，0 代表没有障碍物，1 代表有障碍物。当机器人检测到前方有障碍物时，机器人小车停止循迹，当人触摸到温度传感器时，它能够

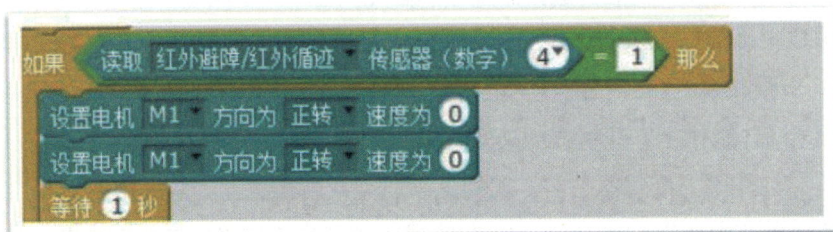

机器人躲避障碍物程序

自动检测到人的体温，体温超过 37.3℃，蜂鸣器报警，否则继续循迹。

5. 精致完善

学生将影响红外循迹传感器灰度阈值的因素撰写在探究结果实验报告中，并将其拍照记录下来。

6. 展示评价

学生得出研究报告后，分享自己的研究成果，得出怎样设计制作智能防疫配送机器人更科学。进行进一步的鉴定。教师根据学生参与情况对本节课的表现给予评价。

项目	自评	他评	教师评	总评
设计思路				
实验搭建				
创意想法				
是否解决问题				

六、教学点评

本节课结合当下疫情，让学生发挥创意，设计一款智能防疫配送机器人。本节课是探究式教学，设计制作机器人要依据不同类型的机器人零件，培养学生的编程思维能力和动手搭建操作能力。在自主设计探究的过程中，也培养了学生的逻辑思维能力，引导学生将日常生活中可能会遇到的问题与实际 STREAM 教学相互联系，使题目更具有研究意义。

校园无接触式防疫机器人模型制作

一、设计背景

通过前面测温机器人、消毒机器人和配送机器人的设计与制作，结合 STREAM 实验室中的设备设施，来设计项目机器人的外观模型，使项目研究更贴近校园应用实际，具有重要的研究价值

二、解决问题

解决 Arduino 机器人零件小，搭建机器人模型过于简单的问题，本课要解决以下几个问题：

1. 如何增加机器人小车的高度。

2. 如何使测温的效率更高，更准确。

三、教学目标

相关知识参考表

类　别	目标详解
科学原理	物理：1.机器人总电路设计的工作原理（人教版物理九年级第十五章《电流和电路》）；2.从物体的结构稳定性方面，搭建机器人模型（人教版物理八年级第七章第三节《重力》）

续表

技术制作与技术知识	1. 掌握绘图软件 Inkscape 的使用方法 2. 激光切割机的操作方法
工程支持	根据项目需求，从功能和外观方面，搭建校园无接触式防疫机器人模型
艺术体现	设计升级外观，具有美观与实用价值的机器人（岭南美术出版社八年级下册第六课《色彩表现》）

四、课前准备

课时：4 课时

激光切割机、3D 打印机、Inkscape 绘图软件、Arduino 创客机器人套件。

五、5E 教学过程

情境引入→根据绘制的图形初步设计机器人外观→Inkscape 绘制防疫机器人图形→切割图形→优化升级组装模型→下载程序进一步调试→成品展示交流与评价。

5E 探究式教学流程

1. 参与引入

本项目设计了测温机器人、消毒机器人和配送机器人，并且搭建了机器人简易小车，实现了无接触式校园防疫机器人的功能。但是机器人的外形不太适用于校园或者功能室场所。本节课利用 STREAM 实验室中的设备设施对外观进行升级改造，使机器人更加适用，项目研究更有实用价值。

2. 问题思考（小组讨论）

引导学生根据绘制的项目机器人模型，让学生思考利用 STREAM 实验室现有设备，从功能和外观方面，切割组装模型。

引导学生从设计、实践、小组合作等方面，回顾遇到的困难、解决方式，并提出项目优化的建议。

3. 自主探究

（1）利用现有材料，如何增加机器人高度？

（2）Arduino 零件搭建的机器人小车外观如何升级改造，能够应用于校园或者功能室场所？

（3）如何正确使用激光切割机切割作品？

（4）利用 Inkscape 绘制工具，如何绘制防疫主题的图片？

4. 解释交流

（1）通过 Inkscape 软件进行绘图，并且使用激光切割机来增加机器人的高度。让学生利用 Inkscape 软件进行防疫主题的绘图，切割材料可以选择彩色亚克力板、木板、纸板等。

学生利用 **Inkscape** 软件绘图

（2）对于切割的木板作品，可以让学生使用美术彩笔填涂颜色。要求从色彩搭配方面考虑，同类色、互补色、邻近色、黑白色、高级灰等颜色的搭配，可

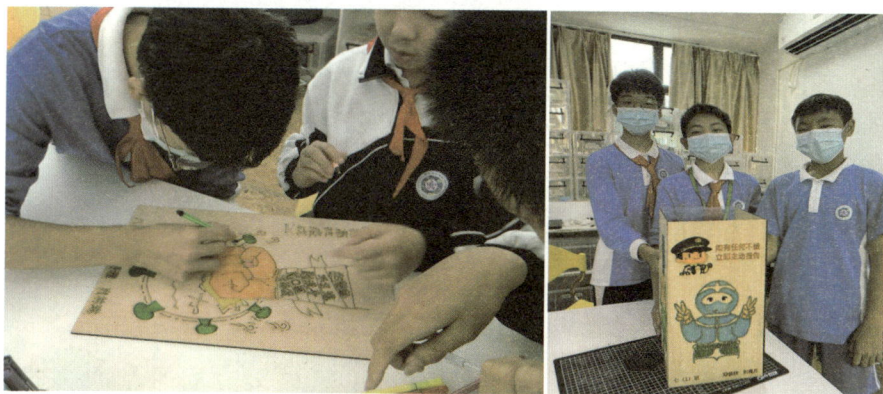

学生用画笔给图形涂色

组装防疫机器人外形

以与美学结合起来，提高学生对色彩的感知力和审美能力。

（3）从物理的重心、稳度和驱动力大小方面考虑，简易机器人小车能否满足项目需求，思考讨论如何升级改造。改变机器人底盘的驱动马达，增加履带，由 2 轮变成 4 轮，使机器人小车在执行命令的过程中更加稳固。

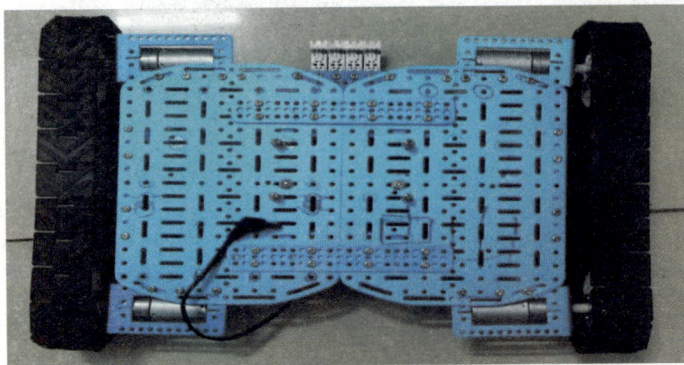

（4）防疫机器人包含电机、各类传感器，AS-Board 主控板、3P 适配线等器材，需要正确的电路连接才能正常工作。学生思考讨论如何正确接线形成闭合电路。

机器人驱动升级底盘俯视图

（5）结合逻辑编程语句，对子程序和总程序进行修改，对校园防疫机器人总程序反复调试，进行仿真实验，并且组装机器人车身，完成项目机器人的最终设计与制作。参考总程序如右图。

5. 成果汇报会

各小组展示自己设计组装的机器人作品，并路演展示其功能，说明制作的过程中出现的问题、小组分工及解决问题的方法。现有作品还有什么不足，打算如何克服。

6. 精致完善

学生根据探究创作得出结论，将其拍照记录下来，形成探究结果实验报告。

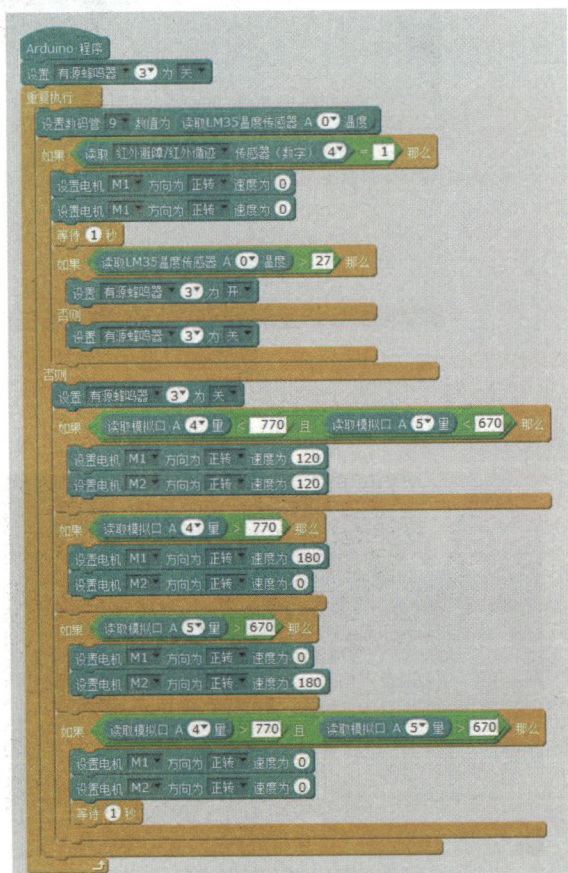

防疫机器人总程序

7. 展示评价

学生得出研究报告后，分享自己的研究成果，得出怎样设计制作防疫机器人更科学。进行进一步的鉴定。学生根据参与情况对本节课的表现给予评价。

项目评价表

项目	分值（分）	评价标准	得分		
			自评	组评	教师评
工程结构	30	搭建合理 小车能畅通无阻地向各个方向运动，运动过程中无明显阻碍或卡顿			
		机器人稳固 搭载温度传感器、蜂鸣器后，机器人的结构、螺丝稳固，各连接部分不松动			
创意设计	40	机器人功能上的创新设计，在基础外观上高度合理、彩色填涂合理，机器人驱动马达能够为机器人提供持续动力；或者对程序进行优化、或以更好的方式进行程序语句的编写			
小组配合	10	小组成员人人有事做，团队凝聚力强，分工内容关联性强，当意见有分歧时能很快统一			
交流展示	20	本小组成员非常积极踊跃地进行成果汇报展示 本小组的机器人能实现消毒、测温、循迹功能，解决无接触式校园防疫问题的需求			
总分					

六、教学点评

学生从设计、实践、小组合作等方面绘制图形、切割作品、填涂颜色、设计总程序、反复仿真测试，回顾遇到的困难、解决方式，并提出优化的建议。教师需要从问题的真实性、理论讲授、操作实践的教学设计、项目的小组协作性、逻辑思维训练、学生的创新能力培养、产品的功能与价值等方面，综合评价本项目。

创意几何模型制作——埃菲尔铁塔

夏榕蔓　罗　睿

一、设计背景

屹立在塞纳河南岸的埃菲尔铁塔，是法国巴黎最灿烂的明珠。在 1889 年，埃菲尔铁塔建成的那一年，它是当时世界上最高的建筑。埃菲尔铁塔的建成本来是为了纪念法国大革命胜利 100 周年，而时间证明它的建筑艺术价值远超过了纪念价值，闻名世界。

埃菲尔铁塔分三楼，一楼离地面 57.6 米，二楼离地面 115.7 米，三楼离地面 276.1 米处，高约 324 米，相当于 100 层楼的高度。铁塔除了四个脚是钢筋水泥，其他全由钢铁构成，重达 10000 吨。

那么埃菲尔铁塔为什么能承载这么重的重量呢？请找出其中的奥秘，并制作一个镂空（非实心）的建筑，使其能承受一个人的重量。

二、解决问题

学生从书籍、网络查阅资料，了解埃菲尔铁塔在整体和局部上的建筑特点，学习埃菲尔铁塔设计上的承重奥秘。并设计出坚固的、能承受一个人重量的镂空模型。

三、融合要素对接

相关知识参考表

类别	目标详解
科学原理	物理：1.结构力学（人教版物理八年级 第七章《力》）2.力的作用效果（人教版物理八年级 第八章 第二节《二力平衡》） 历史：普法战争的胜利
技术制作与技术知识	1.制作建筑模型，并从承重、稳固等方面进行测试 2.对模型进行修正，以达到承重要求
工程支持	对改造后的模型进行测试，并测量模型的承重上限
数学描述	1.比例尺 2.三角形与四边形的稳定性对比（北师大版数学七下 第四章第一节 《认识三角形》） 3.基础计算

续表

类别	目标详解
艺术体现	埃菲尔铁塔的建筑艺术价值鉴赏

四、课前准备

1. 资料收集表格（建筑整体特点、建筑局部特点、承重奥秘、建筑艺术价值与对后世的影响）；

2. 建筑材料（热熔胶枪、热熔胶棒、小木棒若干）；

3. 笔记本电脑；

4. 美工刀、钳子；

5. 小组分工合作名单。

五、5E教学过程

情境引入→初步形成资料收集表格→建筑特点、三角形的稳定性、建筑艺术价值的知识讲解→画出承重结构的模型设计图，并标注组成这个模型的结构单元→实践设计方案，对模型进行承重测试→对模型进行调整，并测试模型的承重极限→展示交流。

5E探究式教学流程

1. 参与引入

在本环节当中，教师的主要作用是介绍埃菲尔铁塔的建筑背景以及建筑艺术价值，以视频导入的方式，让学生领略埃菲尔铁塔的风光，以图形的方式观察埃菲尔铁塔的整体建筑结构特点以及局部结构单元，促进学生后期的自主探索学习。同时，教师布置任务，让学生通过查阅书籍和网络资料，了解埃菲尔铁塔的承重奥秘，建筑艺术价值，完成资料收集表格。

2. 自主探究

这一环节主要由学生进行自主学习探索。通过收集资料，观察讨论埃菲尔铁塔的整体、局部结构特点，应用的结构力学原理、承重设计奥秘。引导学生思考如何利用这些建筑设计、承重奥秘，克服木棍易脆、易折的特点，设计出能承载一个人重量的模型，并使其具有美学效果。

对于模型设计的把关非常重要，学生需要认真思考并解决以下问题：

（1）埃菲尔铁塔的整体结构怎样？

（2）埃菲尔铁塔的局部建筑单元（重复最多的结构单元）是什么？

（3）埃菲尔铁塔的承重奥秘是什么？

（4）埃菲尔铁塔有怎样的建筑艺术价值，对后世有什么影响？

这些问题仅通过查阅相关资料还不能解决，需要小组成员将收集到的资料进行归纳整理，小组讨论得出结论。之后将建筑设计的承重奥秘应用在模型设计中，然后头脑风暴、设计出本组模型的亮点、结构单元。在设计过程中，注意三角形的稳定性、比例尺，并标注角度以及长度。

在设计的最后，学生使用木棍、热熔胶枪等材料，严格将设计图变为真实的建筑模型。在实践过程中，可以依据比例尺、三角形的稳定性，对模型进行微调。教师在学生动手实践的过程中，根据不同小组出现的不同问题进行特别指导。

3. 解释交流

本环节在学生制作建筑模型的过程中穿插进行。首先教师应通过提问，引导学生由下到上，先确定最稳定的单元结构三角形，然后去制作模型。

【几何图形的稳定性】三角形具有稳定性，四边形没有稳定性。

教师引导学生讲解比例尺在建筑模型中的应用，并播放视频进一步解释比例尺在建筑模型中的使用方法。

【比例尺】是表示图上距离与它所表示的实际距离之比。比例尺有三种表示方法：数值比例尺、图示比例尺和文字比例尺。

在学生完成了建筑模型的整体结构以后，教师引导学生检查整体结构中的三角形部分，并提醒学生尽量消除掉不稳定的四边形。

学生在进行完基本的实践环节后，对承重模型进行加固，并进行一定的美学优化。

4. 精致完善

本环节要求学生根据测试结果，对承重模型不稳定、有缺漏的部分再次进行微调。这一环节，需要借助比例尺进行准确的计算，并逐一修复建筑模型中不稳定的部分。同时，研究建筑的受力情况，对承重较多的受力点进行再次加固。

在这个环节中，学生将体会到工程师、艺术家在创造一件作品的过程中，反复修改、精益求精的态度与精神。

部分小组有可能出现模型不堪重负、测试损毁的重大问题。教师需帮助学生找到问题的关键，在设计原有基础上进行改动，并利用小组合作高效地再建一个模型，尽可能多地利用旧模型功能完好的部分，以防止学生无法得到作品。

5. 展示评价

学生对本次活动的探索学习过程、设计过程、模型结果进行反思和评价。在活动的最后，学生需要参考承重的优胜小组，思考并总结模型的亮点以及在承重测试中体现出的优势与不足，回顾从设计、制作到最后的优化环节，个人参与度、小组的合作效率如何。

项目评价表

项目	自评	他评	教师评	总评
资料收集				
方案设计				
小组合作				
承重测试				
设计反思				

六、教学点评

本节课让学生沉浸在法国巴黎塞纳河美丽的风光里。埃菲尔铁塔闻名于世，虽没见过其真容，但在文具图案、织物花纹上，它频频现身。课堂导入的埃菲尔铁塔从整体建筑、局部细节特写等画面再次映入学生的眼帘。项目使用材料简单，建筑技巧、美学影响、力学知识、人文历史多样化。要求学生精密、严谨地设计并建造承重模型。三角形的稳固性在数学中被反复提及，而本节的受力分析、结构力学特点，能让学生更直观地感受这一特性。

创意几何模型制作——比萨斜塔

夏榕蔓　罗　睿

一、设计背景

1173 年，一座罗马式大教堂在意大利比萨建成，它是比萨城的标志。在动工的五六年后，由于地基不均土层松软，这座教堂从第三层开始倾斜，直到现在，它依然偏离了 2.5 米，倾斜 3.99°。这座塔历时近千年，就这么一直"斜斜地"俯瞰众生而不倒。著名的伽利略"自由落体实验"就发生在比萨斜塔上。

那么比萨斜塔为什么能角度倾斜却依然历时近千年而不倒呢？有专家猜测，建造塔身的每一块石砖间的黏合极为巧妙，有效地防止了塔身倾斜引起的断裂。但比萨斜塔倾斜而不倒的奥妙至今仍是一个谜。也有专家推测，250 年后，塔身重心将超出塔基外缘，比萨斜塔倾倒。

请你仿照比萨斜塔的独特之处，制作一个倾斜的建筑模型，建筑的高宽之比不得低于比萨斜塔。比一比，谁制作的斜塔模型倾斜角度最大。

二、解决问题

学生从书籍、网络查阅资料，确定比萨斜塔的高宽之比，并了解比萨斜塔不会倾倒的原理——重心与重力矩。在完成斜塔模型的比例尺设计、受力分析以后，设计出最稳定的、倾角最大的中世纪罗马风格斜塔模型。

三、融合要素对接

相关知识参考表

类别	目标详解
科学原理	物理：1.重力与重心（人教版物理八年级 第七章第三节 《重力》） 2.受力分析（人教版物理八年级 第七章第一节 《力》） 3.力矩的作用（人教版物理八年级 第十二章第一节 《杠杆》） 历史：意大利宗教发展（人教版历史九年级 第二单元第五课 《中古欧洲社会》）
技术制作与技术知识	1.制作建筑模型，并从倾斜角度、稳固等方面进行测试 2.对模型进行修正，以达到最大倾斜角度
工程支持	对改造后的模型进行测试，并测量模型的倾斜角度
数学描述	1.三角函数与倾斜角（北师大版数学 九上第一章第一节 《锐角三角函数》） 2.勾股定理（北师大版数学 八上第一章第一节 《探索勾股定理》）
艺术体现	中世纪罗马建筑风格

四、课前准备

1.资料收集表格（斜塔的宽度与高度、重心的分布、斜塔受力分析、力矩分析）；

2. 建筑材料（热熔胶枪、不同规格的木块若干）；

3. 笔记本电脑；

4. 刻度尺、量角器、铅垂线、铅笔、电锯、美工刀、钳子、台秤；

5. 小组分工合作名单。

五、5E 教学过程

情境引入→初步形成资料收集表格→重心、力矩、受力分析、中世纪罗马风格的知识讲解→画出斜塔模型的设计图，受力分析图，力矩图→实践设计方案，对模型倾斜角进行测量→对模型进行调整和外墙美化，并测试模型的倾斜角度→展示交流。

5E 探究式教学流程

1. 参与引入

在本环节当中教师的主要作用是介绍比萨斜塔的历史与奇妙之处，以视频导入的方式，让学生感受比萨斜塔的神奇之处与文化价值，以图片的直观冲击引起学生的兴趣。同时，教师布置任务，让学生通过查阅书籍和网络资料，了解什么是重心，重力和力矩对比萨斜塔的影响，完成资料收集表格。

2. 自主探究

这一环节主要由学生进行自主学习探索，教师答疑辅助。通过收集资料，交流讨论，加深对"重心""重力""力矩"这些概念的理解，引导学生思考如何利用这些规则克服重力对倾斜建筑的影响，设计出高宽比例不低于比萨斜塔的倾斜建筑模型，并仿照中世纪罗马风格美化其外观。

对于模型设计的把关非常重要，学生需要认真思考并解决以下问题：

（1）重力对比萨斜塔有什么影响？

（2）建筑模型的重心应该控制在哪？

（3）如何克服重力矩对斜塔模型的影响？

（4）如何利用三角函数、勾股定理计算倾斜角？

（5）中世纪罗马风格建筑有哪些特点？

（6）如何设计斜塔模型的外墙以及其他外部装饰？

这些问题仅通过查阅相关资料还不能解决，需要小组成员将收集到的资料进行梳理，小组讨论得出结论。在设计过程中，注意重心位置的控制，严格按照比例尺的数据进行设计，并标注与水平、竖直方向的倾斜角度以及长度。

在设计定稿后，学生使用不同规格的模板、热熔胶枪、美工刀、刻度尺等材料，严格将设计图稿变为真实的建筑模型。在实践过程中，可以依据比例尺、重力、力矩等因素，对模型进行微调。教师在学生动手实践的过程中，根据不同小组出现的不同问题进行特别指导。

3. 解释交流

本环节在学生制作建筑模型的过程中穿插进行。首先教师应通过提问，引导学生由下到上地制作模型。教师引导学生讲解比例尺在建筑模型中的应用，并播放视频进一步解释比例尺在建筑模型中的使用方法。

在学生完成了部分建筑后，注意使用辅助工具对模型进行固定，以防止倾斜角度发生变化。如果遇到模型倒塌等情况，教师需帮助学生通过受力分析、力矩分析，讨论失败的原因，并修改模型的设计。

【重心】重心是指地球对物体中每一微小部分引力的合力作用点，其位置在工程上有重要意义。建筑物的重心不稳，有倒塌的风险；高速旋转的机械，重心不在轴线上，就会引起剧烈的振动。

【力矩】力矩表示力对物理作用时所产生的转动效应的物理量，为力和力臂的乘积。力矩为零时，杠杆不发生转动或匀速转动。

【勾股定理】在平面上的一个直角三角形中，两个直角边边长的平方加起来等于斜边长的平方。如果设直角三角形的两条直角边长度分别是 a 和 b，斜边长度是 c，那么可以用数学语言表达为：$a^2+b^2=c^2$。

【三角函数】当平面上的三点 A、B、C 的连线 AB、AC、BC，构成一个直角三角形，其中∠C 为直角。对∠A 而言，对边 BC= a、斜边 AB= c、邻边 AC=b，则存在以下关系：

三角函数表

基本函数	缩写	表达式	语言描述
正弦函数	sin	a/c	∠A 的对边比斜边
余弦函数	cos	b/c	∠A 的邻边比斜边
正切函数	tan	a/b	∠A 的对边比邻边

三角函数一般用于计算三角形中未知长度的边和未知的角度。

学生在进行完基本的实践环节后，对斜塔模型的高度、宽度、倾角进行二次测量，并记录本组的模型数据。

4. 精致完善

本环节要求学生根据测试结果，对重心不稳定、易倾倒、倾角不够的模型再次进行微调，在这一环节，需要反复进行测量、受力分析、力矩计算，利用三角函数测量倾斜角，调整并修改斜塔模型。已经达到要求的小组，可根据中世纪古罗马风格，对建筑进行外墙彩绘或外部装饰，注意过多的外部装饰有可能让斜塔模型再次倾斜。

部分小组有可能出现模型无法站立、需要重新制作的重大问题。教师需帮助学生找到问题的关键，在原有设计基础上进行改动，并利用小组合作高效地再建一个模型，尽可能多地利用旧模型功能完好的部分，以防止学生无法得到作品。

5. 展示评价

学生对本次活动的探索学习过程、设计过程、模型结果进行反思和评价。在活动的最后，学生需要参考倾角最大、高宽比例最大、中世纪罗马风格装饰最美的优胜小组。思考并总结模型的亮点以及在倾角测试中体现出的优势与不足，回顾从设计、制作到最后的优化环节，个人参与度、小组的合作效率如何。

项目评价表

项目	自评	他评	教师评	总评
资料收集				
方案设计				
小组合作				
倾角测试				
设计反思				

六、教学点评

本节课让学生了解了中世纪意大利的神奇建筑——比萨斜塔。它倾斜近千年而不倒，被传为奇谈。项目要求学生模仿比萨塔，制作一个斜塔模型。高且斜——这样新奇的建筑模型制作，非常能激起学生的好奇心与兴趣。项目使用材料的简单，要求学生从多方面定性、定量地对模型进行力学分析，同时浸透着人文历史背景，加强了对学生的艺术熏陶。项目的评价要求多元、简单而清晰——高、斜、美，是一节简单而有趣的 STREAM 课。

创意几何模型制作——雅典卫城帕特农神庙

夏榕蔓　罗　睿

一、设计背景

希腊神话故事带着神秘的色彩，一直萦绕在孩子们童年的梦境里。作为四大文明古国之一的希腊，其文化、艺术、建筑是有迹可循的。在希腊共和国首都雅典卫城的古城堡群落中心，山岗的最高点屹立着人类建筑的瑰宝——帕特农神庙。神庙历经两千多年的风霜雨雪，见证了沧海桑田、斗转星移的人类变迁，如今虽庙顶已坍塌、浮雕被岁月侵蚀，却依然可见古希腊灿烂的文明，风姿依旧。

帕特农神庙是供奉智慧女神雅典娜的神庙，始建于公元前 447 年，历时 15 年完成。这座神庙的设计，代表了现存古希腊建筑艺术的最高水平。本项目，将带领学生探索、领略古希腊建筑艺术的美好，并应用帕特农神庙的建筑艺术精髓，再创造一个古希腊风格的建筑模型。

二、解决问题

学生从书籍、网络查阅资料，了解帕特农神庙在建筑过程中使用的"黄金分割比"以呈现美的视觉效果，学习古希腊人在两千多年以前就使用的"视觉矫正"，欣赏神庙里古希腊浮雕和雕像的魅力，体会灿烂的古希腊文明。学生还需应用所学，制作一个精美的、有"直觉矫正"效果的仿帕特农神庙模型。

三、融合要素对接

相关知识参考表

类别	目标详解
科学原理	物理：1.结构力学（人教版物理八年级 第七章第一节《力》；人教版八年级 第七章第三节《重力》）2.光的直线传播（视觉矫正）（人教版物理八年级 第四章第一节《光的直线传播》） 历史：古希腊文明（人教版历史九年级 第一单元第三课《西方文明之源》）
技术制作与技术知识	1.制作建筑模型，并从稳定等方面进行测试。 2.对模型进行修正，以达到"视觉矫正"的艺术效果
工程支持	对改造后的产品进行测试，发现问题并再次进行优化
数学描述	1.比例尺 2.黄金分割 3.基础计算
艺术体现	古希腊建筑风格与雕塑

四、课前准备

1.资料收集表格（建筑设计亮点、建筑艺术成就、文化价值与意义）；

2.建筑材料（不同规格的圆柱体石膏、刻度尺、三角板、卷尺、计算器等）；

3.笔记本电脑；

4.电锯、美工刀、美工锤；

5.小组分工合作名单。

五、5E 教学过程

情境引入→初步形成资料收集表格→黄金分割比、古希腊文明、结构力学的知识讲解→画出模仿帕特农神庙的模型设计图，标注应用的相似、美学原理、文化元素→实践设计方案，在完成的模型上进行浮雕等艺术加工→测试"视觉矫正"效果，完善改进→展示交流。

5E 探究式教学流程

1. 参与引入

在本环节当中教师的主要作用是介绍灿烂的古希腊文明，以视频导入的方式，让学生直观地感受古希腊建筑艺术成就以及帕特农神庙的美学冲击，激发学生对古希腊建筑艺术的向往，促进学生后期的自主探索学习。同时，教师布置任务，让学生通过查阅书籍和网络资料，了解帕特农神庙的建筑设计亮点、建筑艺术成就、文化价值与意义，完成资料收集表格。

2. 自主探究

这一环节主要由学生进行自主学习探索。通过收集资料，掌握两千年前古希腊人设计帕特农神庙时，已经应用结构力学原理、建筑设计技巧，以及遵循的美学规律，引导学生思考如何利用这些建筑技巧，美学规律，设计出古希腊风格的建筑模型，且建筑模型具有"视觉矫正"效果。

对于模型设计的把关非常重要，学生需要认真思考以下问题：

（1）帕特农神庙的建筑亮点有哪些？

（2）黄金分割比分别体现在什么地方？

（3）为什么帕特农神庙代表了现存古希腊建筑的最高艺术成就？

（4）帕特农神庙通过怎样的设计使建筑具有"视觉矫正"的艺术效果？

（5）古希腊风格的建筑有哪些显著特点？

这些问题仅通过查阅相关资料还不能解决，需要小组成员将学到的科学知识与建筑设计特点进行归纳整理，并应用在模型设计中，然后头脑风暴、设计出本组模型的亮点。在设计过程中，注意根据黄金分割比、比例尺，标注每个建筑部分的长度、高度。

在设计的最后，学生使用不同规格的石膏圆柱体等材料，严格将设计图变为真实的建筑模型。在实践过程中，可以依据黄金分割比、"视觉矫正"效果，对模型进行微调。教师在学生动手实践的过程中，根据不同小组出现的不同问题进行特别指导。

3. 解释交流

本环节在学生制作建筑模型的过程中穿插进行。首先教师应通过提问，引导学生由下到上、先整体后局部的步骤去制作模型。教师引导学生讲解"黄金分割比"在帕特农神庙中的应用，并播放视频解释"视觉矫正"的原理。在学生完成了建筑模型的主体结构以后，教师引导学生归纳总结古希腊风格建筑的特点，并提醒学生把这些风格元素融入之后的美化中。

学生在进行完基本的实践环节后，对建筑模型进行雕刻，加上浮雕或雕塑进行装饰，使其更具古希腊特色。

初步完成建筑模型后，进行"视觉矫正"效果的测试。

4. 精致完善

本环节在学生制作建筑模型的过程中穿插进行。首先教师应通过提问，引导学生由下到上、先整体后局部的步骤去制作模型。教师引导学生讲解"黄金分割比"在帕特农神庙中的应用。

【黄金分割】是指将整体一分为二，使其中一部分与整体部分的比等于另一部分与这部分的比，其比值约为 0.618。这个比例被公认为是最能引起美感的比例，因此被称为黄金分割。

认识了黄金分割以后，学生应用"相似"的知识进行图稿设计。

【相似】指两个图形的形状完全相同，其中一个图形能通过放大缩小、平移或旋转等方式变成另一个。相似比是指两个相似图形的对应边的比值。

接下来，教师播放视频，并解释在帕特农神庙中应用的"视觉矫正"的原理。

【"视觉矫正"效果】使本来是直线的部分略呈曲线或内倾，因而看起来更有弹力，更觉生动。比如，此庙四边基石的直线就略做矫正，中央比两端略高，看起来反而更接近直线，避免了纯粹直线所带来的生硬和呆板。

在学生完成了建筑模型的主体结构以后，教师引导学生归纳总结古希腊风格建筑的特点，并提醒学生把这些风格元素融入之后的美化中。

【古希腊建筑的特点】

第一个特点，环柱式建筑平面构成为 1 : 1.618 或 1 : 2 的矩形，中央是厅堂和大殿，周围是柱子。这样的造型结构使建筑更具艺术感。因为在阳光的照耀下，各建筑产生出丰富的光影效果和虚实变化，与其他封闭的建筑相比，阳光的照耀消除了封闭墙面的沉闷之感，加强了希腊建筑雕刻艺术的特色。

第二个特点，柱式的定型。共有四种柱式，贯穿四种柱式的则是永远不变的人体美与数的和谐。

第三个特点，建筑的双面坡屋顶形成了建筑前后的山花墙装饰的特定的手法。古希腊建筑中有圆雕、高浮雕、浅浮雕等装饰手法，创造了独特的装饰艺术。

第四个特点，由平民进步的艺术趣味而产生的崇尚人体美与数的和谐。古希腊人崇尚人体美，无论是雕刻作品还是建筑，他们都认为人体的比例是最完美的。

第五个特点，建筑与装饰均雕刻化。希腊的建筑与希腊雕刻是紧紧结合在一起的。可以说，希腊建筑就是用石材雕刻出来的艺术品。

学生在进行完基本的实践环节后，对建筑模型进行雕刻，加上浮雕或雕塑进行装饰，使其更具古希腊特色。

初步完成建筑模型后，从各个角度进行"视觉矫正"效果的测试，并应用光的直线传播原理进行修正。

【光的直线传播】指光在均匀介质中沿直线传播。在一条直线上，有物体被遮盖时，肉眼仅能看到在这条直线上靠前的物体。光的直线传播是几何光学的重要基础，利用它可以简明地解决成像问题。

5. 展示评价

学生对本次活动的探索学习过程、设计过程、模型结果进行反思和评价。在活动的最后，学生需要思考并总结模型的亮点以及在美学测试中体现出的优势与不足，回顾从设计、制作到最后的优化环节，个人参与度、小组的合作效率如何。

项目评价表

项目	自评	他评	教师评	总评
资料收集				
方案设计				
小组合作				
"视觉矫正"效果测试				
古希腊风格测评				

六、教学点评

本节课的主要目的是让学生沉浸在古希腊灿烂辉煌的文明中。两千年之前，古希腊人在建筑艺术上的成就超出了学生的预期，恢宏壮观的古希腊建筑——帕特农神庙给了学生美的视觉冲击，这种震撼的感觉非常能激起学生的求知欲与探索精神。项目使用材料的简单，建筑技巧、美学原理与科学知识多样化，要求学生融合多学科、多方面的知识，模仿帕特农神庙制作的具有"视觉矫正"效果的建筑模型。"视觉矫正"效果是本节课的一大亮点，学生会发现，眼见未必为实，视觉具有欺骗性，从而在动手过程、修正过程中更具有好奇心与兴趣。数学的比例尺、黄金分割比应用到了理论设计里，还在实践中加以检测，这在很大程度上加深学生的记忆与理解，并且给学生"美"的体验。

科幻融合课程

科幻融合课程，主要通过科幻作品阅读、科幻画、科幻作品制作等发挥学生的想象力，让学生将其设计的科幻作品通过模型、文字的形式表现出来。通过这样一些活动，从学生的兴趣出发，优化、整合、开发系列项目课程，注重培养学生的创作、创想、创意，从而提升学生想象力和科学素养。

对于科幻作品而言，包括科幻电影和科幻小说，属于文学艺术、想象力和科学技术的产物。这些作品基于已有的科学成果和科学原理，然后添加一些幻想以及对未来科技的一些展望，将文学艺术和科学知识完美地结合到一起。一般的表现形式就是人类在未来世界的生活方式。它与现有的科技或者假想的科技有着很深的联系，有时还会带动一些科技的发展和进步。科幻电影相较而言更加注重真实科学。而在本板块中，采用了当下比较前沿的科幻技术，将其设计成为一个适合于学生学习的项目。

在这个项目中，不光能够开发学生的想象力，也能在这个过程中学习到科幻作品中实际存在的严谨的科学知识。在课程的设置中，教师在课前以相关问题引入，然后让学生带着问题去阅读或者观赏老师推荐的科幻作品，让学生在观看这些科幻作品的同时思考问题，得出解决方案、实施方案，交流讨论，得到最好的作品。科幻作品不光是符合学生的口味，可以激发学生的学习兴趣；还可以培养学生的发散思维，唤起学生的人文学科情怀，从而激励学生探索世界、钻研科学的精神。

会发光的未来飞船停机充电楼模型制作

黄颖新

一、设计背景

梅赛德斯奔驰汽车集团前全球总裁蔡澈博士宣布，2022 年将实现梅赛德斯奔驰整体产品阵容的电气化，就这个全面电气化，被很多媒体写为停产燃油车。我国海南省出台了 2035 年禁止销售燃油车的通知。随着新能源技术的发展，电池技术在未来一定是全世界攻克的方向。为了出行的便利，未来的出行工具会由传统的汽车变为可随时飞行的飞行器，在未来电池技术的发展，电池的容量势必足够支撑飞船的航行距离。而飞船充电的地方也是我们需要研究和攻克的方向。现在世界范围内，各类汽车充电桩占据了主导地位，从全球的分布情况可以看出，充电桩的重要性。因此飞船充电的地方也是未来重要的研究方向之一。

二、解决问题

寻找未来飞船停机充电楼模型设计的方法以及所需要的材料。

三、融合要素对接

相关知识参考表

类别	目标详解
科学原理	物理：充电桩应用技术分析 信息：（八年级下册第五课内容） 在软件上编辑设计创意的飞船形状、充电桩外形形状
技术制作与技术知识	1. 学生能够掌握未来飞船停机充电楼的设计方法 2. 运用激光切割技术进行模型切割
工程支持	学生考虑该研究题目的价值，能否推广到实际生产生活中
数学描述	运用轴对称的知识，把握衔接口的切割（人教版数学八年级上册第十三章《轴对称》）
艺术体现	美术：设计创意的未来飞船停车充电楼外形（七年级美术上册第五单元第十一课《科技模型与美术》）

四、课前准备

激光切割机、亚克力板、木板、电脑及软件。

五、教学过程

情境引入→制作方法分析→原理讲解→电脑软件设计→模型的设计制作→产品分享。

5E 探究式教学流程

1. 参与引入

教师利用情境导入：在未来，所有汽车都变成了飞船。由于石油资源的匮乏，电池技术得到了突破，所有飞船都使用电池运行。为了让飞船电池充电得到保障，需要设计一个未来飞船停机充电楼，既满足飞船的充电功能也满足停机的功能。

2. 自主探究

教师提出问题让学生进行思考讨论。

问题：

（1）同学们了解的充电桩是怎样的吗？如何设计一个未来飞船停机充电楼模型？

（2）如果我们要设计一个会发光的未来飞船停机充电楼模型，同学们有什么办法？

学生总结（教师归纳）：

（1）未来飞船停机充电楼模型的设计制作方法。

（2）充电桩原理相关知识的讲解。

（3）激光切割，电脑软件设计飞船模型、充电楼外观模型

（4）材料准备（电脑、灯座、亚克力板、铅笔、白纸）

指导学生进行自主探究：

【自主探究一】请同学们在进行讨论并根据讨论结果，在白纸上设计出未来飞船停机充电楼的外形，并进行创作说明。

根据设计，请同学们以小组为单位在电脑上进行设计。

教师根据设计情况，引导学生设计的注意事项，特别是需要在衔接处处理。

【自主探究二】未来飞船停机充电楼模型制作。

（1）电脑设计完成，进行激光切割。

（2）各组根据自己的设计，用手上的材料进行组合设计，制作模型结构。

（3）探究整个模型结构的组装。

（4）探究模型布局设计的合理性。

3. 解释交流

电动汽车充电桩作为电动汽车的能量补给装置，其充电性能关系到电池组的使用寿命、充电时间。这也是消费者在购买电动汽车之前最为关心的一个方面。实现对动力电池快速、高效、安全的电量补给，是电动汽车充电器设计的基本原则。另外，还要考虑充电器对各种动力电池的适用性。

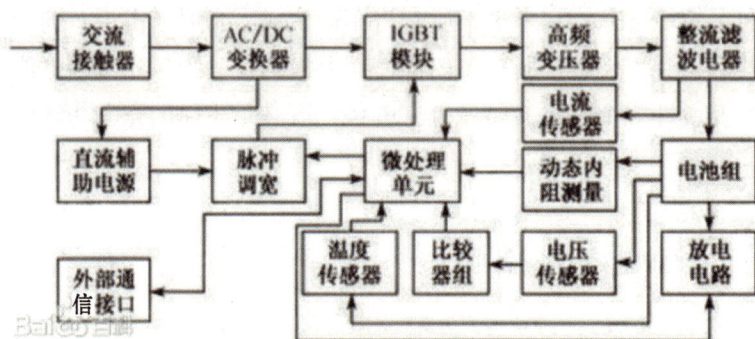

快速充电器的控制系统组成

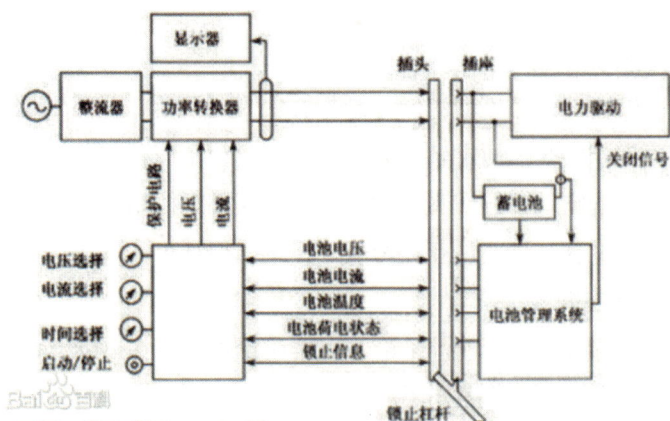

采用了智能化的变脉冲充电方式，即采用充电电流脉冲，包括充电脉冲 T1、间歇脉冲 T2 以及放电脉冲 T3。

地面充电站中充电器是由一个能将输入的交流电转换为直流电的整流器和

一个能调节直流电功率的功率转换器组成。通过把带电线的插头插入电动汽车上配套的插座中，直流电就能输入蓄电池对其充电。充电器设置了一个锁止杠杆以利于插入和取出插头，同时杠杆还能提供一个确定已经锁紧的信号以确保安全。根据充电器和车上电池管理系统相互之间的通信，功率转换器能在线调节直流充电功率，而且充电器能显示充电电压、充电电流、充电量和充电费用。这只是充电桩的基本原理，许多细节问题都应在实际应用中不断改进，以得到最便捷的使用方案。

4. 精致完善

学生根据探究创作得出结论，将其拍照记录下来，形成探究结果报告。

5. 展示评价

【成果汇报会】

各组将自己设计制作的作品进行小组汇报（汇报设计概念、遇到的问题以及需要改进的方向等）。

学生投票选出最有创意奖、最美观奖。

学生得出研究报告后，分享自己的研究成果，得出怎样进行未来飞船停机充电楼模型设计制作更科学。进行进一步的鉴定。学生根据参与情况对本节课的表现给予评价。

项目评价表

项目	自评	他评	教师评	总评
设计思路				
实验操作				
创意想法				
是否解决问题				

六、教学点评

本节课为探究式的教学，设计制作较多，培养了学生的思维能力和设计制作操作能力。在自主设计探究的过程中，也培养了学生的逻辑思维能力，本节课主要的内容是会发光的未来飞船停机充电楼模型的设计制作，将日常生活中可能会遇到的问题与实际教学相联系，使题目更具有研究意义。

未来城市模型制作

易　珊　黄颖新

一、项目背景

随着环境的破坏，全球温度不断升高，导致冰川融化，海平面上升。并且随着世界人口的持续膨胀，现在的城市对人类的生存空间日益压缩。环境污染和资源的过度消耗不断增加，人类的未来将何去何从？这是我们必须要去思考的重大问题，通过未来城市的项目，可以让学生意识到环境保护的重要，同时时刻有未来意识，创想未来城市建设的可行性方案。从而提升学生的创意思维，从项目制作的过程中提高综合能力和解决问题的能力。

二、解决问题

设计规划未来城市，并利用 3D 打印或激光切割技术将所设计的未来城市制作出来。

三、融合要素对接

相关知识参考表

类别	目标详解
学科原理	物理：1. 建筑的力学结构，怎样制作使得建筑稳固；2. 在设计城市灯光的时候需要考虑电线的布局，独立工作的用电器并联，相关的用电器串联（人教版物理九年级第十八章第一节《电能》） 生物：设计城市的生态环境系统（生物七年级上册第一单元第二章《了解生物圈》） 地理：海绵结构地理地貌的设计（地理八年级上册第二章第一节《地势和地形》）
技术制作与技术知识	利用 123D 软件绘制建筑模型，利用 3D 打印机进行打印绘制图形的打印
工程支持	未来城市海绵结构模型结构搭建、未来城市未来房子结构搭建、未来城市能源区风车搭建
数学描述	数学：1. 城市道路的规划和测算；2. 建筑模型的大小测算
艺术设计	美术：设计未来城市的创想图，畅想未来城市的造型 1. 运用点与线的语言装饰未来城市的模型 2. 用丰富的色彩搭配来完成未来城市的外观色彩设计（岭南版七年级下册美术第 10 课《开发海洋 畅想未来》）
阅读与写作	学生通过对科幻小说的阅读对未来城市进行设计

四、课前准备

亚克力板、电池、胶水、电线、3D 打印机、激光切割机。

五、5E 教学过程

情境引入→问题探究及方案设计→设计绘制未来城市概念图→初步讨论交流改进→利用软件绘制建筑模型→模型组装→模型成品展示交流→完善改进→得出最终版未来城市。

5E 探究式项目流程

1. 参与引入

教师利用情境导入： 由于"项目背景"讲述原因，我们所居住的城市已经不能满足我们的需求，必须对城市进行改造升级。请大家思考一下，未来的城市应该发生怎样的改变，需要有哪些新的建设，来应对未来的气候变化和能源消耗。

2. 自主探究

教师让学生以小组为单位，进行资料的查阅以及未来城市设计图的制定。

设计探究要素

（1）你想设计的未来城市布局有怎样的规划？

（2）未来城市的未来感体现在什么方面？

（3）在环境方面应该怎样设计才能体现绿色城市的理念？

工程探究：

教师提出指导意见：

在对建筑进行设计的过程中，如何让建筑结构稳定，使其不容易坍塌损毁？

技术探究

教师提出指导意见：

（1）如何将设计好的图纸实际做出来？如何将概念图转变成可以制作的工程图纸？

（2）如何利用 Inkscape 软件和 123D 软件将图纸转换成为相对应的文件，可以用激光切割机以及 3D 打印机制作。

3. 解释交流

学生们在有了自己的方案后，以小组为单位进行展示，分享自己的方案，老师对学生的方案做出分析指导。学生们会头脑风暴出很多答案，在这里没有固定的标准答案，教师可根据实际情况做出调整。老师引导的思路应与提出的问题相同。

【力的平衡】利用三角形的稳定结构，可以使得建筑更加稳定，有稳固、坚定、耐压的特点。让学生对建筑进行受力分析，并掌握平衡力的概念。

【电路】学生在为城市进行灯光设计时，需要连接电路，让城市亮起来，其中涉及串联和并联的知识，独立工作的用电器并联，相关的用电器串联。选清楚需要连接的方式，让未来城市的灯光能够正常运作。

【生态环境】是由生态关系组成的环境，对于生物生存产生影响的因素称为生态因素。生态系统是指在自然界的一定的空间内，生物与环境构成的统一整体。在这个统一整体中，生物与环境之间相互影响、相互制约，并在一定时期内处于相对稳定的动态平衡状态。生态系统的范围可大可小，相互交错。

未来城市成品

4. 精致完善

在经过教师对原理的讲解之后，让学生们设计具体的方案，形成工程项目书（见下表），让学生根据项目书进行未来的制作。

工程项目书

项目名称：
进行时间：
小组成员及分工：
所需材料：
未来城市框架制作方案（画出概念图）：
建筑结构制作方案（利用什么仪器进行制作，并利用相关软件做出来）：
环境设计方案：

学生们在制作过程中老师用引导的方式给予学生提示，不直接给出答案，从而更好地锻炼学生解决问题的能力。

学生在制作过程中，不断测试、改进、优化未来城市模型方案，直至获得满意的作品。

5. 展示评价

学生展示交流他们所做的未来城市，对其各个部分进行介绍。在这个过程中，学生讲述制作过程和制作心得。

从以下几个方面对项目的制作效果进行评价：

项目评价表

项目	自评	他评	教师评	总评
产品设计				
操作过程				
规划效果				
新颖之处				
外观样式				

六、阅读链接

书籍《三体》、电影《银翼杀手》

七、教学点评

本项目利用到了学生初中物理学"运动和力""电流和电路"这些章节的知

识，学生在制作的过程中肯定会遇到很多问题，遇到问题寻找方法解决的过程中能够提升他们解决问题的能力，培养思维的活跃性与创新性。本项目还涉及生物中的生态环境知识、地理中的地形地貌知识，学生可以综合利用这些知识进行未来城市的构建，涉及的知识面广，可以很好地拓宽学生的知识体系。

另外，在本项目中需要运用到 3D 打印和激光切割技术，对硬件要求比较高，并且技术有一定的难度，需要学生有一定基础。但是对于培养学生的综合能力是一个很好的专题项目。

自制磁悬浮小车

一、项目背景

通过本项目，让学生自己动手设计制作磁悬浮小车，从而让学生能够掌握磁悬浮的原理，掌握关于磁力、磁场和电生磁的知识，并将这些知识运用在项目的制作当中。在项目体验的过程中，更能培养学生的动手能力、解决问题的能力。本项目预计利用 4 课时完成。

二、解决问题

设计制作一款磁悬浮小车，使小车能够按照既定路线或轨道运行。

三、融合要素对接

相关知识参考表

类别	目标详解
学科原理	物理：1. 掌握磁极相互作用的原理，同性磁极相互排斥、异性磁极相互吸引（人教版九年级物理第二十章第一节《磁现象 磁场》）2. 一些物体在电流的作用下会获得磁性，这种现象是磁化；3. 通电螺线管内部插入铁芯，有电流通过时，就有磁性，没有电流通过就没有磁性，这种磁体称为电磁铁；（人教版九年级物理第二十章第三节《电磁铁 电池继电器》）
技术制作与技术知识	1. 能够正确连接电路 2. 掌握电磁铁的制作方法 3. 电磁继电器的使用方法
工程支持	小车的设计的方法，整体搭建的方法，轨道构建的方法

续表

类别	目标详解
数学描述	计算轨道磁铁的排布距离
艺术设计	对小车外形进行设计，让小车的造型更好看
阅读与写作	学生通过查阅文献、书籍中关于磁悬浮小车的资料，能够说出磁悬浮的原理，并掌握相关知识

四、课前准备

亚克力板、磁铁、电池、胶水、电线。

五、5E 教学过程

情境引入→问题探究及方案设计→实验操作→相关原理探讨→外观设计→完善改进→模型成品展示交流。

5E 探究式项目流程

1. 参与引入

教师播放一段磁悬浮列车运行时的视频，并询问学生是否乘坐过，或者对其有什么了解。学生根据生活经验做出回答。要说世界上最快的地面交通工具，磁悬浮列车肯定占有一席之地。为什么磁悬浮列车的速度如此之快，甚至可以超过高铁呢？它的原理是什么？

2. 自主探究

原理探究：

教师在学生看完视频，引起学生兴趣后询问：你是否也想制造出磁悬浮列车呢？

进一步引入探究问题：

（1）磁悬浮列车为什么可以悬在空中，其中的原理是什么？

（2）为什么要让列车悬在空中，这有什么好处？

（3）磁悬浮列车的动力来源是什么？是什么让它能够前进？

（4）磁悬浮列车的轨道是普通的铁轨吗？它有什么独特之处？

教师通过这 4 个问题引导学生从磁悬浮列车运行的基本原理出发，在自行了解探究的过程中，掌握其中涉及的科学知识，从而为接下来学生自行设计制作磁悬浮小车打下基础。

技术探究：

教师继续进行引导：现在你已经对磁悬浮列车的基本原理有了初步的认识，如果请你来设计制作磁悬浮小车，你有好的想法吗？为了能够成功制作出小车，你需要考虑以下问题：

（1）根据磁悬浮的原理，如何设计让小车也能悬浮于轨道之上？

（2）怎样才能让小车向前前进？你可以结合所查资料的原理和你所学的物理知识给出设计想法吗？

（3）制作磁悬浮小车需要哪些材料？

让学生初步得出制作磁悬浮小车的方案，将方案用文字或者画图形式记录下来。

3. 解释交流

学生们在有了自己的方案后，以小组为单位进行展示，分享自己的方案。老师对学生的方案做出分析指导。学生们会头脑风暴出很多方案，在这里没有固定的标准方案，教师可根据实际情况做出调整。老师引导的思路应与提出的问题相同。

在设计探究中发现原理

让小车"浮起来"

磁悬浮列车浮在轨道上运行可以减少列车与铁轨的摩擦从而减少阻力，使其行驶速度更快。首先，为什么磁悬浮列车可以浮起来？其中利用了磁铁"同性相斥，异性相吸"的原理。列车底部与轨道的磁极如果相对，则为同性，那么，由于斥力列车就能悬浮在轨道之上了。

让小车"动起来"

如果只是单纯的磁铁，只能让小车浮起来，如何让小车能够前进呢？根据磁悬浮的原理及电磁铁的知识，通电螺线管周围存在着磁场，且用右手握着螺线管，让四指指向螺线管电流的方向，那么拇指所指的方向就是螺线管的 N 极，调换电流方向，N 级方向也会发生改变。利用这一原理，可以将小车做成一个电磁铁，并且改变车头车尾的磁极，与轨道的磁极相配合：如果车头磁极与前方铁轨相反时，由于异性相吸的作用，产生的吸引力就可以使小车向前移动。因此通过控制小车上电流的方向，以及轨道上磁铁的排布方向，就可以让小车行驶。

4. 精致完善

在经过教师对原理的讲解之后，让学生们设计具体的方案，形成工程项目书（见下表），让学生根据项目书进行磁悬浮小车的制作。

工程项目书

项目名称：
进行时间：
小组成员及分工：
所需材料：
小车总体框架制作方案（画出模式图）：
小车电路制作方案（怎样搭建电源、电磁铁装备）：
轨道设计方案（进行计算或者实验得出轨道中磁体和磁体间的距离）：
小车外形设计方案（让你的小车更加美观、运行速度更快）：

  学生们在制作过程中老师用引导的方式给予学生提示，不直接给出答案，从而更好地锻炼学生解决问题的能力。

  学生在制作过程中，不断测试、改进、优化方案和小车模型，直至获得满意的作品。

5. 展示评价

  学生展示交流他们所做的磁悬浮小车，通电后测试磁悬浮小车是否可以运行。在这个过程中学生讲述制作过程和制作心得。

  从以下几个方面对小车的制作效果进行评价：

项目评价表

项目	自评	他评	教师评	总评
产品设计				
操作过程				
实际效果（小车是否可以运行）				
新颖之处				
外观样式				

进一步提升

1.改变小车的前进方向，使小车可以切换运动方向。

2. 怎样让磁悬浮小车速度更快？

3. 对轨道进行修改，让小车完成更多运动，如上坡、拐弯等。

六、教学点评

本项目利用到了学生初中物理学"电与磁"这一章节的知识，让学生学习到了相关知识。本项目取材新颖，很能吸引学生的兴趣，激发学生的探究精神，让学生在学中做、做中学。磁悬浮列车作为交通工具，虽然不是很普遍，但是它的作用和原理对于学生来说还是比较陌生的，其中涉及很多工程技术。学生通过自我探究得到知识，更能提升他们的成就感。学生在制作的过程中，肯定会遇到很多问题，在寻找方法的过程中，能够提升他们解决问题的能力，培养思维的活跃性与创新性。

本节内容的难度中等，有一定的知识基础就可以实施，但是学生能够真正让小车动起来可能还是存在难度，必要时老师可以提供参考意见，但尽量让学生自己解决问题。

随机而动的新能源汽车模型制作

陈克娜

一、设计背景

随着煤炭、石油、天然气等常规能源有限性以及环境问题的日益突出，以环保和可再生为特质的新能源越来越得到各国的重视，新能源在人类生活中的利用也越来越广泛。新能源的范畴很广，包括了太阳能、风能、生物质能、核能、氢能、地热能、海洋能等，而这些新能源都可以通过一定的方式转化成电能，供我们利用。新能源汽车的研究和应用是目前科研界投入较多的一个研究领域。新能源汽车是指采用非常规的矿物燃料作为动力来源，综合车辆的动力控制和驱动方面的先进技术，形成技术原理先进，具有新技术、新结构的汽车。

新能源汽车包括纯电动汽车、增程式电动汽车、混合动力汽车、燃料电池电动汽车、氢发动机汽车以及其他新能源汽车等。如果将各种新能源集于一身，设计并制造一款可以随着环境的变化，切换不同动力系统的新能源汽车，那对人类的出行和资源的节约都会有很大的帮助。

二、解决问题

如何设计可以随着环境变化而切换不同动力系统的新能源汽车？

三、融合要素对接

相关知识参考表

类别	目标详解
科学原理	化学：电池材料，各类别的电池组成及工作原理等（化学九年级下册第十二单元课题3《有机合成材料》） 物理：物体受力分析等（物理八年级下册第七章《力》）
技术制作与技术知识	电脑绘图、激光切割、3D打印等技术的应用
工程支持	1. 新能源汽车动力系统的集成式设计与切换方式 2. 如何设计环境感应系统 3. 如何将集成式动力系统与汽车有效结合
艺术体现	集成了多种动力系统的新能源汽车整体外观设计

四、课前准备

纸、笔、相关电脑软件、激光切割设备与材料等。

五、5E 教学过程

情境引入→查阅资料，形成初步设计图→相关原理等知识讲解→完善方案，电脑软件设计→制作设计的模型→产品分享与交流。

5E 探究式教学流程

1. 参与引入

教师给学生播放特斯拉新能源汽车的宣传视频，并展示不同种类的新能源汽车图片，引导学生思考：这些新能源汽车与传统汽车的区别在哪里，又有什么优势？不同新能源汽车的工作原理是什么？学生通过汽车图片、名称及视频对相关问题进行猜测。

教师做出简单评价后，引导学生思考：不同种类的汽车利用了不同的动力系统，适用于不同的需求。我们能否将不同的动力系统，如风能发电、太阳能发电、化学能转化电能等方式集合于一体，设计一款具有多种动力系统的汽车呢？同时，这种设计是否可以做到有灵敏的感应系统，并且可以人为地选择性操作，在不同的环境下，随时切换动力系统，以达到资源的最大利用。

2. 自主探究

教师指导学生先自主查阅新能源与新能源汽车的相关知识，有条件的情况下，可以带领学生到新能源汽车公司实地参观，如比亚迪等，以了解生产流程及注意事项，为自己的设计提供灵感。

学生分组查阅相关资料后，教师进一步引导学生思考以下问题，学生讨论并初步画出随机而动的新能源汽车设计图。

问题1：新能源汽车不同动力系统工作的原理是怎样的？

问题2：如果要将不同的动力系统集于一体，各动力系统之间如何连接，如何切换，各自的比例分配如何？

问题3：新能源汽车的环境感应系统如何设计，自动与人工选择如何调节？

问题4：各种动力系统与感应系统，如何与车身完美结合，使车的整体外观与效果达到最优。

小组间思考并讨论以上问题后，首先在草稿纸上画出并简单标出新能源汽车的设计图。

3. 解释交流

各小组将本组的设计图首先向老师和其他小组分享，并解释说明。

教师再对探究项目中具体的知识要点做较为详细的解释，后根据设计情况，引导学生关注注意事项，特别是衔接处的处理。部分重要知识点如下：

（1）新能源汽车的分类与原理

混合动力汽车是采用传统燃料，并配着发动机来改善低速动力和燃油消耗的车，只包括汽油混动和柴油混动。

纯电动汽车以电力驱动为主，不同车辆的电力驱动系统安装位置不同，有的电动机装在发动机舱内，有的以车轮作为电动机的转子，该种车型的研究方向主要为电力存储技术。

燃料电池汽车通常以甲醇、乙醇等可燃物为燃料，通过化学反应驱动行驶，且化学反应不会产生有害物质，所以燃料电池汽车是环境保护的理想车辆。

氢动力汽车因燃料为氢气，反应产物只有水，是一种真正零排放的汽车，也是传统汽车最理想的替代车辆。

（2）车辆电池的分类

铅酸蓄电池原料易得、价格便宜，应用较成熟，但能量密度低且体积太大，且一次充电行驶里程较短；镍氢蓄电池循环使用寿命较长，但价格较高。

锂离子二次电池重量轻、储能大、无污染、无记忆效应、使用寿命长，最适合应用到电动车上。

4. 精致完善

各组再次根据教师的解释，重新对设计进行完善，并以小组为单位在电脑上进行绘图设计。

经教师检查，设计图不存在切割或打印的技术问题后，在教师的指导与监督下，学生将设计图的模型制作出来。

5. 展示评价

学生将制作的模型向大家展示，同时形成研究报告，分享研究过程与改进成果等。学生根据参与情况对本节课的表现给予评价。

项目评价表

项目	自评	他评	教师评	总评
设计思路				
展示分享				
作品美观性				
作品实用性				
创意想法				
是否解决问题				

六、教学点评

本节课主要是给学生引入一个新的概念，让学生对新概念进行想象与设计，在探究的过程中，可以获得相关的科学知识，同时可以锻炼绘图能力及动手操作能力等。学生根据对新能源汽车的原理进行设计，在一定程度上培养了设计思维能力，符合 STREAM 素养的培养理念。

低空云轨模型制作

陈克娜

一、设计背景

随着外来人口的不断增加，城市交通拥堵现象日趋严重。为了解决这一难题，目前地面上有公交、出租运行，地下有地铁在建，如果能打造地下、地面和低空三位一体的立体化交通网络，无疑会解决大众出行的难题。"云轨"作为中小运力的轨道交通产品，可与现有的公共交通系统充分结合，在满足人们安全、快捷、舒适出行的同时，成为治疗城市拥堵"癌症"的一剂良药。

二、解决问题

在了解云轨的建设背景基础上，如何设计并制作一款安全、快捷、舒适的低空云轨模型？

三、融合要素对接

相关知识参考表

类别	目标详解
科学原理	化学：云轨动力系统的储能原理、车身材料与零件的选择（化学九年级下册第十二单元课题 3《有机合成材料》） 物理：能量损耗与回馈、降噪原理（物理八年级上册第二章第 1 节《声音的产生与传播》） 地理：适合开发云轨的地理环境等选择（地理八年级上册第二章第一节《地形和地势》）
技术制作与技术知识	电脑绘图、激光切割、3D 打印等技术的应用
工程支持	1. 如何设计智能监控等系统 2. 云轨与地铁等交通如何无缝连接地设计 3. 云轨整体模型的打造
艺术体现	云轨整体外观设计，云轨内部的空间设计

四、课前准备

纸、笔、相关电脑软件、激光切割设备与材料、胶水、塑料棒、学生自行选择的材料与用具等。

五、5E 教学过程

情境引入→查阅资料，形成初步设计图→相关原理等知识讲解→完善方案，电脑软件设计→制作设计的模型→产品分享与交流。

5E 探究式教学流程

1. 参与引入

给学生展示几幅图片，如大城市人口拥挤的图片，道路上车辆拥挤的图片、地铁上人挤人的图片，汽车尾气污染造成的空气浑浊、雾霾严重的图片等。

车辆拥挤的图片

通过观看图片，让学生谈一下感受，引导学生思考如何缓解目前交通拥堵的状况，同时做到减轻空气污染。引导学生能够意识到公交车、出租车等交通工具属于地面交通，地铁属于地下交通，飞机属于空中交通，但飞机只能适用于长途旅行，不适合短距离交通。进一步提出问题：能否打造地下、地面和低空三位一体的立体化交通网络？

针对这一问题，先让学生进行头脑风暴，交流讨论低空交通如何建设。进而给学生播放"比亚迪云轨建设"的宣传片，让学生了解到云轨建设是一种有效解决交通拥堵现状的途径。

最后给学生提出问题：我们是否可以设计云轨，将通行的方式更加立体化，更加便捷，同时保证安全环保和舒适呢？

2. 自主探究

教师指导学生先自主查阅有关云轨的相关知识。有条件的情况下，可带领学生到比亚迪汽车公司实地参观，以了解背景知识、生产流程及注意事项等，为自己的设计提供灵感。

学生分组查阅相关资料后，讨论并初步画出云轨设计图并做出标注，包括外观与内部空间设计。教师进一步引导学生思考以下问题：

问题 1：云轨名称的来源。

问题 2：云轨车辆的动力系统如何，有哪些优点。

问题 3：云轨与其他交通方式相比的优点。

问题 4：什么样的材料更适合建设云轨。

问题 5：可以如何设计云轨的外观及内部空间，保证安全、快捷又舒适，或者增添更人性化的元素在其中。

问题 6：云轨建设与其他交通方式的位置关系，如何做到无缝衔接等。

3. 解释交流

各小组将本组的设计图首先向老师和其他小组分享，并解释说明。

教师进一步对探究项目中具体的知识要点做较为详细的解释。

（1）云轨的来源

云轨，又称云轨系统，是比亚迪首款跨座式单轨系统的形象称呼，也是比亚迪轨道领域的子品牌。

（2）云轨车辆的亮点

云轨内有动力电池系统，发生车辆断电紧急情况时，可通过启用储能电池继续行驶，确保乘客安全抵达车站。

云轨内的永磁电机体积小、重量轻、扭矩大、精度高、运行声音小且便于维护。

云轨采用轻型铝质车身，轻量化效果显著，扭转刚度强，使用寿命长。

云轨转向架采用单轴设计，通过曲线能力强、转弯半径小、轮胎磨损小、能耗低、乘坐空间更大。

云轨配备了能量回馈系统，可在制动时实现能量回收，降低能耗。

云轨实现了无人驾驶，类似旅客自动输送系统。

云轨还具有占地面积小、桥梁通透，景观性好、地形适应性强、造价低且易改建或拆除等优点。

4. 精致完善

各组再次根据教师的解释，重新对设计进行完善，并以小组为单位在电脑上进行绘图设计，主要将设计点集中于云轨多种动力系统的切换、与其他交通方式间的无缝衔接、材料的选择以及外观整体和人性化舒适的内部空间构造。

经教师检查，设计图不存在切割或打印的技术问题后，在教师的指导与监督下，学生将设计图的模型制作出来，本环节除了用到打印技术外，其中涉及的小细节，学生自行选择所需材料并列表，教师为学生准备，学生也可以根据自己的需要准备一部分。学生的最终作品可以以打印模型与设计图一起解释的方式呈现。

5. 展示评价

学生将制作的模型向大家展示，同时形成研究报告，分享研究过程与改进成果等。学生根据参与情况对本节课的表现给予评价。

项目评价表

项目	自评	他评	教师评	总评
设计思路				
展示分享				
作品美观性				
作品实用性				
创意想法				
是否解决问题				

六、教学点评

本节课以比亚迪云轨的建设为背景，意在让学生了解云轨设计的出发点，培养问题导向意识。学生通过了解云轨的相关背景知识，发挥自己的创新想象能力，制作低空云轨模型，其外观设计或内部空间构造不一定能够真实实现，但是在设计的过程中，培养了他们的工程思维与艺术感。

石墨烯采暖房模型制作

陈克娜

一、设计背景

寒流来袭时，北方人民用起了暖气、炭炉、电热毯或者坐在热乎乎的炕头上来取暖，南方人民却只能靠空调制暖。石墨烯是近年来被广泛研究的一种碳材料，具有优异的光学、电学、力学特性，有很好的导电和导热等效应，在材料学、微纳加工、能源、生物医学和药物传递等方面具有重要的应用前景，被认为是一种未来革命性的材料。那么，性能如此优良的材料如果能够用到家庭中，取代传统的暖气等取暖方式来作为供暖热源，不仅可以保护环境、节约能源，而且让整体家居设计也更舒适。因此，石墨烯采暖房的设计与制作将是一件非常有意义的事情。

二、解决问题

如何设计并制作石墨烯采暖房模型?

石墨烯模型图

三、融合要素对接

相关知识参考表

类别	目标详解
科学原理	化学：石墨烯的特点及供暖原理等相关知识（九年级上册第六单元《金刚石、石墨和 C_{60}》） 物理：工作电压与功率等知识（九年级全册第十六章第一节 电压、第十八章第二节《电功率》）
技术制作与技术知识	制作石墨烯取暖房模型时，学会使用 3D 打印技术建造模型
工程支持	设计石墨烯取暖物体间的连接与应用方位，达到最好的房屋构造效果
数学描述	面积的测量与计算
艺术体现	石墨烯采暖房整体设计的美观性

四、课前准备

石墨烯电热膜（高低温的）、剪刀、胶带、直尺或卷尺、塑料板、泡沫板等，根据学生需求进一步准备。

五、5E 教学过程

情境引入→查阅资料，初步形成设计图→石墨烯及其供暖原理等知识讲解→方案完善改进→石墨烯采暖房模型搭建→模型成品展示交流。

5E 探究式教学流程

1. 参与引入

教师播放视频，展示天气凛冽、寒风呼啸的场景，让学生回答天冷时自家的取暖方式是什么，都在哪些空间内取暖，或者自己还知道哪些取暖方式，这些方式的优缺点有哪些。学生讨论并回答教师的问题。

接着，教师向学生引出石墨烯这种新材料，并通过学生可能听说过的石墨烯面膜、石墨烯电池等名词让学生首先对石墨烯有所了解，并简单告诉学生石墨烯是什么，有哪些基本的性质，引导学生思考，是否可以将石墨烯作为采暖材料，用在家中供暖，如果设计石墨烯采暖房的话，石墨烯的整体空间应该如何设计？

2. 自主探究

先让学生以小组为单位，对石墨烯材料进行资料收集，了解石墨烯基本的性质和应用，让学生感受到自己探究的项目很热很潮，引起探究的兴趣。

除了石墨烯的相关知识，还要引导学生自主查阅其他取暖方式，如暖气、电热毯、地暖等方式的原理和优缺点。

有条件的学生可以实地参观不同的取暖方式及应用过程，也可以参与到热能的制作中。如可以感受生火烧炕的过程，可以观看地暖的铺设工作，还可以自己研究电热毯等的温度调节的方法。

最后，学生根据了解到的石墨烯采暖原理，简单画出采暖房的设计图，其中包括石墨烯采暖材料的应用空间、整体房间的构造以及各处用什么材料等。除了石墨烯采暖装置的应用，同时考虑采暖房的美观性与舒适性等。学生根据设计图，同时列好需要的材料和采暖房的构造方式等。

首先，各小组对查阅的石墨烯相关资料进行分享与互相补充，教师给予简单的评价。然后让学生将本组设计的方案以小组形式进行展示，教师根据学生的展示，向学生扩充灵感，比如由于石墨烯特殊的结构和优良的性能，利用石墨烯采暖不仅可以做石墨烯采暖床，还可以做石墨烯采暖地面，甚至是石墨烯采暖墙等，以此打开学生设计的思路。

其次，教师对石墨烯方面的知识点做进一步的补充和解释，让学生学会技术的同时，了解更多的科学知识。除此之外，通过进一步解释传统电热毯的调温原理，让学生对石墨烯采暖装置的调温设计有更多的灵感。

3. 解释交流

（1）石墨烯及其性能

石墨烯是一种由碳原子以 sp^2 杂化轨道组成六角型呈蜂巢晶格的二维碳纳米材料。石墨烯具有优异的光学、电学、力学特性，在材料学、微纳加工、能源、生物医学和药物传递等方面具有重要的应用前景。

（2）石墨烯采暖的原理

石墨烯具有超强的导电性能，热能转化率可达到99%，这也是石墨烯可以作为全屋采暖材料的主要原因。石墨烯的采暖发热方式，是通过远红外线热辐射实现的，是像太阳光同样的散热方式。

因为远红外线有较强的渗透力和辐射力，具有显著的温控效应和共振效应，它易被物体吸收并转化为物体的内能，而人类本质上也可以说是属于一种物体。石墨烯属于热交换能力强、能放射特定波长远红外线的材料，因此它可以将热能转换成为 8～15μm 的远红外线，而远红外热能传递到人体皮下较深的部分，产生温热由内向外散发，使人体感到温暖。

（3）传统电热毯调温原理

电热毯的调温原理一般是控制电压，通过调节电阻进而控制电功率的过程。

电压可以比作河中被憋起来到达水坝的水，水坝越高水对大坝的压力也就越大。电荷集聚起来也会像河水一样对外形成压力，这种压力就是电压（U）。额定电压就是用电器正常工作时的电压。

单位时间内通过导线某一截面的电荷量叫作电流（I），而物体对电流的阻碍作用，称为该物体的电阻（R）。电功率（P）是单位时间内电路中电场驱动电流所做的功。

电功率（P）、电压（U）、电流（I）、电阻（R）之间的关系如下：

$$U=IR；$$
$$P=IU=I\times I^2R$$

电热毯中串联了两组电阻，当开关滑到低档时小电阻被接通；反之，高档位时大电阻被接通。但不管高档还是低档，只要电路被接通，串联在 2 个电阻后面的 LED 灯就会亮起，电热毯开始工作。

（4）石墨烯采暖相比其他采暖方式的优点

石墨烯采暖材料属于碳晶远红外电热膜，它以辐射方式供暖，让人可以感觉像在太阳下一样舒适，不像普通家用电热毯一样干燥和闷热，使人口干舌燥。

4. 精致完善

学生根据老师提供的信息，进一步完善初步的设想。同时考虑到石墨烯供暖材料使用方便，可以用在墙上，学生可以设计将其与壁画结合，节省了整体空间，还起到了供暖作用，这一点也可以让学生对设计的采暖房模型有更多的思考。将设计方案确定后，各小组根据本组设计，选择合适的材料进行模型制作，也可以用到 3D 打印等技术，获取一些材料，以达到最终想要的设计效果。

5. 展示评价

学生将制作的石墨烯采暖房模型展示出来，向老师和同学解释各部分的设计理念和想法，并形成以下相关评价。

项目评价表

项目	自评	他评	教师评	总评
资料分享				
采暖空间设计				
采暖房整体构造				
创意想法				
是否解决问题				

六、教学点评

本节课的主要目的不在于让学生制作成品，而在于中间探究的过程。学生能够对适用于新能源领域的石墨烯材料比较了解，掌握科技前沿动态，并通过此探究项目感受前沿科技，培养探究兴趣。同时在整个探究过程中，学生学习对有效信息的筛选方法，提高了解决问题的效率。石墨烯采暖房最终模型的制作，也能够让学生产生成就感。

太阳能自清洁消毒器

陈克娜　任亚楠

一、设计背景

随着技术进步，人们越来越擅长将生活中一些随处可见的能源进行转化利用，为自己服务。比如本节课所说到的太阳能。如今新能源已越来越广泛地应用到我们的生活中，比如太阳能热水器、风力发电、潮汐能发电等之间存在着各种能量的转化。

今年的春节，我们被一场突如其来的疫情绊住了脚步，家家户户明白了消毒的重要性，而这其中最常用的便是酒精，但是酒精的主要成分是乙醇，某些情况下会出现物资短缺的情况。所以，我们就设想能不能将日常所见到的太阳能转化为可以帮助人类消除病菌的一种新能源呢？

二、解决问题

怎样制作太阳能自清洁消毒器？

三、融合要素对接

相关知识参考表

类别	目标详解
科学原理	化学：太阳能的转化实验 七年级下册第十一章第一节《中国的自然资源》 地理：新能源的开发
技术制作与技术知识	1. 太阳能收集的相关技术知识 2. 太阳能转化的相关技术知识
工程支持	如何进行太阳能自清洁消毒器的制作
数学描述	太阳能量的计算

四、课前准备

1. 太阳能的相关资料准备；

2. 实验室准备。

五、5E 教学过程

时闻引入→太阳能相关资料→初步方案形成→方案修改→器材操作→完善改进→成品展示交流。

5E 探究式教学流程

1. 参与引入

教师利用时下疫情导入，让学生阐明自家在消毒方面所采取的一些措施，学生可能会提出酒精、消毒液之类的，这时教师可以问：那酒精会不会散发出一种刺鼻的味道，是一直都有的吗？会不会出现货源紧张、买不到的情况？引发学生思考，如何能制造一种可以循环利用、永不断货的消毒器呢？大家想想我们生活中有哪些是可再生、循环利用的？学生可能会列举一系列的新能源：风能、太阳能、潮汐能等。

2. 自主探究

指导学生进行自主探究:

(1)调查目前可以开发利用的新能源;

(2)对比各种新能源的特点、优势、作用;

(3)调查市面上使用新能源的生活用品;

(4)和市面上的生活用品进行类比,制作太阳能自清洁消毒器。

3. 解释交流

教师让学生们将自己设计的方案以小组的形式进行展示,在展示过程中向其他学生介绍太阳能自清洁消毒器设计的原理及相关技术,其他同学针对这组方案进行质疑、补充和完善,之后教师对太阳能相关技术的理论部分进行专业补充。比如:太阳能的收集方法、太阳能的转化技术、特种病毒的特点。

太阳能收集技术

太阳能的收集本质上是一种能量之间的转换,因为我们都知道太阳每天都在向我们的星球释放数以万计的能量,这些能量收集起来得到有效利用是可以为我们的生产生活服务的。但是如何将这些能量进行很好的收集和利用,一直是我们所要思考的问题。目前人类主要是借助一些装置进行太阳能的收集,已知的太阳能收集方法有平板型集热器、真空管集热器和聚焦集热器3种常见装置。

4. 精致完善

学生根据老师的讲解进一步改善初步设想,并思考在制作这样的清洁消毒器需要的具体材料及技术支持,并在此过程中不断改进,最终得到作品。

5. 展示评价

学生展示交流他们所做的太阳能自清洁消毒器,天气允许的情况下,让学生将其放在室外,测试其杀菌效果。

项目评价表

项目	自评	他评	教师评	总评
设计草图				
外观制作				
技术支持				
创意想法				
是否解决问题				

六、教学点评

本节课以当下正热的时闻引入，让学生对我们的现实生活产生思考对接，用一种可循环、生态的能源来达到杀菌、消毒的效果。学生自己准备在整个自主探究过程中所需要的制作材料，并最终完成作品。在学习的过程中不仅能提升学生生态意识和资源循环利用意识，同时还能提高其自主探究问题的能力。

自制月球灯

孙　逊

一、项目背景

月球是我们地球的卫星，在航天研究中，我们一直在探索月球的奥秘，月球上的场景也令我们向往。那么你心目中的神秘月球形象是什么样的呢？发挥你的想象，设计一款独特的月球灯吧。

二、项目任务

设计制作一款能亮灯的月球灯。

三、融合要素对接

类别	目标详解
学科原理	地理：月球的结构和特点（浙江教育出版社，《科学》七年级下册第四章第一节） 数学：立体三视图的知识（北师大版七年级数学第一章第四节《从三个方向看物体形状》） 物理：灯带的串联电路知识，从而进一步了解家庭电路的组成，了解安全用电常识（人教版物理九年级第二十章第三节《电磁铁 电池继电器》）
技术制作与技术知识	1. 能够正确构造月球表面纹理及搭建圆柱体灯外形结构 2. 掌握灯带的制作方法，从而掌握家庭电路的组成，各元件的连接方式和使用方法
工程支持	月球表面纹理的设计方法，整体搭建的方法，灯带电路的方法
数学描述	裁剪圆柱体，需要计算测量

续表

类别	目标详解
艺术设计	对作品外形的设计，让月球灯的造型更有宇宙感
阅读与写作	学生通过查阅关于月球的文献、书籍等资料，能够说出月球的结构和特点；了解家庭用电的相关知识

四、课前准备

硬卡纸、宣纸、磨砂贴纸、直尺、纸胶带、五金挂钩、旧报纸、针管胶、圆规、美工刀、剪刀、丙烯颜料、白胶、灯带、铅笔。

五、5E 教学过程

情境引入→问题探究及方案设计→实验操作→相关原理探讨→外观设计→完善改进→模型成品展示交流。

5E 探究式项目流程

1. 参与引入

教师播放一段探索月球的视频，并询问学生，对月球有什么了解。学生根据查找的资料做出回答。随着科学的进步，人类已经踏上了月球，下面就来看一看登月实录和图片，然后一起来讨论月球表面是怎么样的状况？人到了月球和人在地球相比，会有哪些不一样，为什么会这样？从而更好地指引学生构造逼真的月球表面。

2. 自主探究

结构探究

教师在学生看完视频后引起学生兴趣，引入制作月球灯，进一步引入探究问题：

（1）怎样将月球元素融入灯的制作中？

（2）了解月球表面，如何在作品中构造其表面纹理？

（3）圆柱体灯的外形尺寸如何设计才美观？

（4）灯带如何设计？

教师通过这 4 个问题引导学生从制作月球灯材料和方法出发，在自行了解探究的过程中，掌握其中涉及的科学知识，从而为接下来自行设计制作月球灯打下基础。

技术探究

教师继续进行引导： 现在你已经对月球的结构特点有了初步的认识，如果请你来设计制作月球灯，你有好的想法吗？为了能够成功制作出灯，你需要考虑以下问题：

（1）根据数学立体三视图知识，如何设计让灯的圆柱体外形有立体感和画面感？

（2）怎样才能让灯带合适地在灯罩里以及亮起来？你可以结合所查资料的原理和你所学的物理知识给出设计想法吗？

（3）制作月球灯需要哪些材料？

让学生初步得出制作月球灯的方案，并按照方案制作出月球灯作品。

3. 解释交流

学生们在有了自己的方案后以小组为单位进行展示，分享自己的作品，老师对学生的作品做出分析指导。学生们在制作过程中会出现一些问题，教师可根据实际情况帮助指导。老师引导的思路应与提出的问题相同，在最后的绘画中让学生发挥自己的想象力，绘出属于自己的月球灯。

在设计探究中发现知识

月球的结构原理

月球表面明暗相间，亮区是高原，暗区是平原和盆地等地陷地点，分别被称为月陆和月海。环形山的形成原因：小天体撞击月球（主要原因）和月球上古火山的爆发。月球上的特点：引力小；昼夜温差大；遍布环形山；不能传播声音（无空气）；没有空气和水，表面只有岩石和碎屑。月球上与地球上差别：月球上没有大气层，因此在月球上，天空的背景是黑色的。

月球表面纹理构造：将报纸揉搓成褶皱贴在硬纸板上，用纸胶带固定，剪成半球体，表面贴一层宣纸，再用胶水粘贴一层薄薄的纸巾塑造表面纹理。

灯带发光原理：

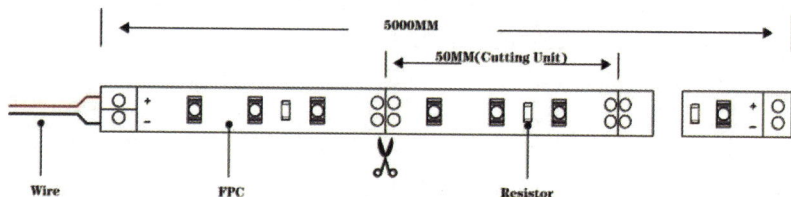

家庭电路组成:

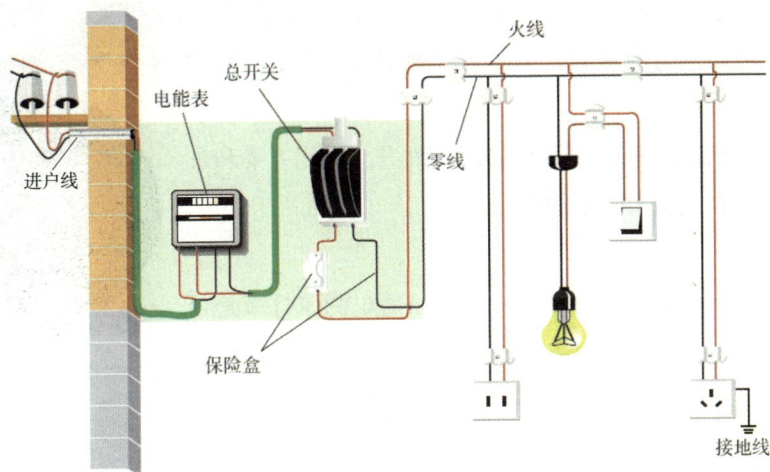

家庭电路由进户线、电能表、总开关、保险装置、插座、用电器和导线组成。

大家知道为什么是这个顺序吗？电能表是用来显示整个家庭所用电能总和的，所以，输电线进户后首先应接到电能表上。接下来是全户用电的总开关。当家庭电路需要修理时，必须断开总开关，这时室内全部与外面的输电线分离，可以保证施工人员的安全。总开关的后面是保险装置，它对所有的电器起保护作用。由此可知：电能表、总开关、保险装置都是对整个电路起作用的，应放在用电器的前面逐次连接比较好。

4. 精致完善

在经过教师对原理的讲解之后，让学生们设计具体的方案，形成工程项目书（见下表），让学生根据项目书进行月球灯的制作。

工程项目书

项目名称：
进行时间：
小组成员及分工：
所需材料：
月球灯总体框架制作方案（进行计算，画出模式图）：
月球灯月球表面纹理设计方案（怎样构建纹理褶皱）：
灯带设计方案（了解灯带的电路并实验得出灯带的长度）：
月球灯外形设计方案（让你的灯更加美观）：

学生在制作过程中，老师用引导的方式给予学生提示，操作方面可给予适当帮助，从而更好地锻炼学生解决问题的能力。

学生在制作过程中，不断测试、改进、优化方案和月球灯模型，直至获得满意的作品。

5. 展示评价

学生展示交流他们所做的月球灯，通电测试灯带是否可以发亮。在这个过程中学生讲述制作过程和制作心得。

学生自制月球灯

从以下几个方面对月球灯的制作效果进行评价：

项目评价表

项目	自评	他评	教师评	总评
产品设计				
操作过程				
实际效果（灯是否可以发亮）				
新颖之处				
外观样式				

进一步提升：

1. 对圆柱体外形进行完善，有瑕疵的地方需要遮挡完善。

2. 改变月球灯的造型，使月球灯更有设计感。

3. 怎样让灯更亮？

六、教学点评

通过本项目，让学生自己动手设计制作月球灯，从而让学生能够通过月球灯的制作过程了解月球的结构和特点，掌握关于灯带电路的知识，立体三视图的知识，并将这些知识运用在项目的制作当中。并在最后的完成中发挥想象，利用颜料画出自己满意的作品。在项目体验的过程中，更能培养学生的动手能力、解决问题的能力及创新意识和精神。

《三体》科幻小说品读

江淑娇

一、项目背景

　　心理学认为，初中生具有强烈的求知欲和探索精神，兴趣广泛、思维活跃、敏感；喜欢进行丰富、奇特的幻想。科幻小说具有的科学性、文学性和幻想性是很容易吸引学生的阅读兴趣的。但是现在网络上的科幻小说良莠不齐，对学生产生了一定的负面影响，因此推荐学生阅读好的科幻小说作品非常重要。《三体》就是这样一部值得推荐给初中生阅读的科幻作品。

二、融合要素对接

类别	目标详解
学科原理	历史：十年浩劫的文革背景，知识青年上山下乡的历史背景 物理：牛顿三大定律、多维空间、爱因斯坦相对论 化学：气体的成分、性质 地理：地球的构造 天文学：宇宙星系 社会学：宇宙社会学 哲学：宇宙是如何来的，终点在哪里
数学描述	计算三体人到达地球的时间
阅读与写作	学生通过阅读《三体》书籍，了解故事内容，把握故事梗概，学习作者运用的构思、悬念设置、前后照应等写作技巧

三、阅读链接

　　《三体》是中国科幻作家刘慈欣的扛鼎之作，不仅在国内颇受欢迎，也是代表中国科幻文学第一次走出国门，在国外有较大影响，于2015年荣获第七十三届世界级科幻小说最高奖项"雨果奖"。这标志着中国科幻小说创作达到了世界先进水平。刘慈欣被评价为"一个人单枪匹马把中国科幻拉到世界的高度"。

　　《三体》系列包括三部书，第一部"地球往事"，第二部"黑暗森林"，第三部"死神永生"。该系列作品讲述了地球人类文明和三体文明的信息交流、生死搏杀及两个文明在宇宙中的兴衰历程。第一部是序幕，情节和专业术语与后两部相比，浅显易懂，可读性非常强，推荐给初中生阅读是非常适合的。后两部在第一部的基础上更加深入地讲述了星球大战的全过程，情节更加曲折生动，想象更加天马行空，需要有一定科学基础的人才能读得下去。

四、课前准备

1. 学生利用两周时间读完《三体 1》，并随文做批注。

2. 根据提示概括小说内容。

本节课属于课后梳理课，老师在同学们读完《三体 1》之后进行一个阅读分享课。同时对第二部进行导读，激发学生读第二部的兴趣。

五、教学过程

（一）导入新课，激发兴趣

（出示《三体》三部曲的封面，吸引大家注意力）

请大家思考一个问题：你能想到最浪漫的礼物是什么？

A. 一颗星星 B. 自己的大脑 C. 三个童话 D. 一个宇宙

看过《三体》的同学，应该很快就能想到这四种礼物都是出自三体。老师引出课题：这些浪漫的礼物其实都出自《三体》。

老师用几句话概括作品。

（二）《三体 1》故事概况

这本书用一句话来概括，那就是一个不靠谱的地球人和一个不靠谱的外星人的故事。我们可以把故事分为 5 个部分：①两个谜题；②三体游戏；③叶文洁；④古筝计划；⑤两颗智子。

请同学们按照以上的提示，在组内复述故事内容。然后每组推选一位复述得最好的同学代表全组在班内进行复述。

以下是整理出来的同学代表的发言：

1. 两个谜题

小说一开始就设下两个悬念，其中一个是"自杀之谜"。连续好几个顶尖的科学家接连莫名其妙地自杀，引起了政府的注意，于是派同是科学家的汪淼从科学上调查案件，同时给他配了刑警队长史强作为搭档。汪淼作为纳米材料研究领域的顶级专家，他接手案件之后，视网膜上出现一组"幽灵倒计时"。他始终看到一个神秘的倒计时数字，一睁眼就出现，很是吓人。科学家为什么一个接一个自杀？汪淼眼前为什么始终萦绕一组诡异的倒计时数字？

2. 三体游戏

在案情调查的过程中，汪淼接触了一款叫"三体"的游戏。他进入三体世界以后，发现这里环境异常严酷，时不时爆冷，时不时骤热，有的时候季节更替正常，有的时候季节完全紊乱，甚至天空出现一个巨大的太阳，把星球上一切烤焦。更有甚者整个行星被一个太阳吸入毁灭。在游戏里，汪淼依次遇到了周文王、墨子、秦始皇、牛顿等往圣先贤，他们都在用自己的方式，去寻找三体世界变幻莫测的规律，来指导文明的发展，避免被恶劣环境毁灭。但他们的努力都以失败而告终。最后汪淼遇到了天才的爱因斯坦，而爱因斯坦的结论是，之所以前人的努力都失败了，是因为三体世界根本没有规律。于是爱因斯坦给三体文明指明的出路就是，飞向太空，寻找一颗合适的星球，然后移民。汪淼被惊出一身冷汗，与此同时，他收到了一个三体游戏玩家的线下聚会的邀请。为了一探究竟，他佯装接受要求，参加了聚会，在聚会上遇到了叶文洁——这本书的主人公。

3. 叶文洁

叶文洁出身高知家庭，父亲是留学归国的知名物理学家。"文革"期间，父亲被打成"资产阶级反动学术权威"。批斗期间，她亲眼看见父亲被红卫兵用鞭子活活抽死。后来她又下乡当知青到内蒙古开荒，她被伙伴栽赃冤枉，投进了监狱。狱中文革小组逼迫她在父亲子虚乌有的罪名和证词上署名，她宁死不屈。后来她父亲的学生杨卫宁出现了，邀请她加入"红岸计划"，可以摆脱这些所有的罪名和迫害，但条件是必须一辈子待在雷达峰的红岸基地，叶文洁答应了。

"红岸计划"，其实是探索外星文明的绝密计划。在这里，叶文洁不经组织批准就做了一件事，利用太阳作为天线，向全宇宙广播地球的信息。八年之后，叶文洁收到了回复，非常简短："不要回复！不要回复！不要回复！"原来在距离地球 4 光年之外就是三体星系，由于极端恶劣的环境，三体人无时无刻不在监听宇宙的各种信号，希望找到一个宜居的星球，然后全体移民。年迈的监听员收到叶文洁发过来的信号。于是他警告人类，不要回复。因为如果不去回复这条信号，三体舰队只能定位到方向，不能确定地球的距离，在浩瀚的宇宙，几乎是不可能找到地球的，更谈不上占领地球。所以站在三体人的角度讲，这是一个不靠谱的三体人，让整个文明生存的巨大机会擦肩而过。但对我们地球人来说，他是一个有良知的三体人。

比不靠谱的外星人更加不靠谱的是我们的叶文洁同志，她欣喜若狂地回复了这条消息，并告知三体人地球的详细位置，而且希望外星人来拯救地球，拯救黑暗残忍的人类。这个信号被三体人接收到了，三体人毫不客气地派出了强大的舰队气势汹汹向地球进发，而那位监听员被囚禁起来了。而人类对这些一无所知。

叶文洁的行动也引起了雷达峰上雷政委的怀疑，于是，为了隐瞒这个惊天秘密，叶文洁亲手剪断了安全绳，不仅杀了雷政委，还将她丈夫杨卫宁也摔死了。后来"文革"结束，"红岸计划"被取消，叶文洁平反，回到当年她父亲所在的大学任教，但是叶文洁的内心并没有随着生活恢复平静而变得平静。一次偶然原因她结识了伊文斯，一个极端的环保主义者，以拯救地球环境为己任，坚信没有人类的地球会更美好，他也是一个超级有钱的石油大亨。两人一拍即合，叶文洁告诉了他关于三体文明的信息，于是，他们建立了"地球三体组织"，准备迎接三体舰队占领地球。同时在三体舰队没来之前，帮忙搞破坏。前面汪淼玩的《三体》游戏，就是他们以三体文明发展历程为蓝本开发的，专门用来招募同伙。

4. 古筝计划

汪淼在三体游戏通关之后，被邀请参加一个聚会并遇到了叶文洁，同时他的搭档史强带领一队人马包围了现场，控制了所有与会人员。随着调查的深入，人类第一次知道了有一个比我们强大得多的文明对地球虎视眈眈。一时之间各国政府都一片哗然，束手无策。但大家一致同意，首先要把伊文斯控制起来，拿到他和三体人通信的资料。在伊文斯的轮船途经巴拿马运河的时候，在两岸拉起一根根由纳米材料制成的细丝，就像古筝上的琴弦一样，而这些细丝细到肉眼根本无法看清，同时韧性极强、锋利无比。当伊文斯的轮船经过的时候，船体和船上的一切都被这些锋利无比的细丝切成了 N 断，人也不例外。但这对船上的储存资料的硬盘伤害极小，很容易恢复。于是拿到了伊文斯和三体人多年的通信资料后才发现，人类整体的情况以及弱点都被他向三体文明和盘托出。

5. 两颗智子

各国代表在联合国商讨对策的时候，会场的中央出现了用 6 种官方语言写的一句话"你们是虫子"，这是三体人对地球人说的话。原来三体行星离地球有 4 光年的距离，而此时三体舰队最大速度只有 1% 光速，要在 400 年之后才能到达地球，而 400 年后人类科技会发展到何种程度无法预知，很有可能超过三体人。所以三体人认为首先必须锁死人类科技的发展，于是他们造出了智子。他们向地球发射了两颗智子，一是锁死人类的科技发展，二是监视人类的一举一动。于是在科学家们做粒子对撞实验，想搞清楚物质组成的本质时，两颗智子到处捣乱，导致同样的实验不同的人做出的结果截然相反，就算同一个人做，在不同时间不同地点，也是大相径庭，研究停滞不前，科学家们"三观"都被颠覆了，对研究异常绝望，于是出现接二连三的自杀。到此，小说开头的悬念得到解答。与此同时，智子以光速在全世界任意穿行，收集人类信息，传递给三体人，在三体人面前，人类没有任何秘密。开篇的时候汪淼视网膜上出现的"神迹"——幽灵倒计时，就是三体人通过智子给他的警告，当他停止手头的纳米材料项目研究的时候，倒计时就自动消失了。"你们是虫子"自然也是智子的杰作，从此人类文明笼罩在一片巨大的阴影之下，《三体 1》结束。

（三）思考几个问题

1. 评价叶文洁的人物形象，好人？坏人？什么心理？她的人生经历了一个怎样的历程？出于何种目的会建立地球三体组织，如果是你碰到了她的遭遇，面对社会的不公，你会怎么做？

提示：人性复杂，并不能用简单的好人坏人来概括叶文洁这个人物，同学们应该要深入钻研文本，结合叶文洁的生平历程，探究她的内心世界。

同学 A："人之初，性本善"，没有一个人一出生就会仇恨别人。好人与坏人很难说清楚，世间没有绝对的善恶好坏之分。我认为，对于叶文洁的评价只能从价值观这个角度去考虑。叶文洁的早年生活，父亲在她眼前被活活打死，母亲背叛了父亲也背叛了她，她成了一个没有人要的孩子，在部队中劳动，又被人无辜陷害，让她冷彻心扉，即使后面有了杨冬的出生、村民的关怀仍温暖不了她的内心，所以说一个人幼年、青年的遭遇会影响这个人一辈子。

同学 B：我认为叶文洁既是好人也是坏人。好人好在当女政委让她签字定性她父亲案件时她坚决不从，是一个有道德、有良心的人。可她又联合三体人伤害地球这便是一个坏人。她觉得没人在意她，没人懂她，同时感到人性都是恶的，所以对人类失去了信心。但我认为她的想法是极端的，我如果是她，面对社会的不公，我不会片面地认为全人类都是如此，总有一些人是善良的，那些给杨冬喂奶的妇女、帮助他们的村民不都是善良的吗？我将会把我的愤怒化为力量，努力向上走，当你走到一定的高度，就可以帮助人们认识到自己的错误。

2. 叶文洁杀了雷政委和自己的丈夫，她的犯罪动机是什么？作案的那一刻，她心里在想什么？请你想象她当时的心理，写成不少于 100 字的文字。

同学 C：叶文洁要杀的是雷政委，因为不杀他，他就会把三体世界的信息上报了，上报后后果不堪设想。而她的丈夫，是她不得已做出的决定。叶文洁当时肯定在想：不杀雷政委，这件事就会曝光，人类就会提早准备与三体的战争，而人类是丑恶的，他们都得死，那些未受到惩罚的凶手，让三体人来惩罚他们吧，父亲，我要替你报仇！

3.三体是一个怎样的世界，请根据书上的描述，分点介绍三体世界（三体人、三体天气、三日凌空、三日连珠等），读了这本书，你对我们的生存环境有了什么样的思考？

  同学 D：三体人可以脱水，冷静理智，没有情感，用脑电波交流，寿命一般在 70 万～80 万个三体时；三体天气有恒纪元和乱纪元，恒纪元气候温和，乱纪元气候严酷；三日凌空时气候十分严酷，难以生存；三日连珠时三颗太阳连成一条直线，以相同的角度围绕行星运动，在此情况下，引力会叠加，周围的物品都会被吸向太阳。通过阅读科普书籍，我们发现地球是唯一发现有生命体的星球，这颗美丽的蓝色星球可能真的是唯一的幸运儿，要庆幸我们生活在地球上。我们目前的环境虽然比三体世界好得多，但是也不断地遭到破坏，我们要更加珍惜现在的生活。

（四）你从这部小说中，学到了什么？

这部小说内容丰富，可谈的内容是非常多的，包括人性善恶之辩论、战争与和平论、环境爱护论、道德论、信仰论等，还可以谈谈小说的艺术手法，文章的隐喻、悬念、照应、天马行空的想象，令读者叹为观止。

（五）布置作业，导读下一部。

同学们，后来三体人到达地球了吗？人类又是如何防御的？未来地球人与外星人的战争是靠什么而战？结果如何？欢迎大家阅读第二部《黑暗森林》。

课后反思：

要上这样一节交流分享课，课前需要做很多准备工作，老师前期的铺垫，学生的思考题作业设计，都花费了不少的时间。所幸，这部小说本身十分精彩，老师无须点拨调动太多，学生就沉浸在三体世界中了。天马行空的想象、星球大战、广袤的天空让我们看到了人类的渺小，人类真的不能再狂妄自大了。人类的不堪一击，让我们更加学会了珍惜生命、珍惜生活。人类是一个命运共同体，地球人无论种族、语言、肤色，都应该站在一起。初中生想象力丰富，作为老师要引导他们阅读能给自己带来思考的文学作品，至于是非定论，书中自有答案。

国学融合课程

　　国学融合课程主要通过《论语》《诗经》等典籍的学习，历史、人文、科技、生态、革命传统等作品的分类阅读，提高学生自主阅读能力和促进传统文化的学习传承。

　　目前的教育模式很难达到宣扬传统文化的目的，其实传统文化应该渗透到学生的日常学习当中，如果只是简单的灌输，学生对其学习兴趣不大，有了兴趣的引导，学习对学生才会有吸引力，学生才会积极主动去学，漫长的学习过程才有可能持久。国学经典内容覆盖面广，部分知识在我们的课程里已有涉及，可以通过对这些知识的接触，促使学生主动去了解更多的国学经典和传统文化。另外，传统文化也可以融入或者与其他学科知识结合。发现传统文化中"新"的地方。

　　在这个板块中我们以《诗经》、历史、艺术为主要题目，进行项目的设置。例如在《诗经》板块中，我们发现《诗经》中常常以物寄情，特别是植物，那么我们将《诗经》中有关于植物的内容提炼出来，不光对《诗经》文章进行品鉴，还可以学习植物学上的知识，对其结构功能进行研究学习。更好地理解作者为什么要以这种植物来寄托自我的感情。另外，对于一些历史知识，也可以利用小剧场、演唱班的形式呈现，这样能够充分调动学生的学习兴趣，让学生想要主动学习。

《论语》中孔子臧否人物与孔子像 3D 设计

李 峰 易 珊

一、项目背景

《论语》一书是中山中学初一年级"五典阅读"的经典之一，本课从《论语》一书中选择孔子对同时代人物的臧否语录，结合历史学科，对相关人物所处社会环境、历史背景、历史贡献进行了解知晓，明白孔子何以如此臧否该人物，从而对儒家文化有更深层次的理解。通过这一课的学习，帮助学生传承儒家经典文化，了解中国春秋时期历史，增强学生的民族自信心和文化自信心。此外在本项目中，让学生自己利用 3D 绘图软件设计孔子的形象，并用 3D 打印机打印出来。

二、解决问题

设计制作孔子 3D 模型，并将其制作出来。

三、融合要素对接

类别	目标详解
学科原理	语文：认识中华文化的丰厚博大，汲取民族文化智慧，提高文化品位。通过课下的注释和工具书理解基本内容，注重积累，提高自己的欣赏品位 历史：知道重要历史人物和历史事件，知道人类文明的主要成果，提高对历史的理解能力，增强民族自信心 美术：在对孔子形象进行设计时，注意像的面部比例、身体比例
技术制作与技术知识	1. 通过 123D 设计孔子像 2. 利用 3D 打印机将所设计的孔子像打印出来
工程支持	可以完成更大的雕塑作品
数学描述	设计孔子像的比例结构，使其看起来协调
艺术设计	对孔子的艺术形象进行设计，使其更贴近其原型
阅读与写作	学生通过查阅文献、书籍获取有关孔子的资料，了解孔子的儒家学派思想

四、课前准备

电脑、3D 材料、3D 打印机。

五、5E 教学过程

情境引入→问题探究及方案设计→学生阅读查阅资料对孔子形象进行描绘→将在图纸上的画利用 123D 软件绘制出来→利用 3D 打印机将设计文件打印出来→完善改进→模型成品展示交流。

5E 探究式项目流程

1. 参与引入

教师出示《论语》中关于孔子评价管仲等人的几则论语，以及一些必要的拼音和诠释。

教师：同学们，作为一个提倡积极入世的人来说，孔子对同时代的知名人物以及前朝知名人士非常了解，也有相当中肯的评价。今天，我们就来学习几则关于孔子臧否人物的论语，看看孔子是怎么评价他们的，同时结合相关历史知识了解这些人物，想想孔子为什么这么评价他们，从中透露出孔子以及儒家什么样的价值观。**教师继续介绍：**同学们，孔子在我们的心中是很伟大的，我们能否利用现在先进的手段将孔子像制作出来呢？

2. 自主探究

翻译探究

根据课下注释以及平时的文言词汇积累，3 个人为一个小组，尝试翻译这些句子，弄懂句子内容，教师巡回指导，在困难的地方给予指导。

句子一：子曰："管仲之器小哉！"或曰："管仲俭乎？"曰："管氏有三归，官事不摄，焉得俭？""然则管仲知礼乎？"曰："邦君树塞门，管氏亦树塞门；邦君为两君之好有反坫，管氏亦有反坫。管氏而知礼，孰不知礼？"

句子二：子路曰："桓公杀公子纠，召忽死之，管仲不死。"曰："未仁乎？"子曰："桓公九合诸侯，不以兵车，管仲之力也。如其仁，如其仁。"

句子三：子贡曰："管仲非仁者与？桓公杀公子纠，不能死，又相之。"子曰："管仲相桓公，霸诸侯，一匡天下，民到于今受其赐。微管仲，吾其被发左衽矣。岂若匹夫匹妇之为谅也，自经于沟渎而莫之知也。"

句子四：或问子产。子曰："惠人也。"问子西。曰："彼哉！彼哉！"问管仲。曰："人也。夺伯氏骈邑三百，饭疏食，没齿，无怨言。"

探究问题：

孔子评价管仲，为什么有多种评价？

从孔子对管仲的评价中，你能否找出孔子的优秀品质？能否看出儒家的价值观？

历史人物探究

教师下发司马迁《史记》中的《管仲列传》，打印百度上搜索到的对管仲的介绍，《东周列国志》中关于齐桓公和管仲的故事，管仲与鲍叔牙的故事，探究管仲这个人物，完成下列各题。

（1）从你的收集中，选一个你感兴趣的关于管仲的故事，给大家讲一讲，力求生动具体真实。

（2）认真聆听同学们讲的故事，并评价一下这个故事表现了管仲的什么性格或者品质。

（3）通过对《论语》中这几则孔子评价管仲的话语，知晓孔子的态度。通过阅读历史知识，对管仲这个人物有全面的了解。

3D 打印原理探究

教师请学生进行思考：

（1）孔子在文学中的形象是怎样的，你能否根据资料文献对孔子的外形进行描绘，并画下来。

（2）在对孔子像进行绘制时需要考虑到孔子像的比例，请计算出比较合适的比例。

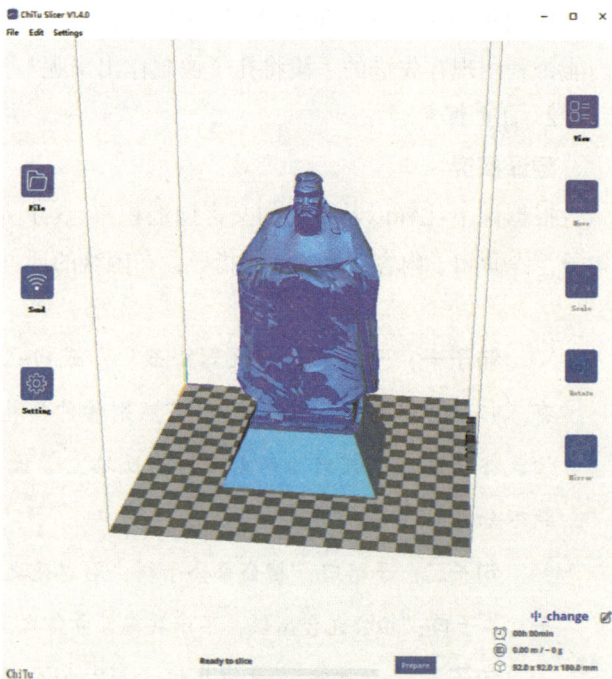

孔子像模型设计

技术探究

（1）如何利用 123D 软件进行 3D 绘图。

（2）怎样利用平面照片转成 3D 图片。

学生在将平面图转化成为 3D 图形时会遇到一些困难，需要教师的指导，学生需要掌握原理方法，如果他们所绘制的图形与实际情况相差较大，教师也应该给予帮助。

3. 解释交流

论语的阅读：同学们通过探讨理解这几则论语中孔子对管仲的评价后充分展示探讨成果。老师引导学生分析，加深孔子臧否人物中所包含的儒家价值观。

在第一则论语中，孔子为什么说管仲是一个小器量的不知礼节的人呢？因为管仲出身寒微，未得志时生活节俭。得到重用后，位高权重，就忘了节俭，生活享受向国君看齐。这样的行为，违背了儒家所看重的君君臣臣父父子子的训诫，所以，孔子说他器量小，不知礼。

第二则和第三则论语，孔子的弟子子路和子贡都认为管仲事公子纠，在公子纠被杀后，他没有像召忽那样为公子纠自杀义殉，有点不合乎"仁义"。但是孔子却说管仲是具有"仁德"的一个人，理由是管仲辅佐齐桓公，没有依靠武力来会盟诸侯，使天下老百姓免于在战争中生灵涂炭，这就是仁德。更重要的是，在管仲的辅佐下，齐国强大，有力地阻止了北方少数民族的侵扰，让中原文明得以发扬光大，这更是一种"仁德"的表现。这可以看出，儒家的价值观，是考虑到"经世"，从一个人对社会的贡献来全面衡量。

第四则论语，孔子把管仲与子产、子西放在一起评价，可以看出孔子仍然看重德才兼备的子产，只说管仲是个人才，摇头叹息子西。也可见儒家否定他人不说重言，可见儒家的重礼所在。

在知晓并讲述管仲的一些故事后，学生们再回过头来看这几则论语，对儒家臧否人物的标准，会有更深层次的理解。

孔子的形象：《史记·孔子世家》中所描述的"孔子长九尺有六寸，人皆谓之'长人'而异之"。在《孔子家语》中，涉及孔子的具体形象："其长九尺有六寸，河目隆颡，其头似尧，其颈似皋繇（陶），其肩似子产，然自腰以下不及禹者三寸。"在很多文献资料中都对孔子的形象有记载，学生可以根据记载对孔子的形象进行刻画。

4. 精致完善

在经过教师对原理的讲解之后，让学生们设计具体的方案，形成工程项目书（见下表），让学生根据项目书进行孔子像的制作。

工程项目书

通过对于名著资料的学习和阅读，请将你所设计的孔子像画下来：
自评：
他评：
教师评：
总评：
将你所绘制的孔子像转为 3D 图像，并用 3D 软件绘制出来，在这个过程中需要运用到哪些操作和命令？请记录下来：
对于你不会操作的地方记录下来，请教老师或专业人员，并将解决方法记录下来：
将你的 3D 图像截图附在此处：

学生们在制作过程中，老师用引导的方式给予学生提示，指导学生们完成 3D 图形的绘制，如遇学生不会操作的地方，老师可以进行帮助。

5. 展示评价

（1）优秀论语故事作文展示，可用朗读的方式展示，也可以集中展示在展板或教室后面的宣传栏上。

（2）优秀论语课本剧展演。

（3）演出结束后，可以进行交流反思，为进一步学习论语融合课打下基础。

（4）学生展示交流他们所打印出来的孔子像。

从以下几个方面对小车的制作效果进行评价：

项目	自评	他评	教师评	总评
孔子像设计				
软件绘制				
3D 打印操作				
外观样式				

进一步提升：

选出学生们做得最好的作品，并引导他们思考能不能根据这个模型，进一步做出更大规模的孔子像用来装饰我们的校园？

3D 打印成品

六、教学点评

本项目融合了人教版初一语文《论语十则》的内容，带学生品读论语。由此内容引出孔子，向学生介绍孔子的形象，并让学生自行查阅资料，对孔子的形象进行刻画，最后利用3D 打印技术将其打印出来。在这个过程中，学生不仅能够品读经典，描绘心中孔子的形象，更能利用现代技术将自己心中的孔子刻画成像。

本项目不再让学生死读论文、了解孔子，而是以更加有趣的方式让学生们进行自主探究，让学生自己主动去了解孔子，了解儒家文化，弘扬传统文化。学生在自主设计的过程中，培养自己的想象力和创造力。

《诗经》融合文学文化

黄夏萍

一、《诗经》融合学科项目背景

本文介绍了一个整本书项目式融合学科学习教学案例，即《诗经》"融合文学风俗的经典悦享"探究案例。该案例设计基于发展学生核心素养的需要，基于学校语文组悦读悦享课程之"六典阅读"，以《诗经》为依托，通过学科融合的方式对学生核心素养进行培养，开发"《诗经》整本书悦读"的研究，探索《诗经》与悦读、音乐、生物等相融合的方法与途径，用经典解读《诗经》文本整本书，并以现代的唱法和曲调来演绎经典悦读和传唱。将《诗经》整本书进行解读，将《诗经》植物绘画、《诗经》音乐表现有机结合在一起，挖掘、演绎《诗经》背后的故事，以现代人更喜闻乐见的读、唱、演、画、讲等丰富方式全面推动，切实践行通过学习《诗经》"推动中华优秀传统文化创造性转化、创新性发展"提升中学生人文素养的教育理念。

整个项目的具体学习形式是小组合作学习，主要实施步骤有问题驱动、以例导学、制订计划、实施计划、成果展示、师生评价这些环节。本项目预计利用 6 课时完成。

二、解决问题

设计以《诗经》为依托，通过学科融合的方式对学生核心素养进行培养，开发"'诗经'整本书悦读"的研究，探索《诗经》与悦读、音乐、生物等相融合的方法与途径，用经典解读《诗经》文本以及现代的唱法和曲调来演绎经典悦读和传唱。

三、学科融合共创综合素养

类别	目标详解
课程融合引领目标	1. 充分发挥师生在教学中的主动性和创造性，激发学生学习的兴趣，形成推动学习活动的内驱力，为学生创设轻松的学习环境 2. 注重教学过程中的情感熏陶，潜移默化，将生动有趣的内容渗透到教学过程中，按计划开展《诗经》展演、《诗经》版画展和《诗经》植物分享会 3. 在教学过程中注重体现学科融合的特点，引导学生掌握不同学科的学习方法，培养学生的传统文化修养 4. 坚持以学习体验活动贯穿于课程的实施过程，如：《诗经》文本解读、表演唱，《诗经》版画展，《诗经》植物分享会等展示活动 5. 配合音乐学科的《诗经》歌曲班班唱的课前歌唱活动，学生人手一本曲谱，推荐《诗经》相关读物 6. 设计专门的 6 个课时，开展以课题组研制的《诗经》教材为主要内容的教学活动，采用融合学科落实吸收经典文化。如：讲、唱、演、识、画《诗经》，融合从不同学科的角度解读《诗经》文化
阅读	学生通过查阅文献、书籍关于《诗经》的资料，能够说出《诗经》的文本解读、原文、生僻字解说、翻译并掌握相关知识
写作	通过阅读课渗透学习，深入解读并通过学习研究鉴赏《诗经》作品，引导学生写作评论性的文章，进一步巩固学生体验式的、感悟性的思维能力，如想象和联想；初步培养学生思辨性的思维能力，如分析和综合，鼓励学生有个性地表达
音乐	通过《诗经》作品乐谱教学以及各种生动的音乐实践活动，培养学生爱好音乐的情趣，发展音乐感受与鉴赏能力、表现能力和创造能力，提高音乐文化素养，丰富情感体验、陶冶高尚情操
生物	在解说观察《诗经》植物以及校园《诗经长廊》植物的基础上，培养学生敏锐的观察力，运用生物学科术语，科学语言及其表达方式和方法，运用生物角度各种工具、媒材进行风俗及情感理解

续表

类别	目标详解
美术	通过《诗经》植物水彩、版画作品引领学生感受意境，激发创意，运用美术语言及其表达方式和方法，运用各种工具、媒材进行创作，表达情感与思想

四、融合课程6课时准备相关知识点

1. 班级准备《诗经》整本书、《诗经植物图解》、水彩、版画素材学科资料。

2. 教师准备：对学生进行阅读任务单指导，规划布置阅读的任务，按照阅读的进度，促使学生完成整本书阅读。

3. 学生准备：按照老师的阅读任务单的安排，采用整本书阅读策略进行阅读。

五、5E《诗经》学科融合教学过程

班班《诗经》唱→问题探究及方案设计→《诗经》整本书解读与写作→《诗经》融合音乐吟唱→《诗经》融合植物知识→《诗经》学以致用版画展示→《诗经》融合课展示。

《诗经》融合学科探究式项目流程

【《诗经》整本书文本解读】

教师解读《诗经》融合科学综合目标

（一）知识与能力目标：

阅读、写作、音乐、美术和生物学科融合《诗经》名著，多角度精读《诗经》文化中的人文、生物、音乐及绘画知识。

（二）过程与方法目标：

教学过程中，采用科学融合的技巧跨学科多角度分析《诗经》中主旨人物、赏析佳篇以及精彩片段，品味凝练语言。

（三）情感态度与价值观目标：

阅读、写作、音乐、美术、生物、学科融合《诗经》名著，多角度精读《诗经》，确实将《诗经》阅读效果落到实处，提高学生阅读兴趣，教给学生阅读方法。

（四）教学重点、难点：

重点：①把握《诗经》短小篇幅、和谐音韵以及优美语言；②掌握文言文梳理能力，通过诵读、摘抄、批注、绘画多样化悟《诗经》。

难点：分析《诗经》中主旨人物、赏析佳篇以及精彩片段，品味凝练语言。

【自主探究】

（一）《诗经》整本书以名篇解读带动整本书的文本解读阅读

1.阅读教师"导"《诗经》学生个性化批注独到演绎《关雎》《蒹葭》。

2.通过《诗经》整本书中《关雎》《蒹葭》的悟读，切实将《诗经》阅读效果落到实处，提高学生阅读兴趣，教给学生阅读方法。

3.老师通过阅读任务的实施指导学生小组就《关雎》人物形象、人物性格特点、有趣情节进行阅读分工落实。

4.老师安排小组阅读分工完成后，课堂上进行《关雎》人物形象小组讨论并归纳人物性格特点、有趣情节，然后进行小结汇报展示。

5.经过课下小组合作研读《关雎》后由中心发言人进行小结展示。

（二）《诗经》写作尝试探寻

1.通过阅读课渗透学习，深入解读、研究、鉴赏《诗经》作品，引导学生写作评论性的文章，进一步巩固学生体验式的、感悟性的思维能力。

2.写作教师可以通过如想象和联想方式，初步培养学生思辨性的思维能力。

3.写作教师也可以通过如分析和综合，鼓励学生有个性地表达。通过《诗经》这一滋养我们中华 5000 年文化根源的探寻，鼓励学生进行小写作。

（三）《诗经》班班唱《淇奥》吟唱渗透

1.音乐教师要进行诗经的音乐文化价值挖掘。

2.音乐老师在阅读理解文本的基础上，结合校歌《淇奥》开展渗透性文化学习教育。

3.阅读和音乐老师通过融合基本内容的解读，节选其中最经典的卫风《淇奥》点拨学生，让学生找到文化和音乐之间的契合点。

4.每个班级根据对《诗经》经典吟唱篇章的喜爱情况确定班级班歌。班歌，是班级文化的展示，经过课程的学习以及全班的一个吟诵的练习，精心培养一部分学生，加入诗经合唱团，激发他们的领袖引领作用，引导这些"诗经合唱团"成员演绎学校合唱团歌曲《鹿鸣》。

"班班唱才有班级的文化气息"操作环节如下：

（1）采用《诗经》中彰显我们学校主旋律的歌曲卫风《淇奥》班歌启动主题《诗经》吟唱活动。

（2）利用班级《诗经合唱团》成员演绎《鹿鸣》古琴奏乐歌，吟唱卫风《淇奥》班歌导入主题，让学生身临其境，通过诗歌的吟唱去领悟文化的溯源。

（3）在班级的课间可以采用诗经班歌来熏陶班级文化，滋润学生的心灵。使其成为同学们课间娱乐的休闲方式。

【生物】

1. 生物教师讲《诗经植物图解》要与阅读老师讲读《诗经》文化和风俗完美结合，通过诗经里的植物与民俗来展示文化内涵，再采用音乐老师吟诵的方式去理解《诗经》表现的主题。让学生明白植物成了《诗经》文化内涵的标签。

2. 生物老师通过诗经植物的地域文化，以及它所蕴含的风俗，引导学生进行《诗经》植物大发现及知识抢答，以自然的植物来了解《诗经》文化内涵，经过老师的点拨以及学生深入的阅读，使学生能够体会到《诗经》作为中国最古老文明的一个溯源启蒙。

3. 这也是历史文化的一个普及，《诗经》中涉及当地文化类似的历史情况以及时代地理环境介绍，包罗万象，既能够展示民俗，又能够追溯文化起源。

4.《诗经植物图解》上完后，生物老师带着学生们进行《诗经长廊》学习诗经植物。两者结合学习让学生能够亲近他们的生活气息又能够通过生活的气息进行想象联想，追溯到他们的劳作，从而能够真正去把握诗经中基本的思想、历史、地理和风俗，这样的文化传递能让学生浅显易懂地解读《诗经》。

【美术】

1. 美术老师借助《诗经植物图解》文本带着学生对植物进行基本了解，从学科美术的角度进行观察、构思以开展美术素养教育。

2. 根据美术学科特点进行素养熏陶后再借助具有中国特色的水墨、工笔等方式来表现诗歌画面中的植物。

3. 通过深层次绘画活动，绘出"诗中有画，画中有诗"的名篇意境画面。

【综合评价】展示学生融合课任务单推进情况如下表

环节	用时	目标与任务	过程与方法	训练与评价
学科融合各科的课前准备		回顾《诗经》佳作名篇精彩名句关键人物与经典故事	自学《诗经》开篇《关雎》以及歌曲《淇奥》《鹿鸣》，圈点关键词，做到篇目内容清晰，理解到位： （1）学生罗列书中人物并概况要点 （2）《诗经》文化相关知识介绍以及学生自我独到解读 （3）《诗经》文化影响以及后世推广	背诵经典佳作名篇精彩名句以及概况背后的文化故事

续表

环节	用时	目标与任务	过程与方法	训练与评价
学法指导		阅读、生物、音乐、美术和历史学科融合《诗经》名著，进行多角度精读	融合学科特点教师进行学科点拨：融合学科彰显的选择悟读《诗经》的方法，切实将《诗经》阅读效果落到实处，提高学生阅读兴趣，教给学生阅读方法。	针对《诗经》名著专题进行悟读，切实将《诗经》阅读效果落到实处，提高学生阅读兴趣，教给学生阅读方法。
任务清单		小组合作分类别进行概括整理	融合学科《诗经》的文化常识、植物以及 3 篇主旨进行抽象概括并展示撰写"玉美"少年"诗经"	班级 8 个小组抽签准备并在课上反馈展示
小组成员任务		小组合作明确 4～6 个组员的任务	1. 确定中心发言人 2. 主持每次讨论 3. 明确记录员 4. 质疑提问 5. 补充小结 6. 书写整理	每次课前老师安排探究问题让小组合作完成
好文章推荐		深度阅读	好书、好文章推荐： 丁国强《揣摩了三千年的心事》 俞宏裴《绿意爱情——〈诗经〉中的植物和爱情》 文金《流动在〈诗经〉的河》 王秀梅《诗经：中华经典名著全本全注全译》 刘冬颖《诗经八堂课》	引导学生落实好文章深入阅读，教师点拨

六、学科教学融合编撰以及操作反思

1.《诗经》是我们中华文化文学的起源。阅读老师一定要详解基本的字词意，让学生基本能够理解；同时，写作老师通过搜索资料让学生理解丰富起来，了解基本的意思后最大限度地梳理，这是进行诗经整本书融合理解的前提，也是后续 6 节课把学科融合之后进行展示的基础，只有这样才能最后进行融合课的展示。

2. 学科在融合的过程中都能够紧扣《诗经》的主要内容和文化中的思想，以及对应的《诗经》植物，包括利用了学校《诗经》长廊这样的有利条件以及校歌《淇奥》。

3. 本次整本书《诗经》融合课整体上主要是从疏通文本角度出发，进行一个融合学科的基本理解，希望能够再以某篇做一个课例来进行一次实操展示课。

《诗经·淇奥》

李　峰

一、融合课学习目的

1. 通过本项目学习，学生能够理解《诗经·淇奥》一诗的内容，感悟到中国传统文化里"君子"的内涵，并从中受到熏陶。

2. 在理解诗歌内容的基础上，有感情有节奏地诵读《淇奥》。

3. 在理解、诵读的基础上，用画面展现诗歌的含义。

4. 跟着音乐老师学唱这首诗，培养音乐素质。

5. 在音乐背景下，跟着舞蹈老师，用舞蹈表现诗歌内容，培养舞蹈素质。

二、解决问题

通过对《诗经·淇奥》一诗的理解、诵读、歌唱、舞蹈、绘画多学科融合，培养学生对《诗经》的兴趣，做到"古为今用"，运用多种艺术手段诠释《诗经》，使学生在品德上受到传统文化潜移默化的影响，学生的艺术素养也得到培养。

三、融合要素对接

类别	目标详解
学科原理	语文：能用普通话正确、流利、有感情地朗读，诵读古代诗词，能借助注释和工具书理解基本内容。注重积累、感悟和运用，提高自己的欣赏品位。（《语文课标》第四学段阅读第 1 条，第 9 条） 自主组织文学活动，在演出、讨论等活动中，体验合作与成功的喜悦（《语文课标》第四学段综合性学习第 1 条） 美术：学生以个人或集体合作的方式参与美术活动，在了解《淇奥》内容，感受意境的基础上，激发创意，运用美术语言及其表达方式和方法、运用各种工具、媒材进行创作，表达情感与思想，提高审美能力。学生在美术学习过程中，丰富视觉、触觉和审美经验，获得对美术学习的持久兴趣，形成基本的美术素养 音乐：在语文教学、美术教学《淇奥》的基础上，通过教学以及各种生动的音乐实践活动，培养学生爱好音乐的情趣，发展音乐感受与鉴赏能力、表现能力和创造能力，提高音乐文化素养，丰富情感体验、陶冶高尚情操 舞蹈：1. 能理解《诗经》含义，进而了解《诗经》舞蹈。能够欣赏由舞蹈语言构成的《诗经》舞蹈作品并了解《诗经》舞蹈所表达的内容。2. 能够进行简单的舞蹈动作排练，理解古典舞中水袖、纱巾、盘鼓等道具在《诗经》舞蹈中的运用

续表

类别	目标详解
技术制作与技术知识	1. 积累文言文知识，理解传统中"君子"的精神之美 2. 在歌唱、舞蹈、绘画等具体的艺术创作过程中，掌握歌唱、舞蹈、绘画的基本技巧，培养艺术创作的灵感
工程支持	音乐器材、美术器材和耗材、舞台支持
艺术设计	演出的服装设计、舞台设计、灯光效果等

四、课例流程

序号	学科	教学内容	课时	备注
1	语文	《淇奥》一诗的翻译、赏析、诵读	1	课余指导特长生
2	美术	画出"心中的《淇奥》"	1	课余指导特长生
3	音乐	唱《淇奥》	1	课余加强训练
4	舞蹈	跳《淇奥》	1	课余加强训练
5	融合展示	4个学科把《淇奥》融合成一个舞台剧	1	课余排练舞台剧

五、课堂内容设计要点

序号	学科	课堂教学要点建议	课时	备注
1	语文	要引起学生对《诗经》一书以及本首诗歌的兴趣。诗歌的翻译要发挥学生的自主能动性，运用已经学过的文言文知识进行学习，注意文言文翻译的"信达雅"，确保翻译出来仍然是诗歌的模样 引导学生感悟诗中的"君子"形象，受到传统文化的熏陶 重在诵读，通过诵读来感悟君子形象，受到道德熏陶	1	挑选4～6名特长生，利用课余时间训练，为学科融合舞台展示做准备 特长生可作为小老师，带领全班同学诵读诗歌
2	美术	在语文老师的配合下，引导学生感悟《淇奥》一诗的画面，说出自己心中的画面。 培养学生的美术素养 如有可能，指导学生选择具有中国特色的水墨、工笔等方式来表现诗歌画面 通过绘画活动，使学生对"诗中有画，画中有诗"的意境美有更深一层的理解	1	语文老师要参与课堂，让文学与绘画有机结合 挑选3～5名特长生利用课余时间训练，为学科融合舞台展示做准备

续表

序号	学科	课堂教学要点建议	课时	备注
3	音乐	学会唱《淇奥》是重点 如何通过这首歌曲的教唱来培养学生的音乐感悟和欣赏能力 歌曲表演唱的基本功 能把传统的中国乐器如古筝、古琴、扬琴、二胡、箫笛、色空鼓等融入音乐的教学中，让学生感受到传统中国乐器之美	1	语文老师参与课堂，让文字变成音乐流淌。课余时间对全体学生进行音乐表演的舞台效果排练，为学科融合舞台展示做准备
4	舞蹈	1.通过本课学习，对学生进行舞蹈基本功的训练 2.能用舞蹈动作表现诗歌含义，能激发学生灵感，根据诗歌内涵自创舞蹈动作 3.简单的舞蹈动作排练，理解古典舞中水袖、纱巾、盘鼓等道具在诗经舞蹈中的运用	1	课余时间挑选特长生10～20人进行舞蹈编排训练，为学科融合舞台展示做准备。 语文、美术、音乐、舞蹈教师综合考虑舞台综合展演，设计舞台效果
5	融合展示	舞台背景、展演服装、出场顺序等要在课前集体备课中确定好 前期训练可以激发学生的自主能动性，让优秀学生参与到舞台展现的设计中来，培养学生的能力 在反复训练中不断修改设计底稿，在不断修改中提升融合课教师的协调能力、团队合作能力和个人业务素质	1	课前的设计、训练要及时到位 对融合展示进行录制，为后期的总结改进做准备 融合课舞台展示后，要及时进行总结，教师和学生都要有反思性总结，让一节融合课展示起到最大作用

六、教案的编写以及课后应注意的问题

1."凡事预则立不预则废"。编写教案就是"预"的过程。《诗经》融合课的难度在于，《诗经》离现在两千多年了，有些诗歌中字难认，义难解，其中一些思想理念与现代格格不入，不被学生认可，甚至有些教师都难以认同。所以备课前，语文老师要做足功课，深入挖掘诗歌的优秀传统元素，能够深入浅出的讲解，不仅要跟学生讲，还要跟美术、音乐、舞蹈老师进行沟通，在理念上达成一致，使4节学科不同的课，朝着一个方向用力，使教育效益最大化，前4节虽然是单学科教学，但是在相同的理念下，学科融合已然在其中起到了作用。

2.每一位老师单科教学后，要立即对学生学习效果进行回访，针对回访结果，结合自己课堂教学实际进行反思，把反思情况在融合课教师小组里进行交流，给下一科老师足够的准备，对学情有充足的了解，真正做到学科融合，学生受益。

3.《淇奥》一课只是"《诗经》校本课程"课题组的一节课例，要起到举一反三的作用。所以，课后每个人都要对这节课进行反思，从个人和融合两个方面来做，以指导下一节融合课。这样，教师的个人能力在这次融合课中就会有提高。同时，要以这节融合课为契机，激发学生对《诗经》的热爱，对融合课的兴趣。可以组织学生自读《诗经》中的一首诗，然后模仿课例，从翻译、朗读、绘画、歌唱、舞蹈和舞台展示等方面来诠释这首诗。这样，学生尝到了融合课的甜头，学习《诗经》的积极性就会被激发，就达到了"教是为了不教"的最终目的。

《诗经·隰桑》

夏方方　庄丽伟

一、项目背景

《诗经》中有 13 篇"国风"、5 篇"小雅"、1 篇"颂"以"桑"为意象，涉及"桑"的诸多方面，如桑树、桑枝、桑叶、桑葚、桑根、桑薪、桑林等。"桑"为何在诗歌中屡屡出现？本项目将以《隰桑》为例，从生物学的角度探求《诗经》中"桑"意象形成的原因。

二、解决问题

从生物学角度探求"隰桑"中"桑"意象形成的原因，引导学生认识到文化发展与生物学息息相关。

三、融合要素对接

类别	目标详解
语文	1.欣赏文学作品，有自己的情感体验，初步领悟作品的内涵，从中获得对自然、社会、人生的有益启示对作品中感人的情景和形象，能说出自己的体验 2.诵读古代诗词，阅读浅易文言文，能借助注释和工具书理解基本内容 3.能利用图书馆、网络收集自己需要的信息和资料，帮助阅读
生物	了解诗经植物形态结构特点与人类的关系

四、课前准备

1. 利用图书馆、网络等整理诗经中涉及"桑"的篇目，读一读；

2. 收集桑树、桑枝、桑叶、桑葚、桑根、桑薪、桑林等相关生物学知识。

五、5E 教学过程

情境引入→收集并整理阅读材料→自主探究《隰桑》的内容和思想感情→自主探究桑树的生物学属性在《隰桑》中的体现→合作探究从生物学的角度探求《隰桑》中"桑"意象形成的原因→拓展阅读，学以致用。

5E 探究式项目流程

【教学过程】

导入：

1. 读文本，读准字音

（1）随机抽取学生读，了解学生对读音的掌握情况。

（2）教师点评学生读错的音，或需要注意的读音。

（3）教师范读。

（4）学生齐读。

2. 读文本，读懂故事

自主阅读一遍课文，从文中找出表明"事件"的句子。

结合课文翻译，从中找出记叙文"六要素"，并用一句话概括《隰桑》讲了一个什么样的故事。

3. 读文本，读出情感

【自主探究】

（1）自主阅读，在文中标画出直接表现人物情感的句子。

（2）再读诗文，在文中标画出间接表现人物情感变化的句子。

（设计意图：引导学生发现"隰桑"既是起兴，也是环境描写，更是诗人将人物的情感融入环境描写的体现。）

（3）学生齐读 PPT 中，加入感叹词的诗作。以引导学生从读中体会作者情感。

隰桑有阿，其叶有难。既见君子，（啊）其乐如何。

隰桑有阿，其叶有沃。既见君子，（啊）云何不乐。

隰桑有阿，其叶有幽。既见君子，（啊）德音孔胶。

心乎爱矣，遐不谓矣？中心藏之，（啊）何日忘之！

（4）去掉感叹词，再带着自己的独特感受齐读一遍。

4. 四读文本，读出韵味

【合作探究】

结合收集的"桑"相关生物学常识，探究从《隰桑》这首诗中，你发现了哪些生物学知识？这些生物学知识可否帮助我们进一步了解诗中人物的情感变化？

提示：

（1）"隰桑"是什么意思？

（2）诗中对隰桑叶的描写是有变化的"难——沃——幽"，这个变化从生物的角度看，体现着什么变化？

（3）为什么在桑林中约会而非别的地方？

【解释交流】

（1）"隰桑"是指低湿的地方，这是对桑的生长环境的介绍。它喜光，对气候和土壤有很强的适应性。它耐寒、抗旱、防水、防潮，可以在温暖潮湿的环境中生长。因此桑在我国种植范围很广。

（2）隰桑叶的描写是有变化的"难——沃——幽"，这个变化从生物的角度看，是桑叶从柔嫩，到叶片肥厚，进而颜色青黑的生长过程。同时也暗示着时间的递进，事物的发展，男女情感的日益厚重。

（3）为什么在桑林中约会而非别的地方？商周时，男女在桑林幽会，一个原因是与桑的种植范围广有关；另一个原因是，这其中包含了商周时一个重要的文化习俗：桑林之会。"桑林"本是中国古代先民祭祀祈福的神圣社坛，同时也是允许青年男女相约幽会的场所。

为什么桑林为神社，而非其他的植物林如桃林、杏林？

从生物学的角度看，一是中国古代生产力低下，自然灾害频繁发生，桑树对土壤的适应能力很强，它丛生易活，尤其桑树上结的稠密的桑葚更使迷信的原始人类对其强盛的生殖力崇拜有加。二是我国很早就开始种桑养蚕，古人在对蚕的生命蜕变里程观察中，发现了蚕的许多神异之处。蚕独特的生命功能使古人产生了蚕神崇拜，而"桑"则赋予了蚕生命和生命再生与延续的能力，进而产生"桑"崇拜，古人意识中"桑"是生命之树。

综上，由桑的生物属性，决定了桑的普遍存在以及"桑林"成为祭祀之所。上古时期，桑社是生殖神的象征，桑林亦为社木，是男性阳刚的象征，桑叶娇媚、桑叶的润泽代表女性的柔美和温婉。祭祀之时，桑林里青年男女幽会是被允许并提倡的。因此"隰桑"起兴是对幽会环境的描写。同时，也是诗人对"君子"情感不断加深的象征。前三章随着桑叶不断成长，诗人表现的爱情越来越炙热。然而这只是心理所设想的幽会场景，所以当诗人从痴想回到现实中来的时候，诗人内心的爱恋变得隽永、悠长，"心里对他的爱恋啊，深渊却无可言说。把这爱意藏在心里，哪天能够忘记？"

由此合作探究环节可见，《隰桑》无论是以"隰桑"起兴，还是"桑"中约会的核心事件，都是由桑树的生物属性决定的。

在理解诗人内心对心爱之人炙热而隽永的爱的基础上，再次齐读课文，读出韵味。

5. 拓展阅读，学以致用

阅读《诗经·鄘风·桑中》《诗经·魏风·十亩之间》，用本课的探究方法，探究桑树的生物学属性在这两首诗中的体现。

桑中 《诗经·鄘风》

爰采唐矣？沬之乡矣。云谁之思？美孟姜矣。期我乎桑中，要我乎上宫，送我乎淇之上矣。

爰采麦矣？沬之北矣。云谁之思？美孟弋矣。期我乎桑中，要我乎上宫，送我乎淇之上矣。

爰采葑矣？沬之东矣。云谁之思？美孟庸矣。期我乎桑中，要我乎上宫，送我乎淇之上矣。

十亩之间 《诗经·魏风》

十亩之间兮，桑者闲闲兮，行与子还兮。

十亩之外兮，桑者泄泄兮，行与子逝兮。

六、阅读链接

1. 文本内容

隰桑

《诗经·小雅·鱼藻之什》

隰桑有阿，其叶有难。既见君子，其乐如何。

隰桑有阿，其叶有沃。既见君子，云何不乐。

隰桑有阿，其叶有幽。既见君子，德音孔胶。

心乎爱矣，遐不谓矣？中心藏之，何日忘之！

译文：

洼地桑树多婀娜，叶儿茂盛掩枝柯。我看见了那人儿，快乐滋味无法说！

洼地桑树多婀娜，枝柔叶嫩舞婆娑。我看见了那人儿，如何叫我不快乐！

洼地桑树多婀娜，叶儿浓密黑黝黝。我看见了那人儿，情话绵绵说不够。

心里对他爱恋着呀，何不将情意向他说呀！心中把他深藏起，哪天对他能忘记？

注释：

①隰（xí）：低湿的地方。阿（ē）：通"婀"，美。

②难（nuó）：通"娜"，盛。

③君子：指所爱者。

④沃：柔美。

⑤幽：通"黝"，青黑色。

⑥德音：善言，此指情话。孔胶：很缠绵。

⑦遐：何。谓：告诉。

桑中　《诗经·鄘风》

爰采唐矣？沫之乡矣。云谁之思？美孟姜矣。期我乎桑中，要我乎上宫，送我乎淇之上矣。

爰采麦矣？沫之北矣。云谁之思？美孟弋矣。期我乎桑中，要我乎上宫，送我乎淇之上矣。

爰采葑矣？沫之东矣。云谁之思？美孟庸矣。期我乎桑中，要我乎上宫，送我乎淇之上矣。

注释：

①爰（yuán 援）：于何，在哪里。唐：植物名。即菟丝子，寄生蔓草，秋初开小花，子实入药。一说当读为"棠"，梨的一种。沫（mèi 妹）：卫邑名，即牧野，在今河南淇县北。乡：郊外。

②谁之思：思念的是谁。孟：老大。孟姜：姜家的大姑娘。姜、弋（yì 亦）、庸，皆贵族姓。

③桑中：地名，一说桑林中。要（音邀）：邀约。上宫：楼也，指宫室。一说地名。淇：淇水。

④葑（fēng 封）：芜菁。

译文：

到哪里去采摘女萝呢？就在沫邑的郊野。我在思念谁呢？是那美丽动人的孟姜。约我来到桑林中，邀请我来到欢会的祠庙，送别我在那淇水之上。

到哪里去采摘麦子呢？就在沫邑的北边。我在思念谁呢？是那美丽动人的孟弋。约我来到桑林中，邀请我来到欢会的祠庙，送别我在那淇水之上。

到哪里去采摘芜菁呢？就在沫邑的东边。我在思念谁呢？是那美丽动人的孟庸。约我来到桑林中，邀请我来到欢会的祠庙，送别我在那淇水之上。

十亩之间

《诗经·魏风》

十亩之间兮，桑者闲闲兮，行与子还兮。

十亩之外兮，桑者泄泄兮，行与子逝兮。

注释：

①十亩之间：指郊外所受场圃之地。

②桑者：采桑的人。闲闲：宽闲、悠闲貌。

③行：走。一说且，将要。

④泄（yì）泄：和乐的样子；一说人多的样子。

⑤逝：返回；一说往。

译文：

在一片很大很大的桑园里，年轻的姑娘们采桑多悠闲，她们一道唱着歌儿回家转。

在相邻一片很大的桑园里，漂亮的姑娘们采桑多悠闲，她们一起说说笑笑往家转。

2. 桑的生物学属性

桑　荨麻目桑科植物

桑（学名：Morus alba L.）桑科桑属，落叶乔木或灌木，高可达 15 米。树体富含乳浆，树皮黄褐色。叶卵形至广卵形，叶端尖，叶基圆形或浅心脏形，边缘有粗锯齿，有时有不规则的分裂。叶面无毛，有光泽，叶背脉上有疏毛。雌雄异株，5 月开花，荑黄花序。果熟期 6—7 月，聚花果卵圆形或圆柱形，黑紫色或白色。喜光，幼时稍耐阴。喜温暖湿润气候，耐寒。耐干旱，耐水湿能力极强。

原产中国中部和北部。中国东北至西南各省区，西北直至新疆均有栽培。朝鲜、日本、蒙古、中亚各国、俄罗斯、欧洲等地以及印度、越南亦均有栽培。叶为桑蚕饲料。木材可制器具，枝条可编箩筐，桑皮可作造纸原料，桑葚可供食用、酿酒，叶、果和根皮可入药。

形态特征

乔木或为灌木，高 3 ~ 10 米或更高，胸径可达 50 厘米，树皮厚，灰色，具不规则浅纵裂；冬芽红褐色，卵形，芽鳞覆瓦状排列，灰褐色，有细毛；小枝有细毛。叶卵形或广卵形，长 5 ~ 15 厘米，宽 5 ~ 12 厘米，先端急尖、渐尖或圆钝，基部圆形至浅心形，边缘锯齿粗钝，有时叶为各种分裂，表面鲜绿色，无毛，背面沿脉有疏毛，脉腋有簇毛；叶柄长 1.5 ~ 5.5 厘米，具柔毛；托叶披针形，早落，外面密被细硬毛。

花单性，腋生或生于芽鳞腋内，与叶同时生出；雄花序下垂，长 2 ~ 3.5 厘米，密被白色柔毛，雄花。花被片宽椭圆形，淡绿色。花丝在芽时内折，花药 2 室，球形至肾形，纵裂；雌花序长 1 ~ 2 厘米，被毛，总花梗长 5 ~ 10 毫米，被柔毛，雌花无梗，花被片倒卵形，顶端圆钝，外面和边缘被毛，两侧紧抱子房，无花柱，柱头 2 裂；内面有乳头状突起。

聚花果卵状椭圆形，长 1～2.5 厘米，成熟时红色或暗紫色。花期 4—5 月，果期 5—8 月。

生长习性

喜光，幼时稍耐阴。喜温暖湿润气候，耐寒。耐干旱，耐水湿能力极强。对土壤的适应性强，耐瘠薄和轻碱性，喜土层深厚、湿润、肥沃土壤。根系发达，抗风力强。萌芽力强，耐修剪。有较强的抗烟尘能力。

分布情况

该种原产中国中部和北部，现由东北至西南各省区，西北直至新疆均有栽培。朝鲜、日本、蒙古、中亚各国、俄罗斯、欧洲等地以及印度、越南亦均有栽培。

七、教学点评

本项目涉及语文学科八年级第三单元《诗经》的学习和生物学科植物形态结构与人类的关系相关知识。本案例旨在学生了解含"桑"意象的本文的意思与情感的基础上，引导学生从生物学的角度探究桑树的生物特性决定了这首诗为何以"桑"起兴，以及"桑"在诗中的地位，以达到让学生了解诗经中"桑"意象的形成除了生产与社会原因，最基础的是由桑的生物学特性决定的。

本节内容的难度主要体现在资料的收集与内化上。对初中生来说，根据教师提供材料，自主学习并整理与本课学习内容有关的材料，且通过探究合作得出结论，是有挑战性的，需要小组充分发挥主观能动性。

探访明朝的北京城

刘　慧

一、项目背景

通过本项目，让学生经过课上学习，利用图书馆和网络上的学习资源，查阅明朝北京城的相关资料，必要时可以通过实地调查，探访明朝北京城，掌握明朝北京城的构成，认识明朝建筑艺术情况。画出明朝北京城的基本示意图，进行现场展示。在项目体验过程中，培养学生的查找资料能力、解决问题能力和语言表达能力，并且体会中国古代人民的智慧和创造力。本项目预计利用 2 课时完成。

二、解决问题

画出明朝北京城的基本示意图，在课堂上进行现场展示。

三、融合要素对接

类别	目标详解
学科原理	通过了解明长城和北京城的建筑，体会中国古代人民的智慧和创造力（历史课程标准对七年级下册第十六课《明朝的科技、建筑与文学》）
美术学知识	学生通过提前的活动策划，结合实地的艺术考察活动，最后能够画出明朝北京城的基本示意图（岭南版美术七年级上册第 7 课《科学、考察活动的策划》）
建筑学知识	通过实地考察，掌握明朝北京城的构成情况
阅读与写作	学生通过查阅文献、书籍、网络资源，获取明朝北京城的相关情况，画出其基本示意图及 PPT，并进行现场展示

四、课前准备

七年级下册历史课本、平板、A4 纸、图书馆的相关明朝北京城藏书以及打印好的明朝北京城图片、彩笔。

教师解读《探访明朝北京城》融合学科综合目标。

1. 知识与能力目标

历史、美术、建筑、阅读学科融合，从多角度认识明朝北京城。

2. 过程与方法目标

教学过程中，采用科学融合的技巧跨学科多角度认识明朝北京城，掌握其建筑情况，画出明朝北京城示意图。

3. 情感态度与价值观目标

通过多学科多角度对明朝北京城的认识，以及示意图的绘制展示，体会中国古代中国人民的智慧和创造力。提高学生历史学习的兴趣。

五、5E 教学过程

情境引入→问题探究及方案设计→实践操作→对主题意义的探讨→示意图

绘制→完善改进→示意图展示交流。

5E 探究式项目流程

1. 参与引入

教师展示几张现北京城图片，并询问学生：今天的北京城和明朝时期兴建的北京城一样吗？那么关于明朝的北京城你了解多少？通过师生对话，引出本节课要探究的主题——绘制明朝北京城示意图。

2. 自主探究

（1）阅读资料

学生阅读课本第 80 页关于明朝北京城的相关内容和插图，结合课前准备好的图书馆书籍以及图片，掌握明朝北京城的构成，认识明朝建筑艺术情况，从而为接下来学生绘制明朝北京城示意图打下基础。

（2）技术探究

教师继续进行引导：通过阅读相关资料，你已经知道了明朝北京城的基本情况，那么你想绘制一幅怎样的明朝北京城示意图呢？绘制示意图，你需要考虑以下问题：

①明朝北京城的基本结构，外观样式；

②明朝北京城的组成。

让学生用 A4 纸先简单绘制示意图，明朝北京城的外围示意图。

3. 解释交流

明朝北京城整个平面呈"凸"字形，有内外城之分。内城从外到内依次是"内城、皇城、宫城"，而外城位于内城南面。皇城设门 6，内城设门 9，外城设门 7。整个北京城沿一条纵贯南北的中轴线整齐、对称地展开。除此之外，北京城内部还设有仓库、庙坛、楼宇等民生建筑，规模宏大，气势雄伟。

老师对学生的外围示意图进行指导。

4. 精致完善

经过教师的解释后，在此基础上，小组合作绘制明朝北京城内部详细示意图。

形成工程项目书（见下表），让学生根据项目书，对明朝北京城示意图进项再次绘制。

工程项目书

项目名称：

进行时间：

小组成员及分工：

所需工具和材料：

明朝北京城外围示意图（画出草图）：

明朝北京城示意图内部详细示意图：

　　学生们在设计制作过程中，老师用引导的方式给予学生提示，不直接参与设计，从而更好地锻炼学生解决问题的能力。

　　学生在制作过程中，制作讲解 PPT，同时完善讲稿，直至获得满意的作品。

　　5. 展示评价

　　学生展示交流他们所绘制的示意图及 PPT。

　　下图是几个小组的作品：

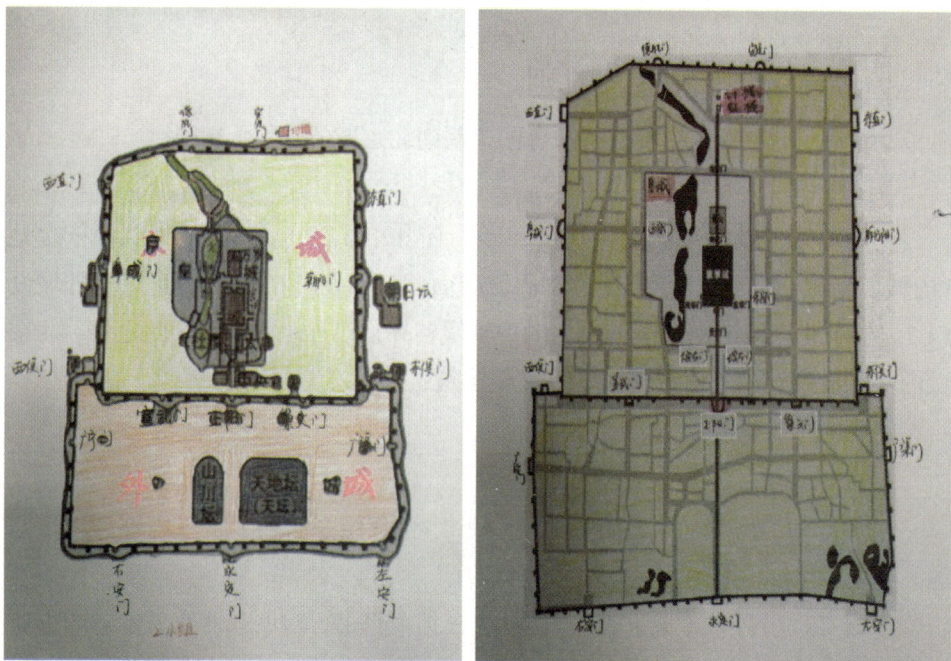

学生绘制图片 1

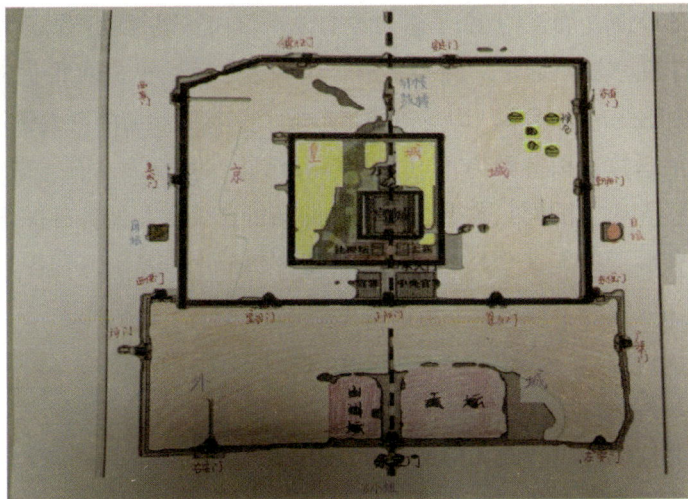

学生绘制图片 2

从以下几个方面对学生绘制的明朝北京示意图、PPT 制作及讲解内容进行评价：

项目（满分 100 分）	自评	他评	教师评	总评
示意图整体绘制（图片精美）20 分				
示意图内容（包含城内布局、比例结构等）20 分				
PPT 设计 15 分				
PPT 内容 15 分				
演讲效果 15 分				
小组分工是否合理 15 分				

学生在完成了评价后，在组内和组外进行心得交流，为下一次的项目探究总结经验，老师对本节课进行总结。

六、阅读链接

人民教育出版社历史七年级下册第十六课第 80、81 页文段

明朝的北京城是在元大都的基础上，经过大规模的扩建和改造发展起来的。明朝第三个皇帝明成祖取得帝位以后，选定北京为都城，从 1406 年开始对北京城进行大规模的营建，历时 15 年，1420 年基本建成，次年正式迁都北京。

明朝北京城有宫城、皇城、内城和外城。宫城即紫禁城，占地面积 72 万平方米，是北京城的核心。皇城在宫城的外面，周长 9000 多米，设有 6 个门。内

城又在皇城的外面，周长约 23 千米，设有 9 个城门。外城在内城南面，设有 7 个城门。整个北京城平面呈"凸"字形，由一条中轴线纵贯南北，从宫城到外城都以这条中轴线对称展开，均衡布局，形成了完整而和谐的巨大建筑群。

北京城的建筑，以宫殿为重点，并建有坛庙、宫苑、王府、城垣、城楼、官衙、仓库、寺观、桥梁、大街小巷、工商场所，以及其他各种民生设施。其中，最为雄伟壮丽的是紫禁城，建筑总面积约 15 万平方米，有各类殿宇等近 9000 间，是当时世界上最宏大、最辉煌的皇家建筑群。

七、教学点评

今天的北京作为我们的首都，集政治中心、文化中心、国际交往中心、科技创新中心于一身。本项目结合了人民教育出版社历史七年级下册第十六课的相关知识，让学生通过阅读教材，查阅相关资料，绘制明朝北京城的示意图，探访历史上北京城的重要价值和意义。

本项目取材新颖，很能吸引学生的兴趣，学生通过搜索、思考实践得到知识，在这个过程中，涉及历史、阅读、建筑、美术等学科相关知识，通过不同学科的融合，最终成功探访"明朝北京城"，从而体会中国古代人民的智慧和创造力。培养学生的学科核心素养。

本节内容的难度中等，绘制部分，学生都可以积极参与，但是在查阅相关资料的过程中，部分阅读基础较弱的学生在获取有效信息时，可能会遇到一些困难。在绘制示意图时，美术功底较弱的学生也可能会有些许问题。在这个过程中，老师要及时关注，指导组内成员取长补短、相互协作。

探秘郑和下西洋

汪 颖

一、项目背景

据观察者网 2020 年 7 月 20 日报道：中国第三艘航母露出真容！有望 2021 年上半年完成组装。发展本国航母足以看出中国越来越注重海军建设，越来越重视海权。反思过去，近代史上中国失败最直接的原因就在于我们的军事观念落后。以史为鉴，开拓创新，如何让现在的青少年学会关心国家大事、牢固树立国家安全意识，培养他们的创新精神，提升他们的创新能力，这无疑给新时代历史教师带来新的挑战。中山中学历史组立足深圳本土、发掘学生课本资源，以课堂上学生提出的问题为切入点。通过探秘郑和下西洋，带领学生从疑问着手，走进中国航海业，让中国人的探索精神、追寻精神在校园里生根发芽。

二、项目任务

人民教育出版社七年级下册历史第三单元第 15 课《明朝的对外关系》第一子目就是郑和下西洋。课程标准中提到要求学生掌握郑和下西洋的目的、时间、到达地区等相关史实，正确评价戚继光；认识郑和远航是世界航海史上的壮举，学习戚继光的爱国主义精神。教学难点是郑和实现远航的原因与影响。具备什么样的条件让郑和在 15 世纪初就能 7 次下西洋？西洋又是何地方呢？基于这些问题我们借鉴 PLB 项目式学习教学方法，引领学生从生活的城市发掘资源、从日常生活入手解决郑和下西洋学习中的困惑。深圳作为一个海滨城市、海岸线漫长、天然良港众多，进出口贸易发达。通过对深圳港口、港口中的船的观察与研究，以期帮助了解并理解本课所学内容。

三、融合要素对接

类别	目标详解
学科原理	历史：了解郑和下西洋的航海壮举，讨论郑和下西洋的历史意义（人教版历史七年级下册 第三单元第 15 课《明朝的对外关系》） 地理：掌握郑和下西洋中的"西洋"的地理位置（人教版地理七年级上册第一章第二节《认识地球：东南亚》） 物理：物理学浮力、风力、硬度知识（北师大版物理八年级下册第八章 学生实验《探究——影响浮力的大小因素》）
工程支持	绘制郑和下西洋的路线图；制作两个小木船模型；实验探究：两个船哪个航行速度快？两个船哪个抗沉性好？考察两个船哪个横向强度大？
阅读与写作	学生通过查阅关于郑和下西洋的文献、书籍资料，能够说出西洋的地理位置、郑和下西洋的目的、时间、到达地区等相关史实，正确评价郑和下西洋行为；认识郑和远航是世界航海史上的壮举，并掌握相关知识

（一）教学目标

1. 学生通过阅读课本内容，了解并熟知西洋的概念以及郑和下西洋具备的主客观条件。

2.学生查找世界地图，绘制郑和下西洋路线图，提升读图能力和动手能力；通过对港口船只的观察以及浮力实验，提升观察能力、想象能力和创新能力，形成自主、合作、探究的高效 PLB 学习模式。

3.郑和下西洋中的历史场景，可以通过学生的手工制作、编排历史剧、文创作品等方式展现出来，以此帮助拉近学生与先人之间的距离，让学生感受并发扬中华民族的智慧与探索精神。

（二）本课内容

西洋指的是什么地方？郑和下西洋的条件有哪些？郑和下西洋有何历史意义？

（三）教学环节

1. 找一找

郑和七下西洋路线

何为西洋？请同学们在地图上找一找。

地理老师给大家讲一讲西洋的地理概念，帮助同学形成地理空间概念并加深印象。

2. 画一画

每个同学拿出一张 A4 大小的纸在纸上大概画出郑和下西洋的路线图。

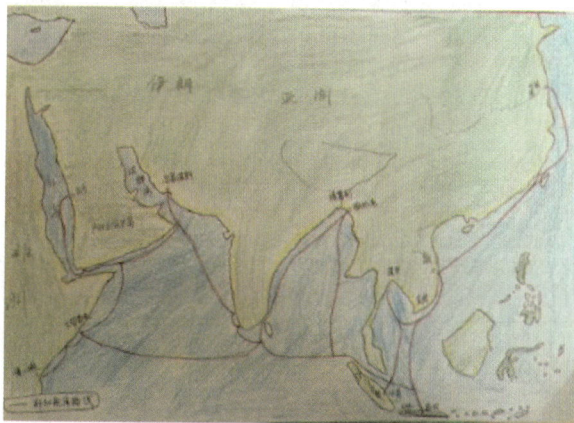

郑和七下西洋路线学生绘制

3. 说一说

问：郑和和他的船队在航行中可能会遇到哪些困难？

答：（1）缺少淡水、食物、药品等物资，语言不通，疾病。

（2）巨大的风浪，迷失方向，恶劣的海上天气。

（3）在海上可能遇到来自敌对力量（海盗等）的攻击……

问：郑和成功下西洋所具备的条件？

答：（1）明朝经济繁荣，国力雄厚，是世界强国。

（2）发达的造船技术和航海技术；地理知识的丰富；指南针的应用。

（3）郑和的个人品格和能力。

4. 做一做

（郑和的船队采用了当时世界上最先进的航海技术，能够准确地测定航区、航线和船位，有效地利用季风、海流进行航行）

上课图片

"故今次船式多依漳匠斟酌损益而尽制曲防，颇为周密……而附稳加增勾拴，每层倍用龙骨及极木……正稳之类皆多为之具而详为之制……"

——夏子阳的《使琉球录》

（宋代海船就已经设置水密隔舱，增加了抗沉性和横向强度。明代郑和宝船每个舱室都用双倍的肋骨，以求坚固。)

物理老师带领同学们先做两个小木船模型，一个就是平时在湖里见到的小舟，一个是有隔舱的帆船。将两个小船模型放入盛有水的玻璃缸中。

（1）考察两个船哪个航行速度快？

（2）考察两个船哪个抗沉性好？

（3）考察两个船哪个横向强度大？

5. 比一比

项目	郑和	哥伦布（西）	达伽马（葡）	比较结果
时间				
次数				
人数				
船数				
所载货物				
到达范围				
到达做法				

6. 议一议

根据图片，郑和下西洋的意义是什么？

（四）评价方式

本课在评价上尊重学生差异，以过程性评价为主。根据学生的学习态度、学习过程与学习成果进行评价。评价种类分学生自评、小组互评、教师评价，对各小组研究成果进行展示，肯定优点，点出不足。

（五）教学反思

1. 这是学校首次历史融合课程尝试，在讲解郑和下西洋史实的同时融合地理课程中的西洋地理概念讲解，并辅之地理识图、画图和物理学浮力、风力、硬度知识的学习，丰富了课堂内容，引发了学生探究与思考，激发了学生的学习兴趣。

2. 教学上引入 PBL 高效学习模式，基于问题去学习，让学生带着问题进入课堂学习，学生自主、合作、探究问题的过程也是知识生成的过程。

3. 教学过程中老师还是需要少讲多引导，在师生互动过程中让学生成为课堂的主体，实现新课标的要求。

坪山红色文化之旅

徐日纯

一、项目背景

加强革命传统教育，传承红色基因，培育家国情怀，是落实立德树人根本任务的重要内容。深圳坪山是东江纵队的策源地，是一片著名的红色热土。旧民主主义革命时期，孙中山先生领导的打响辛亥革命第一枪的庚子首义地，就在坪山马峦山的罗氏大屋；在抗日战争中，在坪山诞生的东江纵队在中国华南地区起到了举足轻重的作用。但这些红色历史，对新一代坪山的"小移民"来说，是很陌生的。以学校八（6）班为例，全班42人，有深圳户籍的只有10人，占比23%；父辈们就在坪山出生和生活的，全班只有8人，占比不到19%；小学有完整在坪山读书的，全班也只有60%。

二、解决问题

在同学们大多是坪山"小移民"的背景下，寻找开展坪山红色文化教育的新途径。

三、融合要素对接

类别	目标详解
语文	1. 通过开展调查采访，了解坪山红色文化资源的情况与开展红色教育的现状 2. 设定一条活动主线，开展多项小专题式综合性学习活动，将红色文化教育开展得更加深入 3. 针对坪山红色教育现状和研究实际，提出行之有效的合理建议，使学生从中受到生动深刻的革命传统教育
历史	了解近代革命史，以及与坪山红色文化的关系

四、活动准备

1. 做问卷调查，了解坪山红色文化资源与教育开展情况。

2. 确定活动方法：采用资料查找法、调查访问法、实地体验法、调查分析法、归纳总结法等。

3. 查阅近代史，了解坪山主要革命事件在近代革命史中的影响。

4. 确定活动主线：走近红色文化——走进坪山红色文化，以及八个活动小专题：查、观、唱、说、读、访、悟、得。

五、活动过程

（一）查——我是东江小记者

1. 活动目标

开展红色问卷调查、红色图书调查、红色旧址调查、红色教育调查，初步了解坪山红色文化教育现状。

2. 活动实施

任务一：问卷调查与分析

"坪山红色文化知多少"问卷调查

亲爱的朋友，您好！我们是中山中学红色文化小课题组，本问卷是为了全面了解大家对坪山红色文化的了解情况，请您客观真实地填写问卷，本调查完全采用匿名的方式进行，我们保证不会对您的生活和学习带来负面的影响，谢谢您的合作与支持！祝你愉快！

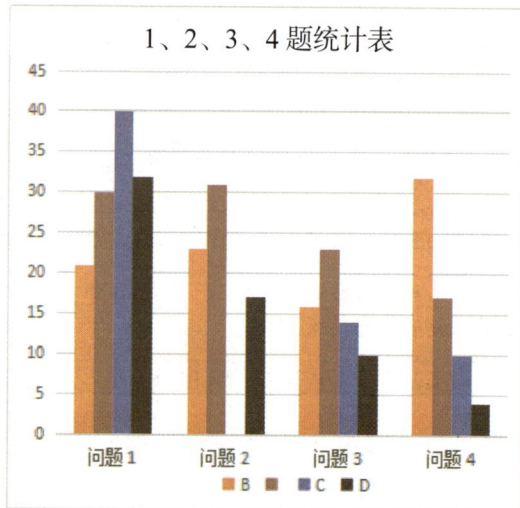

1、2、3、4 题统计表

问题 1 你的年龄阶段？

A 小学生

B 中学生

C 成年

D 其他

问题 2 性别?

A 男

B 女

问题 3 你知道红色文化吗？接触红色文化的时间是在?

A 学前

B 小学

C 初中

D 其他

问题 4 你每个星期了解红色文化的时间是在？

A 30 分钟以下

B 约 1 小时

C 约 2 小时

D 2 小时以上

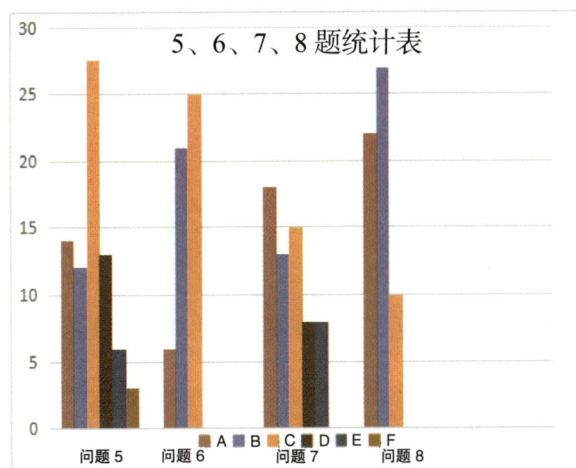

5、6、7、8 题统计表

问题5 你一般通过以下哪种方式了解红色文化？（可多选）

A 歌唱比赛

B 参加红色旅游

C 看红色电影

D 参加红色节目

E 看电视红色节目

F 其他

问题6 你对坪山红色文化有所了解吗？

A. 非常了解

B. 较了解

C. 不太了解

问题7 平常你是如何了解坪山红色文化的？

A 网络

B 电视

C 报纸

D 老师或家长

E 其他

问题8 你认为坪山红色文化对生活有影响吗？

A 没有

B 有一点

C 有，而且很大

问题9 你家人对你查找红色文化的态度如何？（仅学生填）

A 认可

B 坚决反对

C 无所谓

D 有条件地支持

问题 10 你认为在现今社会有没有必要强调红色文化?

A 很有必要

B 较有必要

C 完全没必要

9、10 题统计表

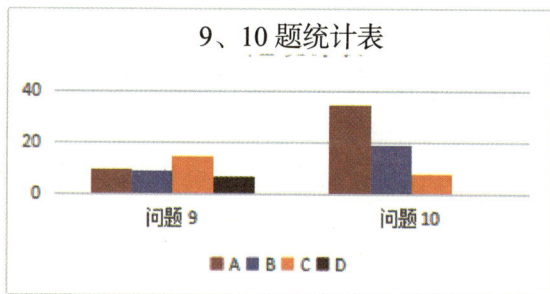

调查结果分析: 一是对红色文化内涵的认同度还是比较高; 二是中小学生对红色文化的了解程度较低; 三是同学们对东纵的历史、坪山的革命史不熟悉。

任务二: 东纵图书分类整理

东纵纪念馆图书分类: 纪念馆二楼馆藏图书共 200 余本, 其中文学类图书 65 本、地方史图书 60 本、其他类 41 本、回忆录类 22 本、文集类 21 本。

东纵纪念馆图书分析: 在东纵纪念馆馆藏图书中, 文学类及地方史类别的图书占 60%, 也就是一半之多, 而真正涉及东纵历史文化知识的书籍非常少。

任务三: 坪山红色旧址调查

坪山红色文化旧址的分布调查: 学校附近红色旧址有庚子首义地罗氏大屋、东纵纪念馆、坪山革命烈士纵碑、坑梓革命烈士纪念碑、光祖中学等 5 处; 为此规划 3 条坐公交参观的"坪山红色之旅"线路。

任务四: 红色文化教育采访

采访学校红色文化教育的开展情况: 一是中小学生比较喜欢的教育方式; 二是学校开展红色文化教育的主要方式。

活动结论: 在坪山的中小学当中, 学生比较喜欢的教育方式是看红色电影、唱红歌等, 学校开展红色教育的主要方式是开主题班会。采访表明, 各校红色文化教育的普及不平衡，教育方式比较单一。

（二）观———我是东纵小观众

1.活动目标

通过组织观看红色电影，撰写分享观后感，产生对坪山红色文化的兴趣。

2.活动实施

任务一：组织观看红色影片

结合坪山红色文化的著名典例——《东江纵队》和《东江英雄刘黑仔》等两部影片，组织同学们一起观看。

任务二：撰写分享观后感

观看完毕，进行观后感的写作和对这种传播方式的建议收集。活动结果显示，学生更喜欢这种很直观的电影式的教育方式，没有那么枯燥，看完影片也更有趣，至少更爱讨论影片，写起观后感来也更觉得有东西可写。

（三）唱——我是东纵小歌手

1.活动目标

通过学唱红色歌曲，撰写唱后感，继续强化对坪山红色文化的兴趣，提高思想认识。

2.活动实施

任务一：学唱红色歌曲

观看红色影片后，开展"唱红歌，怀东纵"活动。先广泛查找红色歌曲，然后选其中喜欢的来学唱，请来音乐老师教唱，举行合唱红歌比赛。

任务二：撰写唱后感征文

红歌赛结束，组织同学们拿起手中的笔，开始抒写心中澎湃的激情，从这些唱后感中，能充分感受当代学子对红色文化之根的向往。

（四）说——我是东纵小解说

1.活动目标

通过观摩讲解员解说，独立撰写解说词，并开展解说比赛，深入体验坪山红色文化魅力。

2.活动实施

任务一：观摩解说员讲解

组织同学们到访东纵纪念馆，一遍一遍地观看，一遍一遍地听解说员的讲解，组织同学们也来当东纵的小解说员，看谁解说得好。

任务二：了解东纵发展史实

查阅历史课本，了解抗日战争与解放战争时期，东纵在华南地区坚持抗战的史

学生解说

实，抗战结束后，又北上开赴解放战争前线，为新中国的全面解放而浴血奋战。

任务三：分组开展解说体验

同学们以小组为单位，认领了 13 个展区，开始撰写讲解词。全班分为 13 个小组，每小组 3～4 人，负责一块展区，一次 5 分钟左右的解说，带上解说打分的评价表，带一群观众作讲解，活动结束，评选最佳讲解员。

（五）读——我是东纵小读者

1. 活动目标

通过开展"同读一本红书"活动，开展创编红色读剧活动，从中提高综合素养。

2. 活动实施

任务一：同读一本红书

开展"同读一本红书"的主题阅读分享活动，阅读《红星照耀中国》等小说，要求结合 1936—1937 年以毛泽东同志为首的中国工农红军在陕甘宁边区的革命历史，从文史结合的角度，撰写读书体会，开展一次读红书专场分享会。

任务二：创作红色读剧

查阅资料了解东江英雄刘黑仔的故事，了解刘黑仔从 1939 年至 1946 年间参与的重要革命活动，包括领导港九大队活捉日本特务、参与历史文化名人大营救、拯救美国空军中尉克尔等。结合阅读《东江英雄刘黑仔》一书，着手编创读剧，剧本名字"拯救美国中尉克尔"，并参加学校语文周活动。

（六）访——我是东纵小战士

1. 活动目标

通过自主规划坪山红色之旅路线，确定踏访旧址，开展实地调研，在亲身体验中深化对坪山红色文化的认识。

2. 活动实施

学生合影

任务一： 开展红色之旅

根据之前对坪山红色文化旧址的分布调查，规划一条以学校为起点的红色之旅的路线：中山中学—东纵纪念馆—坪山革命烈士纪念碑—坑梓革命烈士纪念碑—光祖中学—庚子首义地马峦山罗氏大屋。组织同学们用一天的时间进行实地踏访。

任务二： 编写文旅手册

为配合这次活动，组织编写一份坪山红色文化之旅小手册。

（七）悟——我是东纵传承人

1. 活动目标

通过整理活动过程，结合访后感、摄影、讲故事、绘画等形式汇总实地调查成果，表达传承坪山红色文化的决心。

2. 活动实施

任务一： 分享活动体会

用一段话表达活动体会。经过以上一系列的综合探究活动，学生渐渐认识到，东纵红色文化已经深深地印在坪山这片红色的土地上了，作为东纵红色文化的传承人，红色文化的基因已经流淌在同学们青春的血液里。作为中山中学的莘莘学子，我们一定会高举东纵红色文化的火炬，将东纵红色精神传承下去。

任务二： 编辑活动成果

编一本书记录活动成果。活动课接近尾声，可将此次活动成果编辑成书，成立东纵编辑部，任务就是将这次活动研究的全过程资料进行整理。编辑部主编、编委竞选上岗，主编负责全书最后审稿。活动成果可定名为"坪山红色文化之旅"，安排好目录与篇章，联系印刷厂付印成书。

六、活动体会

1. 活动过程层层推进

以上七项小专题活动由"走近红色文化——走进坪山红色文化"的一条主线贯穿始终，"查"是整个探究活动的基础，在充分调查采访的基础上，开展了一系列体验式小专题活动，从同学们最爱的"观"影片开始，饱含深情地"唱"，到纪念馆去"说"，学习之余就"读"，有了充分的感性认识后，就开始实地之行的"访"，这是全部探究活动的最高潮；到最后小结成果，先"悟"活动收获，再"悟"活动成果，这是经过沉淀后的理性收获。整个活动过程一线贯穿，层层推进，把综合性探究学习不断引向深入，使学生欲罢不能，深深地着迷！

2. 红色教育四点建议

以上研究活动表明，不但"坪山小移民"的红色文化教育可以开展得很有实效，中小学红色文化教育也是完全可以做得更好、更到位的，关键是怎样创新方式去开展。为此，提出以下几点建议：

一是建议不断完善和充分利用东纵纪念馆的教育资源。要多收集有关东纵红色文化的资料，多和广东或全国其他地方进行红色文化资料的交流；在信息社会，也可以利用网络建立交流平台，将这些图书放到网上，并与全区各中小学进行联网，让坪山或全市更多在读中小学的"深圳小移民"可以更方便地阅读这些宝贵的文献资料，增进我们对坪山红色文化的认识和了解。

二是建议红色文化教育要与有关学科结合并有创新有系列地开展。在开展坪山红色文化小课题时，与综合实践活动相结合，采取"一线多题"的活动形式，探究一个活动主问题，围绕一条活动主线，形成7个小专题式综合性学习，让活动变得很深入，而且持续时间更长，教育的效果也更突出，不但如此，同学们读的书多了，写的文章多了，说得更流畅了，唱得更动听了……这些方面，既见证了同学们综合素质的提高，又增强了同学们的爱国情操。

三是建议学校在开展形式多样的红色文化教育活动时，多将红色文化教育与学生的少先队团队活动相结合。团队活动是学校经常要开展的教育活动，如果红色文化教育和团队活动相结合起来，就会更有组织性，受益面也更广泛，可以有更多同学参与进来，而且教育的效果也更加突出。

四是建议学校及上级部门重视红色文化传播形式的多样化。要积极培养中小学生的红色文化兴趣，响应学生的红色文化需求，如多编写有关适合中小学生阅读的坪山红色文化书籍，多开展适合青少年学生的形式多样的红色文化活动，尽量创造条件使学生能够走出校门，让学生自己去看看，自己去读读，自己去想想，自己去悟悟等。而不是一开展就是主题班会，或是画一画手抄报等就算了。像看红色电影、电视剧写影评，唱红歌写唱后感、读红色图书编读剧、到纪念馆当小解说员、开展红色之旅探访活动等，这些活动形式多样，能够更开阔视野，提高"小移民"对坪山红色文化的认同与兴趣，提高对国家红色历史的认知与敬仰，更提高了对社会主义核心价值观的理解。

绿园融合课程

　　绿园课程，主要依托学校楼顶四园一廊（百花园、百草园、百蔬园、多肉圆、诗经植物廊），开展知识学习、植物养护种植实践、小课题探究、社团活动等。结合每个园区情况设计相关的课程，利用楼顶的空间，将一些选题和生态环境相关的课程，都并入到打造绿色环保的生态绿园课程里边去。

　　在本板块中，课程的开展在楼顶植物园，楼顶植物园为学校具有特色的地方。它的设立不光可以美化环境，为师生提供休息的地方，还具有为顶层降温、减少城市热岛效应等多种功能，需要因地制宜利用到学校的已有资源，给学生提供沉浸式体验，让学生在体验中学习，在学习中体验。

　　此板块课程主要分为实践类、探究类、制作类。实践类课程中学生利用空余或社团时间自己种菜，体验自给自足的乐趣；探究类课程中小学生可以探究植物生长所需的最适量的水分、微生物含量；制作类课程中学生可以进行大棚温室的制作、鸟屋的制作，让学生亲自动手，培养他们的动手能力。

菜园植物的无土栽培

赵燕飞

一、项目背景

通过本项目，让学生学会用无土栽培技术种植蔬菜，从而使学生能够观察到植物的生长发育过程，掌握关于无土栽培蔬菜种植的知识以及无机盐的使用和监测知识，并将这些知识运用在项目当中。在项目体验的过程中，更能培养学生的动手能力、探究能力和解决问题的能力。本项目预计利用 4 课时完成。

二、项目任务

学会无土栽培蔬菜的种植技术并学会监测水中养分的含量，克服种植过程中资源浪费的情况。

三、融合要素对接

类别	目标详解
学科原理	生物：1.了解植物生长的过程，被子植物的生命周期包括种子的萌发、植株的生长发育、开花、结果、衰老和死亡（人教版生物七年级第二章《被子植物的一生》）；2.植物生长需要量最多的无机盐是含氮的、含磷的和含钾的无机盐 化学：1.氮肥、磷肥和钾肥是重要的肥料；2.化肥和农药对提高农产品的产量有重要作用，但也会带来环境问题；3.合理施用化肥，提高它们的利用率，并注意减少污染（人教版化学九年级第十一单元课题2《化学肥料》）
技术制作与技术知识	1.能够正确使用无土栽培装置进行蔬菜种植 2.掌握无机盐的施用配比，了解无机盐对植物生长的作用
工程支持	无土栽培设备的使用方法，无土栽培蔬菜的种植方法
数学描述	在计算无土栽培蔬菜所需营养物质的配比和浓度上，需要计算
艺术设计	对无土栽培设备的搭建和园林规划，让无土栽培蔬菜更好看
阅读与写作	学生通过查阅文献、书籍关于无土栽培的资料，能够说出无土栽培种植蔬菜原理、无机盐对蔬菜生长发育的作用，并掌握相关知识

四、课前准备

无土栽培装置、生菜种子、各种无机盐、量筒、电子秤。

五、5E 教学过程

情境引入→问题探究及方案设计→实验操作→相关原理探讨→外观设计→完善改进→模型成品展示交流。

5E 探究式项目流程

1. 参与引入

我们都知道，对蔬菜施肥可以提高蔬菜产量，但传统的土培技术对化肥的利用率不高，如氮肥的利用率只有 10% 左右，这不仅造成了资源的浪费，还会引起水体污染和各种病害。因此，在我国普及无土栽培技术的意义重大，能有效实现省工、节水、节肥的目的。那么，我们该如何进行无土栽培？如何运用无土栽培技术改善蔬菜种植中所需养料呢？

2. 自主探究

原理探究：

教师在阐述完现代农业现状后提问：你是否跃跃欲试呢？我们该如何探究所需养料的最佳配比呢？进一步引入探究问题：

（1）该如何对蔬菜进行无土栽培，其原理是什么呢？

（2）无土栽培都需要哪些养料，这些养料对植物的生长发育都有什么作用？

（3）我们如何设计实验去寻找到蔬菜所需养料的最佳配比？

教师通过这 3 个问题引导学生从无土栽培技术的基本原理出发，在自行了解探究的过程中，掌握其中涉及的科学知识，从而为接下来学生自行探究运用无土栽培技术改善蔬菜种植中所需养料打下基础。

技术探究：

教师继续进行引导：现在你已经对无土栽培的基本原理有了初步的认识，如果请你来设计如何运用无土栽培技术改善蔬菜种植中所需养料，你有好的想法吗？为了能够更好地进行探究，你需要考虑以下问题：

（1）根据无土栽培的原理，如何设计控制无机盐的浓度从而找到最佳浓度？

（2）我们通过观测哪些植物生长指标来表示蔬菜的产量？你可以结合所查资料以及你所学的生物和化学知识给出设计想法吗？

（3）在探究过程中需要哪些材料？

让学生初步设计探究方案，将方案用文字或者画图形式记录下来。

3. 解释交流

学生们在有了自己的方案后，以小组为单位进行展示，分享自己的方案，老师对学生的方案做出分析指导。学生们会头脑风暴地得出很多答案，在这里没有固定的标准答案，教师可根据实际情况灵活引导。老师引导的思路应与提出的问题相同。

在设计探究中发现原理

无土栽培蔬菜种植分为 3 个步骤：

①**催芽**：将种子放入常温的水中浸泡 3 ~ 6 小时。用一块湿纸巾或纱布将种子包住放在阴凉的地方存放，大概 2 ~ 3 天种子就会发芽。催芽为什么不需要无机盐？原理为种子自身储存着有机物，种子萌发不需要外界养料。

②**移植育苗棉**：为什么需要移植到育苗棉中？原理为萌发的种子需要大量的水分，也开始了光合作用，需要从外界吸收无机盐。育苗棉有很好的吸水和保水功能，既能保证幼苗充足的水分供给，又不会被淹死。

③**移植水培箱**：待菜苗长至 3 ~ 4 片叶子时，将幼苗夹在育苗海绵中，放入定植篮的底部移植到设备中。

无土栽培蔬菜所需无机盐常见配方

Hoagland 营养液配制方法				
	溶质	无机盐物质的量浓度	无机盐质量浓度	浓缩液物质称取重量
A	KNO_3	5mM	505.55mg·L^{-1}	50.555g
	$Ca(NO_3)_2·_4H_2O$	5mM	1180.75mg·L^{-1}	118.075g
B	$MgSO_4·_7H_2O$	2mM	492.94mg·L^{-1}	49.294g
	KH_2PO_4	1mM	136.09mg·L^{-1}	13.609g
C	H_3BO_3	0.045mM	27.82mg·L^{-1}	2.782g
	$MnCL_2·_4H_2O$	0.01mM	19.79mg·L^{-1}	1.979g
	$ZnSO_4·_7H_2O$	0.8μM	2.3mg·L^{-1}	0.230g
	$CuSO_4·_5H_2O$	0.3μM	0.75mg·L^{-1}	0.075g
	$Na_2Mo_{04}·_2H_2O$	0.4μM	0.97mg·L^{-1}	0.097g
铁盐溶液	$FeSO_4·_7H_2O$	0.02μM	55.61mg·L^{-1}	5.561g
	$EDTA-Na_2$	0.02μM	74.85mg·L^{-1}	7.485g

其中，氮磷钾所需量最多，因此是我们探究的主要营养成分。而它们三者对植物生长发育的影响，需要我们查阅和探究。

4. 精致完善

在经过教师对原理的讲解之后，让学生们设计具体的方案，形成工程项目书（见下表），让学生根据项目书进行探究实验。

工程项目书

项目名称：
进行时间：
小组成员及分工：
所需材料：
探究方案：
无机盐配置方案（怎样配置不同浓度的无机盐）：
实验结果观测指标方案（如何进行观测指标的测量）：
无土栽培装置布局设计方案（让蔬菜有味更有颜）：

学生们在制作过程中老师用引导的方式给予学生提示，不直接给出答案，从而更好地锻炼学生解决问题的能力。

学生在制作过程中，不断测试、改进、优化方案，直至获得满意的作品。

5. 展示评价

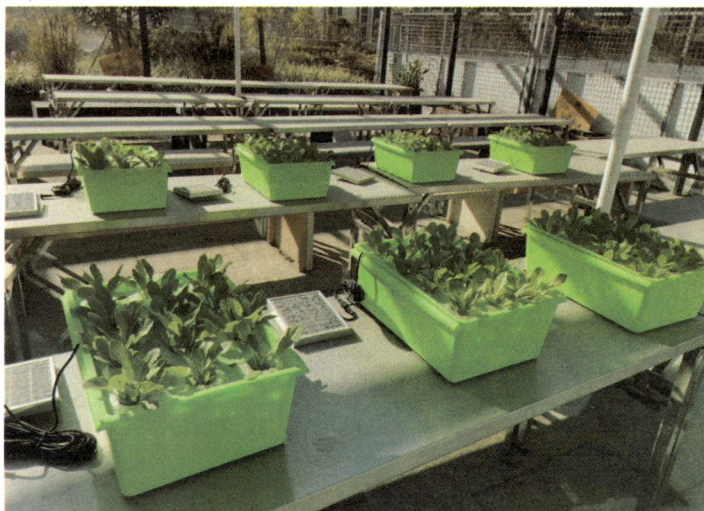

无土栽培植物

学生展示交流他们所探究的实验结果，即在不同营养液浓度下蔬菜的生长状况，分析实验结果产生的原因。在这个过程中学生讲述探究心得。

从下表中的几个方面对探究效果进行评价：

项目	自评	他评	教师评	总评
实验设计				
探究过程				
实际效果（结果是否有意义，对生产生活是否有影响）				
新颖之处				
外观样式				

进一步提升

1. 其他微量元素对蔬菜的生长发育有无明显影响？
2. 如何向人们推广无土栽培蔬菜的种植技术？

六、教学点评

通过本项目，学生运用到生物、化学、数学等多学科知识，掌握了无土栽培技术，培养了学生的动手能力。虽然学生在平时的学习中也学到了相关知识，但是在这里，学生可以利用所学知识解决相关问题，这样更能提升学生的能力。

利用百花园花酿酒

王思浩

一、项目背景

学校楼顶植物园，其中一园是百花园，百花园里面有各种各样的花，花是君子性灵，酒是天之美禄。用桃花和酒两者结合，缔造了桃花酿的经典，初入口淡雅幽香，再品则柔软惬意，口感软糯温柔，微甜却不腻人。在此项目中，以桃花为例，让学生们使用桃子、糯米、酒曲、桃花等原料，经过预处理，共同生物发酵，得到初品酒精饮料，通过过滤到成品，密封存储继续酿造。也可将粮食酒与桃花混合浸泡，待色素酯类等成分溶解后，添加糖类，制作桃花酿。

二、项目任务

根据传统方法，小组合作制作鲜花酒。

三、融合要素对接

类别	目标详解
学科原理	1. 化学：酒精的特性（化学九年级上册《酒精的性质》） 2. 物理：利用不同网格纱布进行过滤（物理八年级《重力》） 3. 生物：鲜花的营养成分和生理结构（生物八年级《花的结构和类型》）、酵母菌的生理循环和发酵机理（高中生物必修一探究专题，《酵母菌的呼吸方式》） 4. 历史：鲜花酒中的诗歌传说，酿酒历史
技术制作与技术知识	1. 化学实验基本操作：纱布过滤和酒精初步检验 2. 生物酿酒工艺：酒曲的使用，封藏的技巧
工程支持	不同原料的选择、鲜花酒制作步骤、传统酿酒产业链条
数学描述	所加原料的配比、酒精的滴定含量测定

四、课前准备

工具：陶瓷坛子、纱布、筷子、菜板、菜刀等。

原料：桃花、桂花、茉莉花、玫瑰花等鲜花，低浓度米酒、糯米、酒曲、桃子、苹果（也可添加一些中药材）。

根据学生需求进一步准备。

五、5E 教学过程

情境引入诗歌与影视剧中的神仙饮品——桃花酿→制取原理，营养成分等讲解→研究配比，调节口味，设计实验步骤→密封萃取，发酵酿造→成品交流分享，对中药材功效进行初步了解→交流与评价。

5E 探究式教学流程

1. 参与引入

设置场景：全国大热的《三生三世十里桃花》中，电视剧中的上神食少而精，细细品味桃花酿（介绍桃花酿的诗句与古代传说，介绍桃花酒的美颜功能）。

2. 自主探究

（1）查阅资料，初步确定步骤

图片展示古法制取桃花酿基本步骤：制酒—选料—泡制—封藏

引导学生进行探究：

①什么品种的桃花适合酿酒？

②如何选取最合适的配料比？图片展示桃花图片与成品酒，结合网络配方讨论。

③桃花的芳香和鲜艳的粉色如何进入酒中？

④泡制有什么注意事项？如何检验密封性？现场检验瓶子的密闭性。

通过讨论，每个小组先确定本组想要制作的鲜花酒，列出相应的原料和工具，并写出制作的流程。

（2）制得产品，品尝，互相打分

学生根据本组设计的步骤，初步尝试制作出鲜花酒，封存。发酵浸泡完成后，从色香味3个主要方面进行组间评价，并且进一步改善制作配方和工艺。

桃花酒封藏图

3. 解释交流

现象问题1：什么品种的桃花适合酿酒？

桃花中有害成分较少，基本所有品种均可制作桃花酒，为达到香气馥郁颜色鲜艳，最好选用新鲜桃花，即用即取。结合桃花花期，与光照条件首选清明节前后，花苞初开放不久，东南方向枝条上的新鲜桃花。

现象问题2：为何用盐水清洗桃花？

盐水相比于清水，浓度大，利用渗透压差，将桃花的微生物消灭，同时降低桃花含水量。

现象问题3：桃花的芳香和鲜艳的粉色如何进入酒中？

鲜花的芳香物质和天然色素大部分都属于酯类或酸类化合物，这类有机物，易溶于酒精，浸泡过程中，桃花酿就形成了独特的风味。

现象问题4：为何要加入糖，同时要层层叠放？

桃花本身是苦味儿的，需要甜味改善口感。同时糖类也是酵母菌发酵的原料，它们能将糖类转化为酒精。砂糖与桃花层层叠放，可以增大接触面积，均匀发酵，加快转化速度。

现象问题5：为何要进行封藏？封藏多久适宜？

发酵过程中，酵母菌需要无氧环境，一旦是有氧条件，将形成酸性物质，酒会变成"醋"。花果酒需要窖藏时间一般较短，一周后即可食用，三个月以上尤佳。

桃花味甘、辛，性微温，具有活血行瘀，润燥滑肠，祛斑美容之功效；桃花泡酒具有活血行瘀，润燥滑肠，祛斑美容的功能。亦可使用其他可食用花卉，也可添加中草药试剂增添功效、丰富口味。

教师讲解植物

制作桃花酒步骤

（1）将采集的桃花浸泡在淡盐水中清洗，洗净并浸泡一段时间之后，将桃花捞出去水沥干，备用。

（2）准备好制作桃花酒的器皿和材料（清酒、醪糟、白糖/冰糖更好），开始装瓶。

（3）先铺一点白糖，然后再将桃花一点一点放进瓶中（桃花极苦，加糖是必要的）。然后加酒直至淹没桃花；醪糟混合清酒、白糖，满满的都是散落的花瓣，非常漂亮。

（4）密封保存60天，漫长的等待终会换来意想不到的收获。花瓣在酒里浸泡，洗尽铅华变成了美味的佳酿。

桃花酒的作用与功效

桃花味甘、辛，性微温，有活血行瘀、润燥滑肠、祛斑美容之功效；桃花泡酒同样具有活血行瘀、润燥滑肠、祛斑美容的功能。

4. 精致完善

对自己的产品进行改进。

5. 展示评价

根据学生制作桃花酿的过程，教师组织对本探究项目做整体性评价（总分100 分），如下表所示。

项目分解	满分（分）	自评	他评	教师评	总评
原理知识积累	20				
食品卫生安全	20				
外观色泽	20				
香味和口味	20				
创意想法（加分项）	20				

六、教学点评

花魂酿就桃花酒，君识花香皆有缘。古人的浪漫情怀与对自然万物的喜爱缔造了桃花酿的传说。虽然神话传说遥不可及，但是享受自然的馈赠，感受生活的美好，是我们幸福感的来源之一。通过此次教学，不仅能了解到中华传统文化的诗歌文学与中医药功效，还能学到生物化学的相关知识，在制作后交流品尝也增进了同学之间的感情。

豆子的华丽转身——豆腐豆花的制作

王思浩

一、项目背景

关于豆腐的发明流传着很多版本，目前流传最广的当数八公山传说——淮南王刘安在求仙过程中发现了豆腐的制作。

从发明至今，豆腐从北方传播到南方，有水质的改变，也有豆类丰富的改变，豆腐的分支以及衍生品也越来越多，可选用的材料和配比都在不断地适应本地的环境以及当地人的口味。中国人品尝豆腐、享受豆腐，已经上千年的历史，可以说中国人的生活已经离不开这种特色食品。本项目将利用豆子的浸泡（生物的细胞吸水）、石磨的研磨（物理的摩擦力和压力）、纱布的除渣（化学的过滤）、卤水点豆腐（生物的蛋白质含量，化学的胶体凝聚）四个主要步骤，最后制得豆腐成品。再来品尝豆腐的美味，体会到劳动的快乐。通过制作豆腐，既能学习到我国古代劳动人民伟大的智慧，又能得到化学、生物、物理等知识的渗透。

二、项目任务

根据传统方法结合现代工艺，小组合作制作豆浆，进一步制作豆花或豆腐成品。

三、融合要素对接

类　别	目标详解
科学原理	1. 化学：石膏卤水制作豆腐原理（高中化学选修四之电解质完成胶体的凝聚） 2. 物理：利用石磨制作豆浆（物理八年级力学知识压力摩擦力），并且利用不同网格纱布进行过滤 3. 生物：介绍大豆的营养成分，生理结构（七年级生物《种子的萌发》） 4. 历史：讲解豆腐的发明以及演进史（七年级上册《大统一的汉朝》），传统文化中的手艺工具——石磨和木制托盆模具
技术制作与技术知识	化学实验基本操作：纱布过滤和胶体凝聚 物理工具的使用：石磨研磨豆浆和木制托盆模具定型 生物制作工艺：豆类浸泡吸水、霉菌发酵
工程支持	不同豆子的选择、豆腐制作步骤、豆类产品产业链条
数学描述	所加原料中豆子和水的配比、葡萄糖内酯等凝聚剂的计量
艺术体现	不同豆类的天然色素、豆腐的形状、豆皮的波纹

四、课前准备

工具：石磨、不同网格的纱布和木制托盆模具、奶锅、长筷子等。

原料：黄豆、矿泉水、石膏、盐类卤水、葡萄糖内酯等。

根据学生需求进一步准备。

五、5E 教学过程

情境引入豆腐的历史→制取原理等讲解→设计实验步骤→研究配比，调节口味→自制不同类型豆产品→成品交流分享，制作中华料理→交流与评价

5E 探究式教学流程

1. 参与引入

设置场景：大家都吃过豆腐，你知道豆子是如何变成豆腐的吗？

在古代社会，豆子难以烹饪，浪费燃料，口感粗糙，但是在发明豆腐后，中国人与大豆就变得难舍难分了（讲解豆腐的发明改进历史，以便获得灵感）。

2. 自主探究

（1）查阅资料，初步确定步骤

图片展示古法制取豆腐基本步骤：选豆—磨豆—熬煮—点豆腐—压制。

我们吃的豆子是如何变成豆浆的呢？如何选取最合适的豆子？图片展示黄豆的结构和营养成分表，根据成分分析，可选取不同豆产品制作。

豆浆是如何变成豆腐的呢？如何改变化学结构，配比合适的凝聚剂？学生对查阅到的"卤水点豆腐"原理与教师和其他小组分享，教师点评补充。展示目前的豆腐种类，展示凝聚过程，小组选取凝聚剂。

通过讨论，每个小组先确定本组想要制作的豆产品，列出相应的原料和工具，并写出制作的流程。

（2）制得产品，品尝，互相打分

学生根据本组设计的步骤，初步尝试制作出豆浆，再进一步制作豆腐豆皮等产品，各小组将初步尝试制作豆腐时观察到的现象与大家分享，并分析原因。从色香味 3 个主要方面进行，组间评价。教师引导学生观察现象，思考出现不同现象的原理。并且进一步改善制作配方和工艺。

3. 解释交流

现象问题 1：豆子磨制豆浆前为何要浸泡？

蛋白质和油脂吸水，利于研磨出豆浆。

现象问题 2：研磨过程中石磨是如何增大效率的？

利用上下磨盘粗糙表面增大摩擦力，利用省力杠杆原理制作推杆，磨盘本身采用天然石料，质量大、压力大，进而提升摩擦力。

现象问题 3：磨出的豆渣太多怎么办？

可以使用纱布过滤，过滤后的豆渣可添加适量水反复研磨，利用颗粒之间的摩擦，增大产率。

现象问题 4：豆浆为何会产生豆皮（腐竹皮）？

熬煮豆浆时，大量的油脂裹挟着蛋白质在表面聚集，逐渐形成一张膜，用筷子将其捞起就是豆皮，晾干后就是腐竹皮。

现象问题 5：豆浆为何凝聚形成豆花豆腐？

豆浆中含有大量蛋白质（36%～40%），蛋白质由成千上万的氨基酸分子构成，属于有机大分子，直径大，在分散系类别中属于胶体（一种介于溶液和悬浊液、乳浊液之间的混合物）。胶体在电解质（盐类物质属于常见电解质）的作用下，电荷吸引，发生凝聚。盐卤（氯化镁）点制的卤水豆腐，石膏（硫酸钙）点制石膏豆腐。近代的内酯豆腐则是将凝固剂改为葡萄糖酸内酯，制作的豆腐十分嫩滑，而且更加方便。

4. 精致完善

可以根据不同的原理制作出不同的豆类产品，除了最基本的豆浆制作豆腐之外，还可以制作豆皮、腐竹、豆干儿、臭豆腐等。同时也可以选择不同的原料，如黄豆、绿豆、红豆、黑豆进行搭配，调配出不同口味、不同质感的豆制品。

制作出的豆腐豆皮可以制作中华传统料理，同时制作出的豆花也可以制作出经典早餐。

可以将制作好的豆类产品与爸爸妈妈共同合作制作菜肴，增强亲子互动，加深亲子关系。

5. 展示评价

根据学生制作豆类产品并料理的整体过程，教师组织对本探究项目做整体性评价（总分 100 分），如下表所示。

项目分解	满分（分）	自评	他评	教师评	总评
原理知识积累	20				
食品卫生安全	20				
成品外观	20				
香味和口味	20				
创意想法（加分项）	10				
料理方式（加分项）	10				

六、教学点评

豆腐的制作由来已久，在我国经过多民族久远而广泛地传播之后，产生了各种各样的豆制品及其料理方法。如广东的客家酿豆腐就十分有名。粮食得来不易，精细加工更充分利用了其价值，不仅增加了新口感，整体上还会使大分子变小分子更容易吸收。通过以上制作过程，同学们不仅学到了物理、化学、生物三方面的科学原理，还对我国传统文化产生了直观的具体的了解。中国古代人民劳动的智慧、制造的方法以及对食品的精致理念，刻在了同学们的记忆中。中华文明斑斓精彩，作为一个中国人，只有全面了解我们的文化，并发自内心地热爱它，尊重它，才能更好地传播它。在项目过程中，学生小组合作亲自动手从磨豆浆到制作豆腐豆皮、定型，甚至制作料理，提高了学生的动手能力，掌握了科学原理，更丰富了他们对祖国、对家庭的情感。

制作中山中学校园八景微视频

唐华昱

一、项目背景

通过本项目，让学生自己动手设计中山中学校园八景微视频，学会发现身边美景，用文字描绘和记录下来，并且要求熟悉掌握录音录像设备、视频剪辑软件的使用方法，学做一名小导游、视频剪辑师。在项目过程中，注重培养学生的美感眼力，掌握多角度写景、动静结合、虚实结合等写景技巧的运用。视频拍摄过程、编辑过程对学生的动手操作能力、美学素养都有很大帮助和提升。本项目预计利用 4 课时完成。

二、项目任务

设计制作中山中学校园八景微视频，掌握微视频制作流程，学习写景作文技巧，视频剪接技巧，提高综合素养。

三、融合要素对接

类别	目标详解
学科原理	信息—视频录制、剪接、特效融合、字幕音乐添加、合并导出等基本操作，信息来源于广东省初级中学课本 B 版第二章第二节《视频的获取与加工》 语文—亲近自然，亲近生活，培养美感眼力。掌握写景作文的写作技巧，并学会应用到微视频解说词当中
技术制作与技术知识	1. 下载剪辑软件 2. 掌握写景作文的写作技巧 3. 掌握剪辑软件基本应用，学会剪接、特效、字幕、音乐、导出等技巧

类别	目标详解
教学目的	掌握剪辑软件使用方法与技巧，提升写景作文的写作
艺术设计	微视频的取景，色彩搭配，背景音乐的融合
阅读与写作	学生自行查阅写景作文技巧、摄像机使用、剪辑软件使用的相关书籍和资料，通过阅读资料，能够基本了解掌握相应的技巧和使用方法

四、课前准备

摄像机、录音工具、电脑、视频剪辑软件。

五、5E 教学过程

情景导入→任务布置，分工协作→中山中学八景观察、描写→学生组内各司其职，拍摄录制→微视频设计、制作→完善改进、微视频展示。

5E 探究式项目流程

1. 参与引入

教师播放一段游记微视频，引起学生兴趣。播放完毕后提问学生是否对微视频有一定的了解，生活中使用过哪些视频 App? 根据抖音、火山、优酷、爱奇艺视频等软件激发学生学习兴趣。分析当下微视频在生活中的热度，例如直播明星卖货、微视频介绍产品、微视频小品、唱歌、搞笑、猎奇等内容。最后给出主题，制作校园八景微视频，做中山中学小导游。学会如何使用摄像机，录音设备，剪辑软件，如何将视频制作得精又美，争取将自己制作的视频上传到网上，将中山中学的校园美景展示给大家，做一名坪山小网红。

【任务布置】

布置四节课时任务：(1)学生逛校园，观察熟悉校园八景的特点，用心去感受学校的一草一木。学习写景作文写作技巧，思考怎样写好一篇风景作文?(2)学生选取其中的一景，写下微视频解说词，并修改和完善。(3)拍摄视频，组内成员分工合作。(4)制作编辑视频(成员分工为：文稿编辑员、视频解说员、摄影摄像员、视频后期剪辑员)。

【学生组内分工】

教师规定每组4人，其中一名为组长，每名成员都有自己负责的区域和相应任务。

文稿编辑员：负责视频文稿编写和背景文字的审核。

摄影摄像员：负责录音录像工作，拍摄取景，录制视频解说。

视频解说员：小导游，负责出镜解说工作。

视频后期剪辑员：负责视频后期剪辑和处理。

分工时老师会给予一些指导意见，对学生擅长的领域提一些建议，让学生制作起来更加得心应手。

2. 自主探究

（1）中山中学校园八景观察，描写

教师带领学生观察校园八景，包括万世师表、少年养志、科幻创客、初心守望、君子五品、诗经绿廊、绿园意趣、退思志学。观察过程中，教师引导学生如何观察一处景色，怎样将细节描绘出来，如何运用到微视频的解说词当中，并做好记录。每组学生选择其中一个景撰写微视频文稿，老师修改并指导。

（2）写景作文技巧

①亲身经历，写出真感受。（老师带领学生参观校园八景，学生认真观察感受）

②抓住景物特点，详略得当，层次分明。

③写景的纵向描写与横向描写。

④写景中有人，写景中有事。（注意观察校园中发生的人和事，与景色融合起来）

⑤多用修辞手法，形象生动。（比喻、拟人、夸张、排比……）

3. 解释交流

【拍摄录制】

课前下发摄像机简易操作指南视频，学生提前自主学习。拍摄时教师现场指导演示学生如何拍摄录制视频，以其中一个景为例，教师演示如何使用操作摄像机、怎样设置视频清晰度、如何录制声音、如何回看视频、如何导出视频。

根据写好的文稿，摄影摄像员需要按照文稿的设计思路录制视频，视频解说员将文稿背诵之后出镜录制拍摄。

摄影摄像员要掌握视频拍摄取景技巧。比如：景物的虚实结合，录制角度最好选取黄金分割线，解说员要注意衣着打扮、与镜头的配合、解说的语音语调及语速快慢。录制的视频当场回看，是否满意，有需要则要录制两到三次。

【视频剪辑】（这一步重点教学）学生已经录制好视频，教师可以利用学生收集的素材制作一个微视频演示。教师指导学生安装视频剪辑软件，以其中一个视频为例进行剪辑教学：

（1）如何导入视频素材，根据摄像机型号，如果有存储卡，则需要准备读卡器、数据线。

（2）视频剪切，转场处理，如何截取我们需要的视频部分，两个段之间如何衔接自然。

（3）字幕处理，文字如何添加，如何修改大小，如何修改字样，怎样才能使添加的文字更加美观好看。

（4）声音的处理方法，增加音乐特效。

（5）保存项目，导出影片。

学生通过演示，实操训练，掌握剪辑软件的操作方法，老师实时提供帮助。学生将遇到的问题和解决方法记录到工程项目书中。

4. 精致完善

经过学习后，每组敲定设计具体的方案，形成工程项目书（见下表），让学生根据项目书进行校园八景微视频制作。

工程项目书
项目名称：
进行时间：
小组成员及分工：
所需材料工具：
微视频制作方案：
微视频文稿：
采用的摄像录音工具型号：
解说员的衣着打扮：
剪辑工具：
剪辑特效（添加了什么样的背景音乐，转场特效，字幕字体大小样式？）：
设计制作过程中遇到了什么困难，怎么解决的：

在制作过程中以学生为主教师为辅，对于制作过程中遇到困难的学生应鼓励他们通过查阅百度、书籍，靠自己解决问题，以更好地锻炼学生的自主动手能力。学生在制作过程中，不断改进优化视频，直至获得满意的作品。

5. 展示评价

微视频作品展示：每组展示自己制作的校园八景微视频，提议学生从视频的制作完整度、流畅度、文稿的质量、视频拍摄质量、解说员的解说质量、色彩搭配、视频特效等方面观看视频。教师观看完后给出相应的等级评价，各个小组给分，最终选出优秀的八景视频在学校电子班牌、微信公众平台展播。

从以下几个方面对微视频的制作效果进行评价：

班级：　　　　组别：　　　　组长：　　　　作品名称：

项目	自评	他评	教师评	总评
视频完整度、清晰度，拍摄质量				
文稿质量				
视频解说				
后期制作（特效音效字幕）				
内容精彩度				

六、阅读链接

写景的几个要素

第一步是观察：观察是写好作文的基础。对于写景作文来说，离开了细致准确的观察，是绝对写不好的。

第二步是抓住特征：写景物，要善于抓住在不同地区、不同季节、不同时间里的景物颜色、形态、声响、变化等方面的特征，不能生搬硬套。如冬天可以用白雪皑皑、银装素裹、瑞雪纷飞等形容词来形容，这样可以让你的作文更为生动。

第三步要层次分明：层次就是文章的内容顺序，即表达顺序。先写什么、后写什么，心里要有数。比如可以先写近景再写远景，最后可以寓情于景，达到升华主题的目的。

第四步要动静结合：所谓动静结合，就是指描写景色时，不仅要写出景色的静态，而且要写出景物的动态，使景色活起来，读者的印象更深刻。

第五步要抒发感情：任何景物都是客观存在的，但这种客观存在的景物却能给人不同的感受。我们写景要写自己热爱的景色，表达一定的主题思想，要表达出对自然的热爱，这就是借景抒情。

第六步要文辞优美：自然景色是美丽的、令人陶醉的。因此，我们在写景色时，一定要文辞优美、语气生动形象，恰当地运用一些修辞方法。比如用一些相关的诗句词语来形容，这样文章才会给读者以美的享受。

拍摄技巧

1. 注意构图技巧

首先我们在拍摄视频时要注意视频的构图，好的构图可以让你的视频提高好几个档次。注意画面的元素是不是自己需要的画面，研究整个画面的关系，拍出构图清晰且精致的视频。

常见的构图方法

直线构图： 充分展示景物的高大和深度。

水平构图： 传达宁静、舒适。

斜线构图： 表达失衡感。

三角构图： 以三个视觉景物为中心，形成稳定三角形对称构图使上下或者左右对称平衡。

2. 保证充足的光源

第二点是要保证有充足的光源。如果相机的 ISO 感光度不合适，容易造成视频的质量不佳，或者视频产生很多的噪点，这也是夜间拍照的时候会比较模糊的原因了。所以在拍摄的时候要在光源充足的地方，或者可以在旁边补光，或者开启手机的闪光灯等，尽量有充足的光源。

3. 画面保持稳定

在拍摄视频的时候，画面稳定是非常重要的，这样在后期剪辑的时候可以省很多的麻烦。保持画面稳定，自己在手持的时候尽量不要抖动。如果自己是个手抖的人，那么你可以试试使用三脚架等各种稳定器来做辅助。

4. 围绕主体拍摄

每当我们拍摄视频的时候，都要注意一下自己想要拍摄的主题，注意拍摄过程中围绕主题来拍摄。要有一个明确的点，这样拍出来的视频才有连贯性。

5. 多角度拍摄

因为我们可能觉得自己平时拍摄的视频比较平淡，没有什么亮点，但有时候我们可以变换多种角度来拍摄，例如仰拍、俯拍、蹲着拍等，不同的角度会让视频的感觉瞬间与众不同哦！

七、教学点评

本项目主要是针对如何制作微视频而设计的融合课，因为信息课本广东省初级中学课本 B 版第二章第二节《视频的获取与加工》内容比较单调，所以我们将其和语文学科融合起来。第一节课带领学生上一节实际观察课，激发学生学习兴趣，在欣赏学校美景的同时又可以更深入地了解学校，并且更贴合实际学习如何描写一处风景，如何撰写微视频文稿。在学生参与视频设计制作的过程中，可以学习生活中实用的拍摄技巧，让学生当一回真正的主播，视频的剪辑制作更加结合了美学，在视频图像、音乐设计搭配中充分提高了学生的综合素养及动手能力。

环保主题微视频制作

牛翠贤

一、项目背景

全球气温上升会直接或间接给地球上很多物种（包括人类）带来生存危机。温室效应是一个复杂的生态问题，目前可知的是人类的生活生产活动加剧了升温的速度。了解自然，保护环境，延缓地球升温的速度，对我们每个人都很重要。短视频是一种高效、直观、感染力强的传播信息载体，在移动终端越来越普及的情况下，成为人们获取信息、分享观点的重要工具。

本项目采用项目式教学，基于准确的课前学生知识起点调查，以"走进自然，爱护环境"微视频制作为主题，从认识自然、宣传环保出发，融合信息、生物学科，设计项目方案。让学生在项目完成过程中，增强对大自然的情感，了解全球升温的原因和后果，提升保护环境的意识，建立信息技术知识与现实的联系，体验并掌握制作微视频的过程与能力。

二、教材分析与学情分析

教材内容选择粤教版信息技术八年级上第二章《声音、视频的获取与加工》，内容包括声音、视频的获取、格式与编辑，学生需达成根据需要制作视频的目标。

　　学生是八年级学生。通过课前对部分学生的访谈和问卷了解学生知识起点，大部分学生对制作视频并不陌生（图1），日常生活中也经常使用手机、电脑观看视频，对视频制作有较大兴趣。59.52%的学生曾经制作过短视频，使用最多的视频拍摄和剪辑工具为手机（56%）、爱剪辑等（54%电脑端）、抖音（54%手机端）等，剪辑工具多为手机端的小视频制作App（如快手、剪映、VUE、猫饼等，见图2）。

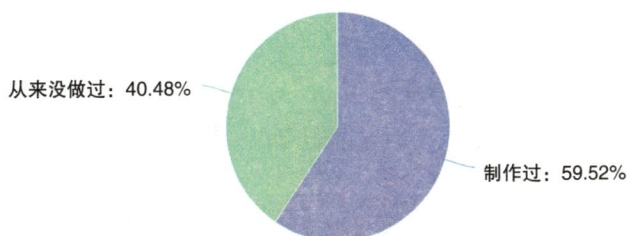

图1　学生制作视频经验

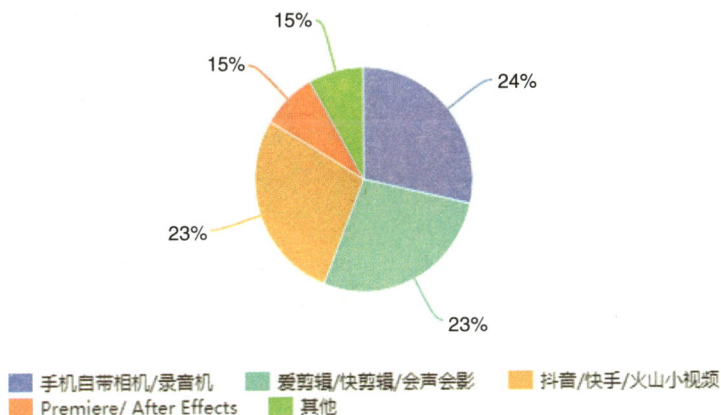

图2　视频制作工具

　　从访谈和问卷调查结果可知，学生对视频制作已经有部分了解（图3），但是对于声音处理部分，大多依赖在网络下载的音乐或者随拍获取的声音，没有专门进行配音或者对声音进行剪辑处理，学生希望在课程中学习较为专业的音频和视频处理（图4）。视频处理软件依赖简单易操作的手机App，没有经过系统的设计与加工。在视频制作之前几乎没有进行系统完整的拍摄构思，即脚本设计，随机拍摄较多。因此，项目设置中需考虑这些学情，既注重学生声音、视频的获取与加工技能，也要培养学生从整体设计视频的思维与能力。

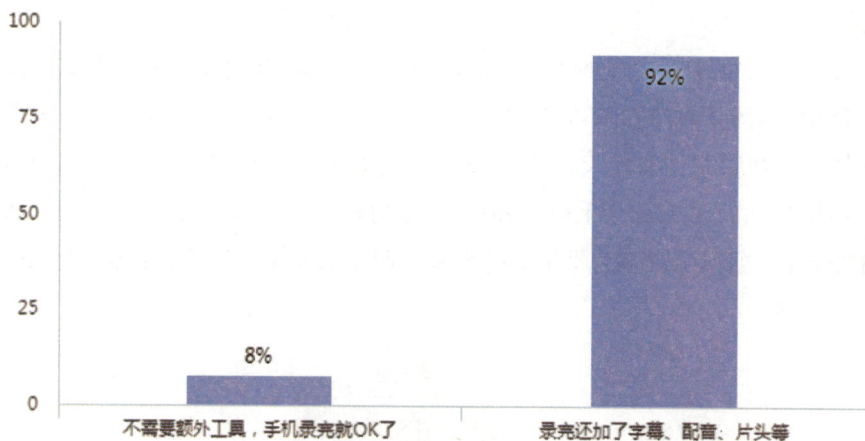

图 3　视频制作元素

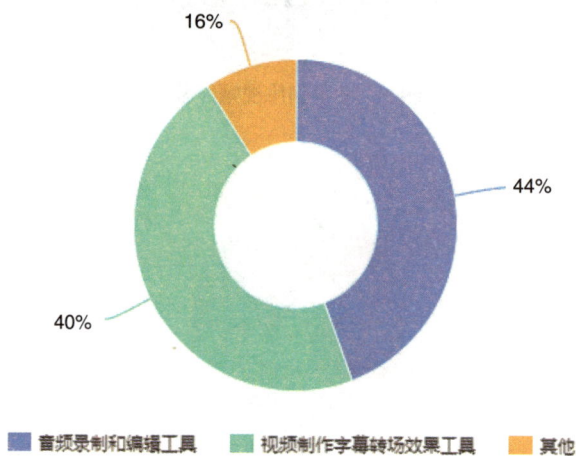

图 4　学生所需技术支持

三、解决问题

　　能对声音、视频进行剪辑处理，制作与认识自然、环保相关的微视频。

四、项目融合要素对接

类别	目标详解
生物	七年级下册 第七章《人类活动对生物圈的影响》 了解人类工业活动对温室效应的影响，形成保护环境的紧迫意识，知道日常环保方法

续表

类别	目标详解
信息技术	八年级上册 第二章 声音、视频的获取与加工 掌握音频获取方法，学会使用音频编辑软件对音频进行剪接、降噪、变调、混音处理 掌握视频获取方法，学会使用视频编辑软件对视频进行剪接、转场、标题处理
艺术创作	构思主题和情节，创作视频制作脚本

五、课前准备

Adobe Audition 3.0、快剪辑、学习指导单、微课、视频素材、CD 光盘、手机。

六、教学过程

根据具体项目要求，并借鉴 5E 教学策略，将项目阶段划分成以下部分：

情境导入→项目目标与方案初步设计→项目分解与技能获取→项目确定与实施过程→成果分享与评价→拓展阅读。

（一）情境导入

用图片和视频相结合的形式，直观呈现环境的变化和其对人类、生物带来的生存危机，帮助学生感受气温上升与人类的关系，引发学生对自然环境的关注，提升环保意识。

师：展示 PPT 图片，全球升温后，冰雪融化对南极、北极动物生存的影响。

询问学生：地球气温升高是否只对某些动物有影响，对人类有影响吗？

生：思考并回答。

师：播放"全球气温升高会怎么样"动画讲解，让学生了解气温上升可能引发战争，导致人类生存危机。

提出问题：面对这些可以预见的后果，你们可以做些什么？

生：思考并回答。

（二）项目目标与方案初设

帮助学生思考信息技术在处理生活问题中的作用，建立知识与现实的联系；提示学生从自身生活经验和体会出发，感受视频在传播方面的优点，引发学生学习动机；学生在思考方案的过程中，再次明确自己在技术操作上需要的支持。

师：总结学生列举出来的建议，提问学生从信息技术出发，怎样把你的想法分享给别人？

生：思考并回答。

师： 你可以把你的想法做成海报，或者做成 PPT，还有做成视频，比如以刚才展示的图片和视频为例，你认为在宣传便捷度和效果上，哪种形式更好？

生： 思考并回答。

总结： 在传播速度、内容呈现形式上，视频具有绝对优势。

师： 提问学生是否愿意将你对环境保护的认识通过视频的方式分享给其他人，带动更多的人参与到认识大自然、保护环境的队伍中？

生： 思考并回答。

师： 说明本章项目目标：制作与自然、环保相关的微视频。

生： 明确项目目标。

（三）项目任务分解与技能获取

教师初步了解学生项目方案，并为学生准备基础技能获取支持。学生将项目分解成多个小任务，根据教师发放的《音频的获取与加工》学习任务指导单，及讲解和资料包，获取音频、视频与剪辑技能。

1. 微视频包含元素

师： 播放多种类别短视频（新闻、美食类纪录片、搞笑电影片段），提出问题：(1)这些视频包含哪些元素？(2)你制作的短视频预计包含哪些元素？(3)你应该掌握哪些技能？(4)你需要担当哪些角色？

生： 思考并回答。

2. 声音的获取与加工

教师根据学生知识起点，对重难点进行强调、讲解，为学生项目技术支持。

教师演示、推送声音获取与加工视频微课。

师： 询问"你见过的视频中声音常常包含哪些"？

生： 思考并回答。

师： 视频中的声音一般包括解说词、背景音乐，还有一些特效声。还有一些在制作精良的视频中很少听到，但在自己录制的视频中经常听到的"沙沙"的声音，这就是"噪音"。

师： 询问学生：(1)哪些声音是你想要得到的，哪些是你不想要的？(2)可以通过哪些方式获取你想要的声音？并为学生提供道具。

生： 回答并演示。

师： 声音的获取可以通过直接录制（比如录音笔、手机和电脑自带的录音功能，还有一些专业的录音软件），从网络下载和 CD 提取。

师：推荐网络音频获取方式网站资源。如果没有单独的音频，只能从视频中提取音频，推荐使用"格式工厂"转换格式，提取音频。

生：使用录音软件，尝试对一个动画进行配音。

师：展示部分学生录制好的音频，与学生一起发现音频需要哪些处理。

师：你们录制的音频与你曾经听到的优质视频中的声音相比，有哪些不一样？

生：学生思考并回答。有杂音，有短点，偶尔有发音不清晰、不流畅等情况。

师："怎样除去或者降低录制好的音频中的噪音，提高声音清晰度？""怎么把录制好的两段话拼接或者叠加在一起？或者删除你说错的语音？"这个过程需要利用专业音频剪辑软件进行降噪和剪辑操作。推荐使用 Adobe Audition 软件进行操作。教师演示步骤，推荐学生练习素材（如《猫和老鼠》无声片段），并推送微课资源。

生：学生练习，并加工配音。

3. 视频的获取与加工

教师演示重难点，发给学生《视频的获取与加工》学习指导单和微课资源。学生获得视频，获取加工技能。

师：提问有哪些方法获得视频画面？

生：根据经验，回答。

师：推荐学生一些拍摄技巧资料。

师：询问："你认为，除了相机直接拍摄出来的画面，视频还需要做什么处理？"

生：思考并回答。

师：从我们的拍摄经验可以知道，很少会有一次按下开始拍摄键就可以拍摄完整视频，要拍摄多个片段拼接在一起；标题和字幕可以帮助观众理解内容；合适的转场效果会让多个片段之间情感连接更加通畅自然。片头和片尾会让你的视频看起来完整又专业。教师演示使用快剪辑软件剪接视频片段，添加片头、片尾、转场、声音、标题、字幕操作过程。推荐学生练习素材和微课资源。

生：实际练习。

(四) 项目确定与实施过程

学生在获取基本技能后，修改完善原项目设计，再次精细化处理项目过程，制作项目设计书，实施，并记录过程。

表1 项目设计书

项目名称：		
进行时间：		
小组成员及分工：		

角色	任务	人员
编剧	脚本设计	
摄像师	视频拍摄	
音频处理师	声音处理	
后期剪辑	视频剪辑	
视频推广大使	分享展示	
组长		

制作设备说明（硬件和软件）：

视频脚本设计：

镜头编号	画面	声音	字幕	备注

经验反思：

（五）展示与评价

学生展示、介绍视频，并对制作过程中遇到的问题和心得进行分享，完成自评与互评。

表2 作品评价单

组别：　　　成员：

评价项目	满分（分）	自评	互评	教师评价	总评
分工明确	10				
结构完整，主题明确	20				
画面清晰，稳定	10				
声音清晰	10				
片头、片尾、标题说明	10				
解说、字幕说明	10				
转场效果适宜	10				
声音、画面美感	10				
创意	10				

（六）拓展

对于摄影来说，构图是表现作品内容的重要因素，它是确定并组织元素以产生和谐照片的过程。学习构图就像是学习一门语言，一旦你学会一门语言，它便成了你下意识的一种行为，这种行为会助你创造出更出色的画面。

1. 三分法

图 5　三分法构图

三分法构图应该是最常见、最基本的构图方法。这个构图方法是用 4 条直线，将画面分割成 9 个相等的方格，主体位于三分点、三分线上。这种构图表现鲜明、画面简练，常用语风景、人物等。

2. 正中构图法

图 6　正中法构图

正中构图法是拍摄建筑时常用的构图方式，是日常使用最多的方法。即简单地将我们的拍摄主体放在画面正中心的位置。

3.对称式构图

图7　对称式构图

对称式构图具有平衡、稳定、相呼应的特点，常用于表现对称的物体、建筑、特殊风格的物体。如图 7，以水面为对称线，水上的钟楼与水中倒影相对应，画面构图和谐对称，富有美感。

欲了解更多的摄影构图技巧，推荐阅读以下网址：

http：//www.360doc.com/content/15/1004/08/2842202_503158924.shtml

https：//baijiahao.baidu.com/s?id=1617215613491694827

https：//www.sohu.com/a/290491260_99903952

在实际的拍摄中，通常会同时运用多种构图方法，才能得到最适合画面。

《音频的获取与加工》学习任务指导单

班级　　　　姓名

一、我能为保护环境做些什么？

1. 温室效应的原因与影响。

2. 我能为此做些什么？

二、音频的获取方式（知而后可为）

1. 制作一个完整的微视频，需要做哪些工作？

2. 获取音频的方式

方法一：

方法二：

方法三：

方法四：

三、录音初体验

1. 录制音频（完成请打√）

任务一（必做）	观看老师推送的 6 个视频片段，感受不同主题中配音风格的差异（6）	
任务二（必做）	使用"Adobe Audition 3.0"为"猫和老鼠"片段录制配音（6min）	
任务三（选做）	探索使用"Adobe Audition 3.0"版本，对声音进行混合、降噪、变声等处理	

2. 你认为你的配音还需要哪些处理？

四、音频剪刀手

任务一	降噪	
任务二	多段音频拼接	
任务三	混音，将各个音频调节到合适的音量	
任务四	配音变调	

提示：如遇到提示音频格式不支持，建议使用"格式工厂"转化格式

《视频的获取与加工》学习任务指导单

班级　　　　　姓名

一、视频的获取方式		
方法一：		
方法二：		
方法三：		
二、分享你的拍摄技巧		
三、视频剪刀手		
任务一	添加配音	
任务二	添加片头、片尾、字幕	
任务三	选择添加转场	
任务四	配音变调	
提示：如遇到视频格式不支持、无法编辑的情况，请使用"格式工厂"转换格式		

校园植物群落布局

任亚楠

一、设计背景

不同的微环境下会形成不同的植物群落，这些植物群落之间呈现一种高低错落、疏密有致的形态。在自然界中大多数植物群落都是自然衍生进化的结果，而校园这一具有人文意义的微环境下植物群落的分布又是怎样的呢？在进行校园植物群落布局的时候又应如何做到浑然天成呢？

二、解决问题

如何探究校园植物群落布局？

三、融合要素对接

类别	目标详解
科学原理	生物：1.植物的种类；2.不同植物生长所需要的条件；3.植物的基本结构 地理：1.植物群落的种类；2.植物群落的层次
技术制作与技术知识	在进行校园植物布局时，需用到一些基本的作图软件，比如学生经常用到的 Inkscape
工程支持	进行校园植物的实地调查测量
数学描述	1.测量植物的围度、高度 2.绘图计算
艺术体现	园林美学原理

四、课前准备

1.调查统计表格；

2.相关测量工具及绘图工具（测高器、皮尺、围尺、彩铅等）；

3.电脑及绘图软件的准备；

4.其他课时在进行时所需要用到的工具。

五、5E 教学过程

场景导入→收集资料、自主探究→形成草图→方案改进→软件制图→展示交流→PK 成果。

5E 探究式教学流程

1. 参与引入

其实每个学校都有自己的校园特色，而校园特色的装点又少不了植物这一重要角色。因此，教师在本环节可以进行情境教学，将学生带入实地，带领学生参观校园植物，在参观的过程中进行课题导入，并提问：你们了解植物吗？比如植物的种类、基本习性、生活环境等。我们的校园又有哪些植物呢？这些植物之间是如何布局与共生的？

2. 自主探究

在本环节教师指导学生围绕本课的主要问题，即"如何进行校园植物群落的布局"进行自主探究。要进行校园植物群落的布局，需要考虑下列可查因素：校园植物的种类、校园植物的特点、校园植物的生活环境、校园植物与楼层建筑的配置关系。

学生可自由组成 4 人探究小组，并查阅以上相关资料，结合上述资料对本校所有植物进行实地考察，制作统计表格。进而结合统计表格进行实地校园植物群落的规划设计，画草图。

3. 解释交流

学生在本轮环节需和自己本组成员将自己的设计草图与其他学生分享，并说明如此设计的原因，在这个过程中其他同学也可以对这组的设计方案提出疑问、反驳、补充及完善，小组将这些意见进行认真考量。同时，教师可以对学生的讲解进行补充完善，并提供一些专业性的解释：

（1）植物群落

所谓植物群落，并不单单是一个简单的植物群集或组合，而且是各种植物在长久的生存环境中形成的一种适合当下条件的一种和谐关系，这种和谐关系是考虑到多方因素组合的结果。因此，在具体的群落布局时要考察一些与此相关联的重要因素。

（2）植物造景

由于本次学生需要进行校园植物群落的设计，所以需要考虑到园林造景艺术，真正做到人文与自然的和谐统一。

4. 精致完善

学生根据老师的讲解进一步改善初步设想，并思考在自己的初步成果中有哪些因素需要完善，进行再精细。同时，将本组规划用Inkscape软件绘制，可别忘了地图绘制的三要素，尽量做到精细精确。

5. 展示评价

学生展示交流他们所做的植物群落规划，并最终进行小组PK投票，选出最佳方案。

校园植物群

项目	自评	他评	教师评	总评
设计草图				
软件绘图				
创意想法				
是否解决问题				

六、教学点评

本项目利用到了学生初中生物学"植株的生长"这一章节的知识，让学生通过学习到的知识或者通过本项目学习知识都是很好的方式。本项目取材新颖，很能吸引学生的兴趣，激发学生的探究精神，让学生在学中做、做中学。无土栽培虽然不是很普遍，但确是未来社会农业发展的趋势。学生通过自我探究得到知识，更能提升他们的成就感。学生通过自己设计、探究，在其中涉及很多技术和科学原理。学生在制作的过程中肯定会遇到很多问题，他们在遇到问题寻找方法解决的过程中能够提升解决问题的能力，培养思维的活跃性与创新性。

本节内容的难度中等，有一定的知识基础就可以实施，但是学生能够真正更加严谨、科学地进行探究可能还是存在难度，必要时老师可以提供参考意见，但尽量让学生自己解决问题。

模拟 Google earth 用 123D 进行校园地图绘制

任亚楠

一、设计背景

地图是地理学当中的第二语言，地图的解读对于地理的学习尤为重要。不管是进行世界地理、区域地理还是国家地理的学习，地图都是地理学习和研究的一个重要组成部分。当你学会看地图、绘制地图、分析地图，那么你对于地理的认知就会从感性上升到一个理性认知的高度，进而提升自身的综合认知能力。

学生作为学习的主体，其大部分时空学习是在校园这个微空间内完成的，所以对于校园的知悉就成了其地理空间学习的一个重要组成部分。对校园地图的绘制也自然而然地成了其地理学习的一个重要基石。

二、解决问题

模拟 Google earth 利用 123D 进行校园地图绘制。

三、融合要素对接

类别	目标详解
科学原理	地理：1.Google earth 原理介绍；2. 地图绘制方法 计算机：123D 软件的操作
技术制作与技术知识	Google earth 原理 123D 软件操作
数学描述	1. 校园立体空间数据测量 2. 比例尺的计算

四、课前准备

1. 测量工具（卷尺等）；

2. Google earth 软件准备；

3.123D 软件准备。

五、5E 教学过程

Google earth 引入→校园实地测量→初步形成设计草图→ 123D 软件介绍→软件绘制图→完善改进→设计图展示交流。

5E 探究式教学流程

1. 参与引入

教师展示 Google earth 地图，呈现其基本功能，交流此技术地图的优点，教师趁势提问：能否模拟 Google earth 绘制一幅 3D 校园地图？

2. 自主探究

让学生思考绘制一幅校园 3D 地图需要具备哪些条件？指导学生进行自主探究：

（1）怎样利用 Google earth 地图进行校园区域的测量和绘制。

（2）3D 测量中的建筑高度问题如何解决。

（3）将测量数据进行统计汇总，将设计草图绘制出来。

3. 解释交流

教师让学生们将自己设计的方案以小组的形式进行展示，教师根据学生的展示，向学生阐明在进行地图绘制时需要注意的事项：

（1）地图绘制三要素

一幅基本的地图必须具备三要素，即方向、比例尺、图例或注记，缺一不可。方向必须清楚标注出指北向，便于实时定位和找寻；比例尺也是非常重要的一个组成部分，我们在进行实际地图绘制的过程中，不可能将实物按照原比例呈现在纸上，所以就必须将所需要绘制的物体进行等比例尺的缩小，以保证物体的全面性，比例尺的确定要适中，不可过大亦不可过小，否则都不能很好地呈现实物；图例和注记是用来对地图当中部分不能清晰标明的物体进行标注，便于物体的辨认。

（2）Google earth

谷歌地图是目前比较先进以及应用比较广泛的一个虚拟地球软件，解决了人们与时空之间的局限，其功能可以说十分强大。通过这个地图，人们可以浏览全世界各地的高清晰卫星图片，查看来自世界各地的建筑物、地形图像等，让人们享受一场真正的视觉盛宴。

（3）123D

123D 软件是一款适合于学生进行图形设计的基础制作软件，学生可以利用这一软件进行一些基本的 3D 图形的绘制，也可以将自己数码拍摄的照片插入进行处理，效果形象逼真。

4. 精致完善

手绘校园地图

学生根据老师的技术讲解进一步将所绘草图进行地图基础完善，完善草图之后用 123D 软件进行小组合作校园 3D 图设计，在设计过程中成员之间要相互帮助，共同精心地完善作品。

5. 展示评价

学生展示交流他们所做的 3D 校园模型，并可以请一些专业的校园教师来对他们的作品进行评价。

项目	自评	他评	教师评	总评
设计草图				
3D 设计图				
与实际贴合度				
创意想法				
是否解决问题				

六、教学点评

本节课将地理学中地图的绘制应用与计算机当中的 123D 软件进行有机结

合，并且运用到了新兴技术，让学生通过基本的地图绘制不仅加深了对校园的进一步了解，同时学会了 3D 绘图技巧，将所学内容转化为实际操作，提高了学生们的动手操作能力和地理实践力，提升了学生们的综合思维能力。

楼顶温室制作

易　珊

一、设计背景

如今越来越多校园的楼顶都有了楼顶绿化，有的楼顶甚至种植了蔬菜供给学校食堂使用，但是楼顶的环境一年四季都适合植物的种植吗？有的地区在冬季气温很低，不适合大部分植物的生长，那么我们就需要为这些植物制造温室，创造适合植物生长的环境条件。

二、解决问题

怎样建造一个校园楼顶温室，能让植物在四季都能生长呢？

三、融合要素对接

类别	目标详解
科学原理	生物：1. 温室的特点与作用；2. 不同植物生长所需要的必须条件，水、温度、空气（人教版七年级生物上册第三单元第二章《被子植物的一生》）；3. 植物的基本结构（人教版七年级生物上册第三单元第二章《被子植物的一生》） 地理：温室中的气体如何循环（人教版七年级地理上册第三章第三节《降水和降水的分布》）
技术制作与技术知识	在打造温室时需要选择哪些材料、工具以及其工艺流程，通过学会使用 3D 打印技术建造与温室相关的部分
工程支持	设计并测试温室的运行效果，考虑怎样保证植物能在其中存活，怎样保证温室体内的气体能够循环通畅
数学描述	1. 通过计算对物体的数学估测描述 2. 长度的测量、计算与表示

四、课前准备

竹扦、塑料膜、剪刀、美工胶、植物、直尺或卷尺、泥土、铝箔、沙子等，根据学生需求进一步准备。

五、5E 教学过程

情境引入→初步形成设计图→温室知识、植物生长知识、气体循环知识讲解→方案改进→温室模型搭建→完善改进→模型成品展示交流。

5E 探究式教学流程

1. 参与引入

教师利用楼顶植物园引入，询问学生是否一年四季都能吃到蔬菜。植物的生长需要合适的条件，其中一点就是适宜的温度，而自然的气温有时并不能满足植物的生长需要，因此我们必须给植物建造特殊的环境，让它们更好地生长。

有条件的地方，教师带领学生实地考察，让学生了解温室是如何建造的。或者让学生们上网查找温室建造的资料。让学生们思考以下问题：①温室提供了哪些条件保证植物的生长？②温室的建造有哪些特点，需要哪些系统的支撑？

2. 自主探究

指导学生进行自主探究：

（1）调查学校的植物，需要对哪些植物进行温室种植。

（2）教师选取其中一些植物带学生学习其四大器官结构和功能，研究每个部位与所需环境条件的关系。

（3）学生根据实地考察和查询到的资料，以小组为单位进行温室的初步设计，将设计草图绘画出来。

（4）学生根据绘制的设计图，寻找合适的材料，先初步打造温室模型。

3. 解释交流

教师让学生们将自己设计的方案以小组的形式进行展示，教师根据学生的展示，向学生解释一个稳定的生态系统的组成必需含有生物部分与非生物部分，让学生们说明在我们所设计的温室中哪些是生物部分哪些是非生物部分，教师对学生的回答做出补充与总结：生物部分包括了所种植的植物、土壤中的微生物、土壤中可能存在的昆虫和蚯蚓等；非生物部分包括水、温度、湿度、空气、阳光、土壤等。对于非生物部分的把控正是在设计温室时需要考虑到的控制条件。

（1）温室结构的选择与建造（放穹顶结构的图片）

教师向学生介绍一种常用的温室结构——穹顶结构，该结构用途广泛且实用性高，指导学生利用木棍与3D打印技术建造该结构，并向学生介绍该结构的原理是利用三角形是最稳定的结构。

（2）温室中温度条件的保证

温室的最大作用就是不论外界的环境多么严寒，室内温度都可以得到保证。向学生介绍温室的其中一种——日光温室大棚。此大棚只靠阳光来维持室内温度，日光温室的保温结构主要包括保温围护结构和可活动的保温被。为了方便日出时收起、日落时放下，通常前坡面使用柔软性的保温材料。日光温室保温的三要素是围护墙体、后屋面和前屋面。前屋面是全部采光面，采光时前屋面只覆盖塑料膜，当光照减弱时就要及时将活动的保温被放下来持续保持室内温度。

（3）温室气体循环的保证

在温室中存在着气体循环，植物通过根吸收土壤中的水，再通过蒸腾作用将植物体内的水蒸发到大气中，水蒸气冷凝又会形成新的水。

为改善温室大棚内环境，让温室内空气保持流动这就需要一个风机来使空气循环流动。技术方案是本发明的高效温室大棚温度循环控制系统，包括一台冷热空气循环分布机。冷热空气循环分布机出气端连接一可调式地面送风管，在所述的可调式地面送风管上分布有若干排风口，冷热空气循环分布机吹出的冷气或者热气通过排风口排出。

4. 精致完善

学生根据老师的讲解进一步改善初步设想，并思考在制作这样的温室需要哪些材料，怎样选择材料才能更节省成本。教师向学生提供自行选择的材料之后，学生根据设计图开始制作模型温室，教师规定模型的大小为 1 立方米，学生根据测量选材制作温室模型，并在此过程中不断改进，最终得到作品。

5. 展示评价

学生展示交流他们所做的温室模型，有环境条件的地方，让学生将温室放在室外，里面放上植物，看植物能否正常生长。

项目	自评	他评	教师评	总评
设计草图				
外观制作				
内部结构				
创意想法				
是否解决问题				

六、教学点评

本节课将生物中温室的原理、植物的生长与地理大气的循环知识联系起来，通过一个个小实验让学生了解其背景知识，加深学生对知识的理解运用。接着通过老师介绍温室的外部结构，能指导学生解决工程制作上的难题，帮助学生形成工程理念，更好地思考解决问题的方案。学生在初步得出设计方案之后，再在老师的指导下进行修整改进、完善方案，根据方案进行制作，在制作过程中再进一步调整，使作品更符合设计制作者的想法，形成更加成功的产品。本节课涉及的知识点内容较多，需要学生的动手操作能力较强，能提升学生多方面能力。

楼顶植物需水监测仪的制作

易　珊

一、设计背景

我们观察到校园的楼顶有了美丽的楼顶植物园，在老师和学校园丁的培育下，植物园中的植物生机盎然。但我们也发现，园丁们在每次为植物浇水时总是拿着水管朝着整个植物园喷水，有时候水都流出了菜畦、花园漫到了道路上；还有一些植物已经没有了生机，萎蔫衰败，叶片发黄。在这个项目中，让学生自己制作一款需水监测仪，对土壤湿度进行实时监测，在有需要的时候进行浇水。

二、解决问题

怎样制作一款适用于楼顶植物需水监测仪？

三、融合要素对接

类别	目标详解
科学原理	生物方面：1.掌握不同植物属于什么样需水类型的植物（人教版七年级生物上册第三单元《生物圈中的绿色植物》） 2.在进行探究实验时，设置对照实验 3.信息技术：掌握基本的编程语句，能够用湿度传感器测量土壤湿度值
技术制作与技术知识	学生需要通过自主探究，设计对照实验，找到植物最佳需水量
工程支持	设计并测试监测仪的运行效果
数学描述	将所得数据收集起来，进行表格处理

四、课前准备

楼顶植物园、Arduino 扩展板、湿度传感器。

五、5E 教学过程

情境引入→资料查询→小组分工合作→设计监测仪→制作监测仪→初步测试，对监测仪进行改进→设计测定实验计划→监测并记录数据→汇总分析→得出实验报告。

5E 探究式教学流程

1. 参与引入

教师利用楼顶植物园引入：上个学期我们观察到校园的楼顶有了美丽的楼顶植物园。但我们也发现，园丁叔叔们在每次为植物浇水时总是拿着水管朝着整个植物园喷水，有时候水都流出了菜畦、花园漫到了道路上；还有一些植物已经没有了生机，萎蔫衰败，叶片发黄。**我们不禁思考：**植物真的需要如此多的水吗？一味地漫灌难道不是对水资源的浪费吗？有什么方式可以节省因给植物浇水导致的浪费呢？于是，我们就组织了这个课题，希望在探究的过程中能将这些问题解决。

2. 自主探究

指导学生进行自主探究

我们在 STREAM 课上学习到了怎样利用Arduino软件进行编程，以及Arduino中扩展板和其他配件的组装使用。如何将所学知识运用到解决实际问题中，因此我们在整个研究过程中需要考虑如下问题：

（1）在制作检测仪的过程当中，我们需要用到哪些基本知识，包括植物生理知识、技术知识？

（2）探究不同楼顶植物的最佳给水量。

（3）在制作前，我们需要哪些实验工具？

（4）探究土壤湿度随着季节变换而发生的改变。

（5）对于数据结果我们应该怎样处理？

3. 解释交流

教师让学生们将自己设计的方案以小组的形式进行展示，学生在展示过程中教师对难以解决的问题进行指导。

（1）监测仪的制作

利用在 STREAM 课程中学到制作智能盒子的方式，智能盒子的制作是利用到 Arduino 软件、多种传感器，进行一个相当于简易机器人的组装，通过所组装的智能盒子可以和外界的环境进行互动。

在本课题中，我们将利用到 Arduino 扩展板、湿度传感器来制作一个植物需水监测仪。它通过温度传感器监测土壤湿度，将湿度数据传到电脑，可以实时监

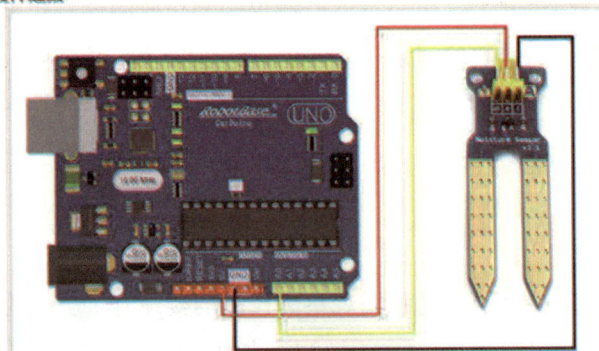

主控板与传感器的连接

测土壤湿度。

按照如图所示的方式将扩展板与湿度传感器连接起来，再将扩展板与电脑连接起来，将湿度传感器插入到植物中。

打开 Arduino 程序界面，输入程序代码，并运行。由于我们只是监测土壤湿度，因此只需要读取传感器所测得的数据就可以。下图为所输入的语句。因为我们要持续不断监测，所以用到循环语句"loop"。记录湿度传感器的值（print "moisture sensor value"），读取的方式从模拟信号端口 A0 读取（analogRead（A0）），读取间隔时间（delay）可以自定设置，其中 1000 代表 1 秒。接着打开"工具"——"串口监视器"，即可在在串口监视器中看到测得数据，数据更新间隔时间可以设置（以先行测试植物绿萝为例）。

```
文件 编辑 项目 工具 帮助

EX1_Demo

void setup()
{
    Serial.begin(9600);
}
void loop()
{
    Serial.print("Moisture Sensor Value:");
    Serial.println(analogRead(0));
    delay(100);
}
```

（2）温室中温度条件的保证

温室的最大作用就是不论外界的环境多么严寒，室内温度都可以得到保证。向学生介绍温室的其中一种——日光温室大棚。此大棚只靠阳光来维持室内温度，日光温室的保温结构主要包括保温围护结构和可活动的保温被。为了方便日出时收起、日落时放下，通常前坡面使用柔软性的保温材料。日光温室保温的三要素是围护墙体、后屋面和前屋面。前屋面是全部采光面，采光时前屋面只覆盖塑料膜，当光照减弱时就要及时将活动的保温被放下来持续保持室内温度。

（3）设计实验计划及监测

在这里让学生设计对照实验，改变浇水量，观察植物长势，利用监测仪将植物土壤

学生进行数据测量

湿度数值测出来，得出最佳需水量，形成探究报告。

4. 精致完善

学生在展示交流，对所制作的监测仪进行改良，直至得到满意作品。

5. 展示评价

项目	自评	他评	教师评	总评
设计草图				
外观制作				
功能实现				
实验探究方法				
实验结果				

六、教学点评

本项目涉及编程、探究实验，综合性较强，能很好地锻炼学生的动手能力、创新思维能力。学生需要对植物的性质进行研究。并且要自己进行编程语句的探索，在这里培养了学生的逻辑思维能力。对于探究实验的设置，学生利用在生物课上学到的探究实验的方法，进行实验的设置，得出探究结果。

虫虫的世界——昆虫类科学观察笔记写作

庄丽伟　欧广玮

一、项目背景

通过本项目，让学生留心观察身边常见的、感兴趣的昆虫，学会利用不同的平台查找专业的资料，掌握科学观察昆虫习性的方法，学会将科学的观察转化为准确而生动的文字。在项目体验的过程中，培养学生的观察能力、信息检索能力、信息整合能力以及表达能力。本项目预计利用 3 课时完成。

二、解决问题

通过对某种昆虫习性的持续观察，完成此类昆虫的科学观察笔记。

三、融合要素对接

类别	目标详解
学科原理	生物：1.掌握节肢动物的主要形态结构特征：体表有坚韧的外骨骼，身体和附肢都分节。掌握节肢动物的生活习性以及与人类的密切关系。（人教版八年级上册生物第一章第3节《软体动物和节肢动物》P15～17）2.在由受精卵发育成新个体的过程中，幼体与成体的形态结构和生活习性差异很大，这种发育过程称为变态发育。（人教版八年级下册生物第一章第2节《昆虫的生殖和发育》P9～13）语文：1.世间万物都有各自的特征，要把一个或一类事物说清楚，首先要抓住其特征。抓住事物的特征，就要善于观察和比较，既要注意事物的总体面貌，也要观察其局部。事物大都有主体部分或关键部分，而这往往最能体现它的特征，观察时要特别注意。2.有时候还可以运用一些生动形象的说明方法，既突出事物的特征，同时也避免文章枯燥乏味（人教版八年级上册语文第五单元 写作《说明事物要抓住特征》）
技术制作与技术知识	1.利用多渠道检索相关信息 2.持续而有效的观察 3.阅读法布尔《昆虫记》，从写作的角度总结法布尔的技巧，进行仿写
工程支持	观察实验的设计方法，写作技巧的分析与探究
数学描述	昆虫的生活习性、生殖与发育周期，需要计算
艺术设计	成果展示中，标本的展示方法需要设计；vlog的拍摄和剪辑需要设计
阅读与写作	学生通过阅读法布尔的《昆虫记》，精读书中描述法布尔观察昆虫的精彩段落，以《蝉》为实例总结法布尔的观察经验 研读法布尔的观察案例，对精彩片段进行鉴赏、模仿 根据观察记录和资料检索，整理观察笔记 拍摄昆虫观察vlog，制作纪录片，为纪录片配文

四、课前准备

法布尔《昆虫记》、电脑、人教版八年级上下生物课本、放大镜、昆虫（标本）。

五、5E教学过程

情境引入→以《蝉》为例跟着法布尔学观察→总结观察方法→锁定观察目标，设计观察实验，实践→多渠道查找信息，验证观察→模仿法布尔写作技巧，做好观察笔记→多样化展示观察笔记。

5E探究式项目流程

1. 参与引入

"垂緌饮清露，流响出疏桐。居高声自远，非是藉秋风。"有一种昆虫，它四年地下苦功，换来一夏歌声。大家知道它是谁吗？从《诗经》的"五月鸣蜩"，到法布尔"我看到的昆虫再没有比这更奇妙的了"，蝉为什么会有如此的盛誉？昆虫的世界里还有哪些其貌不扬但又吸引我们去不断探索的个体呢？让我们跟着法布尔去认识它们，观察它们，记录它们。

2. 自主探究

（1）观察方法探究

以人教版八年级上册第 18 课《蝉》（法布尔《昆虫记》选文）为例，结合生物书上对节肢动物的相关介绍，探究昆虫的研究方法，重点探究观察方法。

法布尔《蝉》案例观察方法探究

观察点	观察结论	观察方法	观察原因
形态结构特征			
生殖与发育			
生活习性			
与人类的关系			
精神内涵			

（2）观察笔记写作技巧研究

以人教版八年级上册第 18 课《蝉》（法布尔《昆虫记》选文）为例，对文本进行文学化的分析，找到蝉的各个特点在文本中的对应文段，剖析法布尔在《昆虫记》中记录的重点选择以及文学化表达的手法。

法布尔《蝉》写作技巧探究

观察点	观察结论	《蝉》文中介绍详略取舍	《蝉》一文中对应的文段	作者运用的艺术手法
形态结构特征				
生殖与发育				
生活习性				
与人类的关系				
精神内涵				

3. 解释交流

（1）观察实践

以小组为单位讨论确定一个观察对象（如螳螂、金龟子、蚊子、果蝇等），设计观察实验方案，学生以小组为单位展示自己的方案，分享自己的方案，老师对学生的方案做出分析指导，然后进行实践。

_____ 观察记录

观察点	观察结论	观察方法	记录人
形态结构特征			
生殖与发育			

续表

观察点	观察结论	观察方法	记录人
生活习性			
与人类的关系			
精神内涵			

（2）观察验证

为了得到科学的观察结论，必须对小组成员的观察记录进行科学验证。在验证的过程中，首先需要小组成员通过网络或者图书馆查找与所研究对象相关的权威解释，然后一一验证观察记录中的结论。若观察记录的结论与生物学权威解释有出入，则需要了解原因（如不同类型的蝉具有不同的形态、习性等，若观察者辨错了类别，则有可能会出现"张冠李戴"的错误）并进行进一步的观察与考证，从而得到真实而准确的观察结论。

4. 精致完善

（1）信息收集与验证

经过持续而有效的观察，学生以小组为单位完成了对某一昆虫的科学观察实践，然后根据小组搜索到的相关科学介绍，验证小组成员的观察结论。经过反复验证调整，保障观察结论的科学性和严谨性。

（2）信息筛选与整合

学生对昆虫的观察是多面的，也是复杂的。如果把多面的额外信息在观察笔记中一一罗列出来，显然是不合适的。因此，需要学生结合《蝉》甚至《昆虫记》中信息取舍的技巧，对全面的信息进行筛选，确保笔记的详略取舍。

（3）信息的加工与呈现

针对已经完成信息验证和信息取舍的观察结论，小组可以着手进行观察笔记写作。特别要强调的一点是：科学笔记于严谨的科学观察之外，又在文章的字里行间渗透了作者对所观察对象的强烈的感情。这也正是科学观察笔记在文学上的迷人之处。

观察笔记的呈现形式也可以是多样的。可以是小文章，也可以是图文并茂的海报，也可以是有配音的 vlog 纪录片（解说词就是观察笔记）。

5. 展示评价

学生以小组为单位展示他们的观察笔记，并在过程中展示他们的研究心得。从以下几个方面对学生的观察笔记进行评价：

项目	自评	他评	教师评	总评
观察方案				
信息验证				
笔记的吸引度				
笔记的展示				
人文情怀				

六、教学点评

本项目结合了生物、语文和信息技术等多方面的相关知识，所设计的活动既需要学生利用生物知识搭建基本的框架，又需要学生利用文学化的语言赋予科学知识以血肉和灵魂，还需要信息技术作为科学性和趣味性的支撑。

在学科融合的过程中，学生提高了信息提取能力，锻炼了信息筛选能力，也锻炼了文学表达能力，更进一步地说，学生在观察的过程中，注入了对微小个体的生命关照，熏陶了对个体尊重的人文情怀。

本项目难点在于信息的整合与筛选，需要教师更多地启发与点拨。

绿园微生物好帮手

易　珊

一、设计背景

土壤为植物的生长提供了充足的营养成分，这些土壤中的营养成分来自于哪里？在不施肥的天然情况下，如果弄清楚土壤中究竟是什么物质起到了作用，使得土壤中营养成分的含量增高，可以为种植植物带来更高的收益。因此通过本节课内容，让学生自主探究影响土壤营养成分的重要因素，培养学生的自主探究能力。让学生通过本课，对微生物具有一定的了解，并且掌握培养微生物的方法。

二、解决问题

寻找出影响土壤营养物质丰富度的微生物条件？

三、融合要素对接

类别	目标详解
科学原理	生物：1. 通过探究实验能够理解土壤中的微生物作为分解者，能够分解植物凋零部分，形成无机物，提供土壤肥沃力（人教版生物八年级上册第五单元第四章《分布广泛的细菌和真菌》）；2. 通过实验，掌握培养微生物的基本方法；3. 通过实验，能够掌握筛选的原理和步骤，理解通过染剂刚果红能对纤维素进行染色，从而通过对染色情况判断纤维素含量，进而判断土壤中微生物对有机物的分解能力 地理：通过探究，理解不同层土壤的菌落类型不同，对于有机物分解的能力也不同
技术制作与技术知识	学生能够掌握培养菌类以及筛选菌类的方法
工程支持	学生考虑该研究题目的价值，能否推广到实际生产生活中

四、课前准备

培养基、无菌操作台、接种环。

五、5E 教学过程

情境引入→微生物培养探究→方法细解→进阶探究→筛选培养→不同环境下微生物的探究→结论得出。

5E 探究式教学流程

1. 参与引入

教师利用情境导入：同学们有没有发现掉落在土壤上的枝叶在一段时间后就没有了踪影，它们究竟去哪里了呢？根据生活常识，我们一般不会清理掉落的枝叶，它能够使土壤肥沃，这是为什么呢？让学生发表意见。老师对学生的回答进行总结。

2. 自主探究

指导学生进行自主探究：

【自主探究一】学会培养微生物

单个微生物用肉眼是看不见的，因此为了更好地观察微生物，我们需要观察它们的集合体——菌落。

微生物的生长需要合适的温床，培养细菌或者真菌需要有含有营养物质的培养基，老师先向学生提供最普通的基本培养基，指导学生去采集各种环境下的微生物，让学生先初步理解怎样培养和观察微生物。

在自主探究前让学生思考：

（1）怎样配制培养基？这与微生物的生活条件有怎样的关系？

（2）有了培养基之后，怎样采集在环境中存在的微生物？对于土壤中的微生物我们应该怎样采集？

（3）怎样证明实验产生的结果来自环境当中而不是培养基自带的？

（4）怎样观察菌落？

根据讨论的结果学生制订初步实验方案，学生查阅资料获得培养基的配制方法以及原理，制定微生物采集地点和采集方法，并且能够设置空白对照组。

3. 解释交流

教师根据学生的设计对学生做出相应指导，在指导之后让学生进行自主探究实验。

简易培养基的配制：将牛肉汁与琼脂混合在一起后的培养液倒入每个培养皿中，将培养皿放入到高压蒸汽灭菌锅内进行灭菌处理，待其冷却凝固下来之后便可以用于培养菌类。如果没有上述用品可以直接从网上购买已经做好的培养基。牛肉汁为微生物的生长提供了营养物质，琼脂则是可以胶化后形成固体物质。

取样方法：可将待检测物品（体积较小的）直接按在培养皿上接种，例如硬币；若是液体检测物品，需用接种环利用稀释涂布平板法和平板画线法；若是体积比较大的固体，利用棉签在其上擦拭后涂抹在培养基上。

对于土壤中的微生物，将所采集的土壤样本加水稀释，过滤得到比较澄清的土壤浸出液，用接种环利用平板画线法将其接种在培养基上。

在恒温培养箱内以35℃培养一周，需设置空白对照。

指导学生进行细菌和真菌的对比观察。

	细菌	真菌
形态	光滑黏稠、粗糙干燥	绒毛状、絮状或蜘蛛网状
大小	小	大

4. 精致完善

学生根据探究能得出结论，在培养皿中得到了哪些菌类，将其拍照记录下来，形成探究实验报告。

【自主探究二】不同层土壤中微生物的检测

（一）确定研究内容及研究思路

在学生们已经掌握了培养基的制备方法以及接种方法，学生现在可以利用所学知识进行进一步的探究。为了探究土壤中存在的微生物对于植物凋零枝叶的分解情况，请学生们设计探究在不同层级土壤中影响植物分解的微生物。

教师提出问题：怎样判断枝叶的分解确实受微生物的影响？这跟微生物分解植物的什么结构有关？

学生通过查阅资料发现，微生物一般分解植物中的纤维素使其变成无机物，从而使得植物腐败。那么就可以通过检测菌类对纤维素的分解情况，从而判断是何种菌类起到了分解物质提供无机物的作用。

教师提出问题：怎样观察纤维素的分解情况？

根据实验探究筛选菌株的方法，纤维素可以与刚果红染料发生反应，使其变为红色。利用这一原理，我们将配制的培养基中加入刚果红染液。

（二）分组实验探究

学生根据研究思路制订实验方案，选取设置不同层级的土壤，以小组为单位，进行不同层或者不同土壤土质的探究。

【教师指导】将收集到的土壤制成土壤浸出液，将其接种到普通培养基中进行培养。在培养一段时间之后，会形成不同菌落，挑选每种菌落再次培养在含有刚果红染液的培养基中，培养观察在不同层级、不同土壤中微生物对纤维素的分解情况。因为纤维素如果被分解，那么就不会和刚果红发生反应变为红色。根据所形成的透明圈来判断每种菌落对于纤维素的分解情况。将观察到的现象记录下来形成研究报告。

根据得到的研究报告可以进一步研究土壤微生物地理分布的水平特征和垂直特征。在不同的空间尺度和环境梯度下，土壤微生物能够表现出与植物类似的地理分布特征，但与分类水平密切有关。

5. 展示评价

学生得出研究报告后，分享自己的研究成果，得出哪些菌类对纤维素的分解更有作用。学生根据参与情况对本节课的表现给予评价。

项目	自评	他评	教师评	总评
实验设计思路				
实验操作				
创意想法				
是否解决问题				

六、教学点评

本节课为实验式探究教学，实验较多，培养了学生的实验操作能力。在自主设计探究的过程中，也培养了学生的逻辑思维能力，本科主要的内容是微生物的培养，将地理中在土壤微生物地理分布的水平特征和垂直特征联系起来，使题目更具有研究意义。

鸟类庇护所

任亚楠

一、设计背景

我们都知道地球是一个大的生态圈，在这个复杂的生态圈内各个系统都是相互联系、彼此支持而相互存在的。而一个校园，可以说是这个大生态圈之内的一个微型的生态圈，因为它与地球一样具备着不可或缺的每一部分，各部分之间在长久的时间磨合中建立了一种彼此和谐的共生关系。鸟类作为生物圈（而生物圈本身又属于生态圈）的一个重要组成部分，对其的研究就显得尤为重要。为校园鸟类打造舒适合适的栖息地，不仅是打造生态校园的重要命题，更是校园生态圈对学生提出的一个新命题。

二、解决问题

如何为校园鸟类建造合适栖息地？

三、融合要素对接

类别	目标详解
科学原理	生物：1.鸟类的种类和特征（人教版八年级生物上册第五单元第一章第三节《空中飞行的动物》）；2.鸟类的迁徙特征 地理：鸟类栖息地的打造（人教版七年级生物上册第八章《巴西：生物多样性》）
技术制作与技术知识	在打造栖息地时需要选择哪些材料、工具以及其工艺流程，通过学会使用 3D 打印技术或者激光切割技术拼合建造适合鸟类的栖息地
工程支持	设计和对比几种栖息地的鸟类选择倾向，并对栖息地进行二次设计完善
数学描述	1. 对校园鸟类的种类和数量进行调查统计 2. 合适栖息地的实地勘测 3. 相关数字的计算
艺术体现	鸟类栖息地的美工完善

四、课前准备

1. 调查表格（关于校园鸟类及其他相关数据的调查统计）；

2. 相关资料（关于鸟类种群及其特点等的相关资料）；

3. 3D 打印机、激光切割机等相关工程工具；

4. 其余所需材料将根据课程实际需要进行准备和配置。

五、5E 教学过程

场景导入→初步形成设计图→鸟类知识、栖息地知识讲解→方案改进→栖息地模型搭建→完善改进→模型成品展示交流。

5E 探究式教学流程

1. 参与引入

在本环节当中教师的主要作用是引入主题，那么在这里教师可以带领学生进入校园进行情境式教学，当然在这个过程可能会吓到鸟类，无法细致入微地观察，那么教师可以采取拍摄的形式将校园的鸟类及其栖息的地方做成影像，让学生可以在特定的场所进行观察。在这个过程中，教师可以提出问题：我们所在校园的鸟类有哪些？它们是否一年四季都待在校园内？如何为鸟类提供一个舒适的生态栖息地，让我们的校园既有花香又有鸟语？

2. 自主探究

这一环节主要由学生进行自主探究。教师在这一环节可以通过提问引导学生对鸟类的栖息地相关问题进行思考，要建立适合鸟类的生态栖息地需要考虑哪些因素？

在进行任务探究之前，组织学生进行小组合作和任务分工，之后引导学生先进行相关资料的收集和准备，至于具体需要进行哪些资料的收集呢？那就需要搞清楚以下问题：

（1）在这个探究任务中我们需要搞清楚校园分布着哪些鸟类？

（2）这些鸟类是哪些品种？

（3）这个鸟类群体的生活习性是怎样的？

（4）这个鸟类群体的生活环境又是怎样的？

（5）在这个地方有没有迁徙的鸟类，为迁徙的候鸟又该提供哪些物质？

这些问题都可以通过拍照观察及查阅相关资料得出。

在进行完这些相关问题的思考和探索之后，学生需要在小组内部进行充分讨论得出结论：某一种鸟适合什么样的生存环境，根据所得出的结论打造适合校园鸟类的栖息地，并根据语言描述进行工程设计及绘图，选取材料进行制作。

技术探究：

在得出草图之后，学生探究以下问题，并根据问题将实物制作出来：

（1）在制作过程中需要哪些材料？

（2）制作时可以利用激光切割和 3D 打印技术，请你选择其中一种方式，并继续完成你的设计。

（3）怎样才能使得你设计的庇护所适合鸟类的一些特性？

（4）深圳这个地方，你需要考虑哪些环境因素影响，并且如何解决？

（5）如何使所设计的结构更加稳固？

3. 解释交流

本环节主要以教师为指导。学生在进行完上一环节的充分讨论和设计后，在本环节当中小组需将本组的讨论结果进行充分展示，并解释设计的原因及考量因素，同时由教师对本次探究任务中的专业术语部分进行相关解释，让学生对于本次任务更加清楚，比如生态、栖息地等。

【生态】指生物体包括动植物在适应自身环境下存在的一种适应性状态，即生物与环境和谐存在的一种状态。所以生态受各种因素的影响，包括生物生存

211

的自然环境：温度、湿度、地形地质自然环境和人文环境，要想达到生态均衡和谐的状态，必须保证以上各个要素的和谐。本节内容主要研究鸟类与周围环境和谐生存的状态。建立鸟类庇护所，也同样需要考虑到校园不同鸟类的环境适应性，并据此达到生态平衡的状态。

【栖息地】指生物生存或其居住的环境，也被称为生境，某种植物或动物到了适合自己的生态便群居下来形成栖息地。本节主要以校园这一微环境为基础栖息地，建立适合鸟类的校园栖息地。

4. 精致完善

本环节要求学生根据老师的补充解释进一步完善第二环节的设计，将设计图进行细化，比如每一部分所需要的材料，哪一种材料更加生态、更为适合鸟类生存。每组根据自己所选定的鸟类进行方案的再完善，得到最适合的鸟类庇护所。

5. 展示评价

学生展示交流他们所做的栖息地模型。有条件的地方，让学生将栖息地放在室外，观察鸟类的适应性。

项目	自评	他评	教师评	总评
设计草图				
外观制作				
内部结构				
创意想法				
是否解决问题				

六、教学点评

本节课在校园这个与学生生活和学习紧密相关的微环境的大背景下进行，让学生通过前期调查了解关于鸟类的相关生物学知识，同时明白鸟类的空间分布和迁徙节律，并根据所查到的资料，结合当时当下校园的实际情况，进行鸟类生态栖息地的设计和规划，从而打造我们理想中的生态校园。在设计的过程中，还要充分结合现代较为先进的 3D 打印技术和激光切割术，让学生充分接触信息时代的相关要素。通过本次探究任务，学生不仅掌握了问题探究的方法，同时也提升了问题探究的能力，真正将平时所学理论与实践相结合，提升了动手操作能力。

制作粮食汽油

任亚楠

一、设计背景

　　资料显示，由于技术水平的提高和机械化生产的大范围应用，我国现在每年的粮食产量都在原有基础上呈现稳定的增长态势，从人均粮食占有量的数据统计结果看，也可以实现全国粮食的自给自足。我国每年流动人口与日俱增，交通运输业压力加大。因此，为了不造成粮食的浪费，使其发挥最大的价值，我们考虑将富余的粮食制作成汽油，以满足交通运输业及其他行业对于汽油的需求。

二、解决问题

　　如何制作生态环保的粮食汽油？

三、融合要素对接

类别	目标详解
科学原理	化学：1. 汽油的成分（人教版化学九年级下册第九章第一节《化学和能源》）；2. 各种粮食的成分；3. 汽油与粮食之间的化学变化 地理：1. 我国粮食现状调查（人教版地理八年级上册第十三章第二节《工业与能源》）；2. 我国汽油供需状况调查；3. 我国汽油需求产业调查
技术制作与技术知识	粮食和汽油之间的转化实验 从粮食中提取石油所需要的技术支持
工程支持	实验成功后所制汽油在小型机器上的使用效果
数学描述	实验所制汽油的效果计算和描述

四、课前准备

1. 本节课所需相关资料（粮食现状、石油现状、行业现状）；

2. 各种粮食样本的准备；

3. 实验室及相关配置所需器材；

4. 其他在教学中可能需要的与本课相关的材料。

五、5E 教学过程

时闻引入→查阅粮食、汽油相关资料→方案初稿→方案改进→方案执行→展示交流→全面评价。

5E 探究式教学流程

1. 参与引入

教师可以呈现新闻报道中的例子——玉米汽油。让学生产生好奇感，然后提问：你们知道玉米汽油是怎么做的吗？那么你们还能不能做出其他与玉米汽油类似的粮食汽油呢？

2. 自主探究

要解决上述问题，就要指导学生对以下问题进行自主探究：

1. 调查我国当前的各类粮食现状及供需状况。

2. 调查我国当前的运输业所用能源状况。

3. 调查我国目前汽油的主要成分及供需状况。

4. 对汽油的主要成分进行判定。

5. 小组合作设计可能形成汽油的化学反应及技术支持，形成初步方案。

3. 解释交流

教师引导学生将本组所设计的初步方案在全班面前展示，向全班说明所使用的材料、化学反应及所采取的工艺流程，其他同学可以补充、质疑。最后教师对学生的初步成果进行解释补充，同时提出在进行粮食汽油制作中要考虑到可行性问题和环保问题。

【汽油】主要成分为脂肪烃和环烷烃等，目前国际上通用的炼制汽油的原料主要是传统的石油，经过分离组合而制。除此之外，汽油当中含有部分乙醇易燃易爆。

【粮食汽油】从粮食中提炼汽油的主要成分，用来弥补汽油污染大、易燃易爆的缺陷。目前国际上已有人提出玉米炼制汽油的方法，但仍未普及。

4. 精致完善

学生根据老师的讲解进一步改善初步设想，并思考怎样选择材料才能更符合我国当前的现状和实际。然后，将完善后的成果付诸实践。

5. 展示评价

学生展示交流他们所做的汽油成果。如果条件具备，可以让学生将汽油应用于小型机器上，实验其最终可行性效果。

项目	自评	他评	教师评	总评
原料选择				
实验方案				
实验过程				
创意想法				
是否具备可行性				
生态效益				

六、教学点评

本节课以当下热议的新闻话题"粮食汽油"入手，将学生所学化学相关知识与地理学科知识进行融合，在这个过程中让学生自主合作进行实验的设计和完善，并在充分交流中对其实验的设计进行进一步的优化，在整个教学过程中提升了学生的综合思维和自主探究能力、实验操作能力，同时解决了社会生活当中的实际问题。后续实验探究如果有成效，可以向国家相关部门建言献策。

运动补糖

一、项目背景

糖是人体运动所需要的主要能源物质，一般来说人体所需能量 70% 以上来源于食物中的糖类。葡萄糖是生活中比较常见以及容易采购的单糖，可以在赛前补充，也可以在赛中和赛后进行补充，有利于延缓疲劳产生以及促进疲劳恢复。对于糖的补充具有一定的科学性，因此在糖的补充形式、糖水比例以及补充的时间点都有较为明确的要求。本课题利用了生物课程中的营养与消化相关知识、物理课程的密度和质量、化学课程的溶液质量百分数以及体育的训练学相关原理，使学生学会如何进行科学的糖补充。通过该活动，提高学生的运动营养理论知识储备，培养学生喜欢锻炼、科学锻炼的良好习惯。

二、解决问题

制作 5% 的葡萄糖补液，在运动前饮用，完成 1000 米赛跑。

三、融合要素对接

类别	目标详解
学科原理	体育：在训练及正式比赛之前需要做好充分的赛前和训前准备，包括运动营养的改善以及热身活动、心理状态的调节等 化学：葡萄糖溶液的制作需要对糖和水的比例进行严格的控制，并使葡萄糖的比例达到要求 物理：水的密度为 1g/mL，通过量杯水的体积计算水的重量 生物：糖是人体主要能源物质之一，并且是人体运动的直接能源物质，让学生掌握一定的补糖技巧，可以有效改善运动能力
技能掌握 （理论 + 实践）	1. 能够自主制作葡萄糖溶液 2. 掌握正确的补糖时间和技巧
实践操作	葡萄糖溶液制作的方法
数理化要素	葡萄糖质量百分数计算、水的密度和质量
阅读与写作	学生通过查阅文献，了解运动补糖在体育运动中的作用，并对所查询的资料撰写总结

四、课前准备

纸、笔、量杯（100mL）、纯净水（1000mL）、葡萄糖（20 袋，10g/ 袋）。

五、5E 教学过程

情境引入→问题探究及方案设计→实践操作→原理探讨→溶液配制→反思改进→结果交流。

5E 探究式项目流程

1. 参与引入

教师给学生看一张运动员运动过程中的补糖照片，并以此引入主题：运动补糖。部分学生接触过葡萄糖补液，但是对于其作用机理以及科学的糖水比例尚不清楚，只是出于凭感觉制作冲剂的阶段。结合以上，向学生提出以下思考问题：①为什么要运动补糖？②合理的糖水比例是多少，该如何制作？③运动补糖的时间如何把握？

2. 自主探究

原理探究

让学生动手进行实践操作，尝试制作葡萄糖补液。

（1）通常体育课需要补糖的项目有哪些？

（2）运动前补糖的益处？

（3）如何简单制作葡萄糖补液？

（4）运动补糖的时间点？在运动前、运动中、运动后的时间点？

通过以上问题，激发学生的学习兴趣，既让学生明白体育课不仅仅是身体活动，又让学生通过实践提升探究能力，丰富知识面，为今后更好进行体育锻炼打下坚实的基础，还让学生能够活学活用，将多学科的知识应用到生活学习和实践当中。

技术探究

学生对葡萄糖补液有了一定了解之后，开始进行实践。对于溶液的制作，学生可能还不熟悉，每一个步骤都给学生进行适当的引导，以学生自主探究为主。

（1）确定制作的葡萄糖溶液的溶质溶液百分比。

（2）关于葡萄糖质量分数的计算。

（3）关于补液时间的确定，运动前、运动中、运动后。

3. 解释交流

学生分为 5 个小组，以小组为单位进行葡萄糖溶液的制作，各组单独设计葡萄糖的质量分数，确定补液时间节点。关于葡萄糖的百分比，没有固定的指标，因为不同比例的作用力度不同。让学生自主探究，教师适当引导学生朝着理想目标进行。

在设计探究中发现原理

糖是运动过程中基本的能源物质，具有易吸收、易运输等特点，合理的补糖对于改善运动能力以及缓解疲劳具有重要作用。耐力项目中，糖原的利用速率极高，运动前或运动中补充简单糖类，可使血糖浓度迅速上升并维持较高水平达 30 ~ 60 分钟。在运动前一周进行高糖膳食的补充，有利于提高运动成绩。在运动中补糖有利于增加血糖水平，缓解中枢神经的疲劳。运动后的补糖，有利于疲劳的恢复以及能源再储备。

　　检验葡萄糖的效果，如果以短时间项目进行补糖不能得到有效验证，通常以长时间的运动进行补糖效果较为明显。比如马拉松项目中运动补糖就十分重要。因此选用 4 圈一组，间歇 2～3 分钟，2 组的运动形式。

　　4. 精致完善

项目名称：葡萄糖溶液制作

进行时间：20 分钟

小组成员及分工：

刘钧铭（组长）：任务分配，实践汇报

卢家乐：组织葡萄糖比例的确定

幸嘉豪：矿泉水的体积配制

赖烜豪：使溶质溶液充分混合

陈军全：使溶质溶液充分混合

所需材料：

葡萄糖 20 袋（10g/ 袋）、量杯（100mL 容量）、矿泉水 5 瓶、纸笔若干

制作方案流程：

制作 5% 的葡萄糖溶液

计算葡萄糖质量分数：5%= 葡萄糖 /（水 + 葡萄糖）×100%

根据水的密度（忽略误差记为 $1.0 \times 10^3 kg/m^3$），计算水的质量用密度乘以体积即可

将溶质与水混合充分摇匀

制作完成

补糖时间：运动前 3～5 分钟

---

　　5. 展示评价

项目	自评	他评	教师评	总评
葡萄糖溶液设计方案	优	优	优	优
操作过程	优	优	优	优
实际效果（运动后成绩＋疲劳程度）	良好	优	优	优
团队配合	优	优	优	优

进一步提升

1. 提高溶液配制的精度。

2. 选用更科学直接的补糖效果评价指标。

3.用运动距离更长的项目,以凸显糖的重要作用。

六、阅读链接

运动过程需要机体提供足够的能源物质满足运动的需要,糖是肌肉活动的重要能源物质之一,其在体内具有易消化吸收、易运输、易被动员、氧化时氧耗低、输出功率较脂肪大等特点,在运动供能中占重要地位。体内糖储量的多少和运动成绩的好坏、运动疲劳的发生有密切的关系,通过合理的补糖不仅可以提高运动成绩,还可延缓运动性疲劳的出现,促进运动疲劳的恢复。

足球、篮球、网球和冰球等项目属于长时间、大强度、间歇性运动。该类运动的特点是运动强度随时间可变,能量转换率高,间歇性运动持续时间长等。1987年Jacobs报道,在足球比赛后肌糖原的消耗量为赛前的52%。肌糖原的大量消耗直接影响足球运动员的运动能力,早在1973年Saitin就曾报道,当肌糖原下降时,运动员最大速度的能力随之下降。这些研究表明足球运动的主要能量来源与糖,其供能达能耗的95%左右。一项有关足球比赛的研究报道,补糖的运动员在下半场比赛中跑动的距离比不补糖的运动员增加了30%。总之,足球运动员在运动后补糖,可以使疲劳得以恢复,甚至出现超量恢复,运动前和运动中补糖不仅可以延缓疲劳的出现,还有助于运动能力的提高。

参考文献:何隽,颜玉凤.运动与补糖[J].沈阳体育学院学报,2004(01):51-53.

七、教学点评

体育健康课程标准提出了健康第一的指导思想,如何在体育课中体现健康是师生不断努力探索的课题。将运动比作一辆汽车行驶,那么能源自然是最基础的保障。糖是人体最基

学生探究实践

本的能源物质，也是人体运动的重要能源物质。教会学生科学补糖对于改善学生的身体机能十分重要，同时也能够缓解学生的运动疲劳，促进疲劳的恢复，对于运动损伤的预防有一定作用。通过此探究实践活动，让学生了解体育不只是简单的身体运动，它涵盖多个学科理论，需要我们认真去对待。科学运动是当代学生应该具备的能力，也是践行终身体育的重要保障。通过活动，学生复习或者预习新的知识点，了解物体的质量计算方式以及溶液的质量分数计算方式等，对于后期学生进行学科知识学习具有重要辅助作用。学生积极参与实践，勇于提出问题，以便解决问题，使探究活动的意义得以显现。

蓝色海洋融合课程

　　蓝色海洋课程，通过学习海洋实践活动课程，我们将了解许多关于海洋的有趣的事情，亲历海洋实践活动，探究海洋的秘密，体会到科学探究的乐趣。

　　此板块的选题，不只涉及海洋环保问题，也有一些充满乐趣的冒险项目，让活动的开展充满挑战。

　　此板块的实践活动多，可以充分调动学生的兴趣，学生能够进行自主探究。选题不只涉及海洋相关的知识探究，也有环保问题。为了增加趣味性，创设有一些冒险项目，让实践活动的开展充满挑战。

创作海洋科普舞台剧

程忠娣　周小燕

一、项目背景

通过本项目，学生掌握海洋科普知识和相关探究方法，融合音乐、语文、生物、美术等学科内容编写剧本，制作道具、布置场景、排练舞台剧，并通过角色扮演的方式感悟人类与海洋的密切关系，领悟到人与自然和谐相处的重要性。

二、项目任务

运用所学的海洋知识与研究方法，结合语文写作、音乐表现形式、美术素材制作道具，排练出成型的海洋科普舞台剧。

三、融合要素对接

类别	目标详解
学科原理	语文：能够区分写实作品与虚构作品，了解诗歌、散文、小说、戏剧等文学样式 写作时考虑不同的目的和对象。根据表达的需要，围绕表达中心，选择恰当的表达方式（人教版语文九年级下册第三章 "编演话剧"） 生物：阐明生态系统的自我调节能力是有限的；确立保护生物圈的意识。（人教版生物七年级上册第二章第一节 "了解生物圈生物与环境的关系 生物与环境组成生态系统"）
技术制作与技术知识	掌握制作道具、布置场景的方法 掌握舞台剧的走位、肢体语言的表达方式
工程支持	舞台剧场景整体搭建的方法
艺术设计	美术：用多种美术素材、方法和形式进行记录、规划、创作、表演与展示，了解美术与其他学科的联系，了解美术与人类生存环境、传统文化、多元文化之间的关系（人教版美术七年级下册校园艺术节第三节 "独特的装扮"） 音乐：1. 能够自信地、有表情地参与综合性艺术表演活动；2. 能够结合所学的歌曲、乐曲创设简单的表演情境或做形体动作；3. 理解声音艺术与语言艺术的关系，能够恰当地选用音乐，烘托诗词、散文的意境
阅读与写作	通过阅读剧本相关的组成，创作海洋科普舞台剧本

四、5E 教学过程

情境引入→问题探究及方案设计→实验操作→相关原理探讨→外观设计完善改进→模型成品展示交流。

5E 探究式教学流程

1. 参与引入

同学们，我们生活的深圳市是沿海城市，拥有宽广的海域和丰富的海洋资源，深圳正在大力发展海洋经济，努力创建全球海洋中心城市。但是，由于人类活动，造成全球气候变暖，海水温度上升，海水酸化导致海洋生物特别是珊瑚受损严重，海洋环境污染导致生态失衡。但是，大部分人并未意识到自己的行为对海洋造成的严重后果。我校长期坚持海洋科普教育，通过开设蓝色课堂传播海洋科普知识，通过海洋环保实践活动如科研净滩、增殖放流、参观红树林保护区等保护海洋，通过海洋科学探究活动研究海洋。现在，海洋环保理念深入人心，海洋科普成果显著。

同时，我们也发现传统的科普讲座对传播海洋环保理念效果不是特别好，如果采用喜闻乐见的舞台剧等艺术形式传播效果可能会更佳。舞台剧是一门综合艺术，剧本创作、导演、表演、舞美、灯光缺一不可。此外，还要考虑舞台剧的剧情和表现方式都要精彩，能吸引观众。关于海洋，电影《海底总动员》深入人心，我们可以借助电影主角小丑鱼尼莫和小伙伴的可爱形象作为串联整个舞台剧的角色，将海洋生物现在面临的危机、人类正在开展的保护海洋的实际行动、海洋领域的科学探究等内容，分别通过微型情景剧表现出来，增强舞台剧的吸引力。在观众欣赏艺术作品的同时，能接受到海洋科普知识教育，同时也展示我校多年的海洋科普成果。

2. 自主探究

原理探究

你是否也想挑战自己，参与海洋科普舞台剧的创作？引发学生兴趣后，提出问题：

（1）舞台剧传播信息的优势是什么？舞台剧的写作方法是什么？如何创作观众喜闻乐见的海洋科普舞台剧本？

（2）各年龄层的观众均有，如何让舞台剧更有吸引力？音乐如何与海洋科普剧情境有机融合从而增强舞台效果？舞台道具、舞台场景的搭建对舞台剧的表现效果有什么作用？

（3）如何选出合适的舞台剧演员？演员特质与角色特质如何有机融合？

（4）如何排练舞台剧？在排练过程中，导演与角色的工作各是什么？

（5）舞台剧是一门综合的艺术，如何发挥团队成员的特长？如何与其他部门协调合作？

教师通过以上问题引发学生思考，学生在探究的过程中调取相关的学科知识之后，为接下来学生创作舞台剧打下基础。

技术探究

（1）舞台剧本的格式是怎样的？如何通过台词表现每个角色的特点？情节间的过渡衔接如何处理？

（2）要传播哪些海洋科普知识，才能让观众意识到海洋的调节能力是有限的，海洋这个大型生物圈是需要保护的？

（3）通过什么风格的音乐表达不同的情绪？

（4）如何运用美术素材制作具有舞台效果的道具？舞台要怎样根据剧情搭建？

3. 解释交流

学生们在有了自己的剧本和舞台展示方案后以小组为单位进行展示，老师对学生的方案做出分析指导，最后综合各小组的优点确定最终方案。

4. 精致完善

在经过教师对需要解决的关键问题进行讲解后，学生们设计具体的方案，形成工程项目书（见下表），并让学生根据项目书进行舞台剧创作。

工程项目书

项目名称：
进行时间：
小组成员及分工：
所需道具：
舞台剧创作总体策划方案：
剧本写作：
舞台场景设计与布置：
角色分配、排练方案：

老师在学生们创作过程中提供参考建议，给予学生发挥的空间，从而更好地锻炼学生解决问题的能力。

5. 展示评价

学生在学校社团成果展示上表演舞台剧，并交流心得。

从以下几个方面对舞台剧效果进行评价：

项目	自评	他评	教师评	总评
总体方案设计				
操作过程				
实际效果（剧本质量、舞台搭建、舞台角色表现）				
新颖之处				

进一步提升

（1）舞台剧的台词应该选择书面化语言还是生活化、口语化语言？

（2）在舞台搭建过程中，遇到不会操作的设备、难制作的道具，该如何解决？

（3）在舞台剧排练过程中，如果有演员因为排练效果不好、情绪不对、动作不协调而出现畏难情绪，作为团队成员应该提供什么样的帮助？

五、教学反思

本探究活动对学生的综合能力要求较高，需要熟知海洋面临的现状并将其融入舞台剧本中，考虑剧本的角色安排及其台词如何体现角色个性，还要运用美术音乐相关知识参与舞台场地的布置和道具的制作以及背景音乐的选择，甚至变身为舞台剧演员直接参与演出，这对学生而言是非常具有挑战性的，教师的指导尤为重要，甚至需要在关键的步骤上与学生共同参与。

本项目从编写剧本开始到成型的舞台剧，前后历时20天。学生从最初的布置剧本写作格式，到在老师的指导下编写修改出成型的剧本，从不知舞台剧是何物到能娴熟运用语言、肢体动作、音乐等形式表达角色个性。由对海洋现状及其相关研究方法一知半解到比较深入了解，且能提出作为中学生可以做到的保护海洋环境的相关措施。

最终本舞台剧在深圳市首届海洋科普成果展示竞赛中以最高分获得一等奖。本探究活动达到掌握相关学科知识的学习目标，使学生在此过程中进一步热爱并尊重自然、树立绿色生活和可持续发展的理念，以提升学生在发展核心素养体系中的社会责任方面的素养。

促进珊瑚生长的水电循环装置

程忠娣　周小燕

一、项目背景

通过本项目，让学生收集珊瑚分布资料，了解珊瑚的生存危机及其生态学意义，探究促进珊瑚生长的方法，确立保护生物圈的意识。通过组装促进珊瑚生长的水电循环装置，连接简单的串联电路，了解相关的电路知识。通过对照实验测量通电与对照组的珊瑚增长质量，分析数据得出结论，探究促进珊瑚生长的方法。

二、项目任务

组装水电循环装置，促进珊瑚生长。

三、融合要素对接

类别	目标详解
学科原理	生物：阐明生态系统的自我调节功能是有限的；确立保护生物圈的意识（人教版生物七年级上册第二章了解生物圈第一节《生物与环境的关系》、第二节生物与环境组成生态系统》） 物理：1. 会看会画简单的电路图；会连接简单的串联电路和并联电路；说出生产、生活中采用简单串联或并联电路的实例；了解串联电路电流和电压的特点；2. 了解电路。有安全用电和节约用电的意识（人教版物理九年级第十五章电流和电路第一节《两种电荷》第五节《串、并联电路》第十九章"生活用电"第三节《安全用电》）
技术制作与技术知识	掌握连接简单的串联电路的方法 掌握电子天平的使用方法
工程支持	水电循环的安全搭建的方法
艺术设计	水电循环系统与微型珊瑚生态缸外观的协调
阅读与写作	学生查阅文献、书籍，整理关于水电循环系统的相关文献，通过文档分享文献检索成果

四、课前准备

材料

珊瑚循环养殖系统、石墨板、导线、电源（30V，2A）、2L 大烧杯

仪器设备

pH 计、盐度计、精度为 0.1mg 的分析天平、单反相机（观察珊瑚形态，拍照）

五、5E 教学过程

情境引入→问题探究及方案设计→实验操作→相关原理探讨→外观设计→完善改进→模型成品展示交流。

5E 探究式教学流程

1. 参与引入

众所周知，珊瑚礁生态系统是海洋中最重要的生态系统之一，其在保护海岸方面的作用也日益受到各方面的关注。深圳市东部海域属于具有天然屏障保护的内湾海域，水温、盐度比较稳定，水质良好，水体清澈，透光性好，生活着很多种类的珊瑚及其珊瑚礁生物。遗憾的是近些年来，由于海洋酸化、海水变暖、台风和水体沉积物增多等原因，深圳的珊瑚礁正受到严重的破坏。海洋环境恶化导致珊瑚钙化受到很大影响，甚至使珊瑚礁退化，如何让珊瑚钙化速率加快而修复珊瑚礁呢？

由于珊瑚礁受到破坏，海岸保护的严峻形势日益突出，人们尝试使用建造堤坝，投放人工礁体等各种方法保护海岸，但人工礁体易被海水侵蚀，需要定期维护，耗费大量人力物力且成本较高。根据弱电能促进生物生长的原理，在 20 世纪 90 年代，科学家利用海水电化学沉积碳酸钙结晶的技术，可以修复珊瑚礁体，在海水中产生坚固的岩石，生成新的礁石堤岸。这项技术能使新的礁石不断形成，很好地解决了礁体受海水冲刷受到腐蚀等问题，拥有传统海岸修复技术无可比拟的优势，这是现今国际上采用的有效修复手段之一。

在利用电沉积技术修复珊瑚礁的研究中，大都采用鹿角、杯形等分枝状造礁石珊瑚为研究对象，而对块状石珊瑚如扁脑珊瑚的研究较少，而块状珊瑚具有个体大、坚固、对抗风浪能力更强等特点，对于保护和维持珊瑚礁生态系统是非常重要的。

请同学们思考：人们通过什么方法让海水带电促进珊瑚的生长呢？

2. 自主探究

原理探究

扁脑珊瑚是深圳大鹏半岛珊瑚的优势种类，抗逆性较强、生长速率比较快，是珊瑚礁恢复中存活率较高的物种，是珊瑚礁修复工作中值得考虑选用的种类。我校现有珊瑚生态系统缸，同学们又搭建了 9 个微型珊瑚生态模拟缸。我们培育的珊瑚就是扁脑珊瑚，国际上相关研究很少。你能否设计并组装水电循环装置，促进扁脑珊瑚的生长，提高钙化效率？引发学生兴趣后，提出问题：

（1）如何通过通电让海水中的钙离子能定向移动到珊瑚体内聚集，从而促进珊瑚及其骨骼的生长？

（2）如何合理控制变量、设计培育珊瑚实验方案？

（3）如何精确记录电作用环境中珊瑚成体的形态、颜色、钙化速率的变化？

（4）如何控制实验误差？

教师通过以上问题引发学生思考，学生在探究的过程中调取相关的学科知识之后，为接下来学生自行设计组装促进珊瑚生长的水电循环打下基础。

技术探究

（1）如何保证用电安全？

（2）水电循环装置设计成串联电路还是并联电路？

（3）如何控制电流和电压的稳定性？

（4）你设计的水电循环装置是什么样子的？请画出设计图。

3. 解释交流

学生们在有了自己的设计图后以小组为单位进行展示，分享自己的方案，老师对学生的方案做出分析指导，最终采用大家公认的最优方案。

（1）珊瑚的种类

珊瑚虫属腔肠动物门珊瑚虫纲，是腔肠动物门中最大的一个纲，有 7000 多种，均为海产。珊瑚通常包括软珊瑚、柳珊瑚、红珊瑚、石珊瑚、角珊瑚、水螅珊瑚等。珊瑚虫在白色幼虫阶段便自动固定在先辈珊瑚的石灰质遗骨堆上，珊瑚是珊瑚虫分泌出的外壳，珊瑚的化学成分主要为 $CaCO_3$（碳酸钙）。

（2）生态系统的组成

生态系统包括非生物、植物（生产者）、动物（消费者）、微生物（分解者）。生态系统是指在一定的地域内，生物与环境构成的统一的整体。生态系统包括生物成分和非生物成分，生物成分包括生产者、消费者和分解者。生态系统的组成成分越复杂，其自动调节能力就越强。

（3）电化学沉积技术

电化学沉积是指在外电场作用下电流通过电解质溶液中正负离子的迁移并在电极上发生得失电子的氧化还原反应而形成镀层的技术。具有以下特点：

电解液配方　电解质溶液的配方即电解质的强弱对通过电流的大小、多少有重要影响。

电量　电流通过电解质溶液时，通过电极的电量与发生电极反应的物质的量成正比。这就是著名的法拉第定律。

电压　外加电压的大小能够改变离子的迁移速度，而离子传输的电量则与离子的迁移速度成正比。即外加电压与离子传输的电量成正比关系。

离子迁移　电解质溶液的浓度和温度直接决定着离子迁移数，也决定着该种离子所传输的电量在通过溶液的总电量中所占的分数。在相同电场力作用下不同离子的迁移速度并不相同，离子的迁移速度与离子的活度、价数及络合离子半径等因素有关。

4. 精致完善

在经过教师对需要解决的关键问题进行讲解后，学生们设计具体的方案，形成工程项目书（见下表），并让学生根据项目书进行水电循环装置的制作。

工程项目书

项目名称：
进行时间：
小组成员及分工：
所需材料：
水电循环装置制作方案（画出模式图，下图可供参考）

电沉积装置结构图

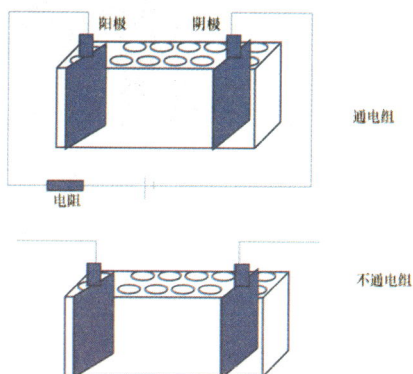

组装方案（怎样保持电压和电流的稳定、称量珊瑚的质量）：

设计方案（检测海水的盐度，并进行人工配制）（下图可供参考）

	0mA			
对照组	1缸	2缸	3缸	各缸均加入3株扁脑珊瑚、3棵钙藻、3颗马蹄螺

	10mA			
实验组1	4缸	5缸	6缸	各缸均加入3株扁脑珊瑚、3棵钙藻、3颗马蹄螺

	20mA			
实验组2	7缸	8缸	9缸	各缸均加入3株扁脑珊瑚、3棵钙藻、3颗马蹄螺

水电循环装置与微型珊瑚生态模拟缸的外形设计方案（让外景观更加美观）：

　　学生们在制作过程中，老师用引导的方式给予学生提示，提供参考方案，不直接给出答案，从而更好地锻炼学生解决问题的能力。

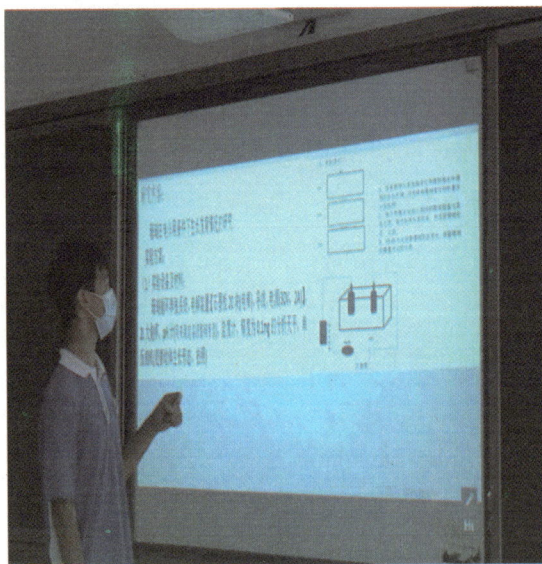

图1　小组代表汇报实验设计　　　　图2　水电循环装置

5. 展示评价

学生展示交流他们所做的珊瑚生态缸，讲述制作过程和制作心得。

从以下几个方面对水电循环装置的组装进行评价：

图3 探究电沉积装置对珊瑚生长影响的实验设计场景图

项目	自评	他评	教师评	总评
水电循环电路设计				
保持电压电流稳定装置				
实验方案的可行性				
实际效果（海水通电电流控制）				
实际效果（珊瑚增加质量及其误差控制、状态记录）				
新颖之处				
外观样式				

进一步提升

1. 当通电导线在腐蚀性较强的海水中被腐蚀后无法使用，该如何改进水电循环装置？

2. 实验过程中，珊瑚状态差异很大，如何控制其他变量，从而确认是电流强度不同而造成珊瑚状态不一？

3. 称量珊瑚质量，需要将珊瑚从海水中拿出来控干水分后称量，珊瑚水分过多，称量会将水的质量记为珊瑚质量，但水分不可控得太干，否则珊瑚会死亡，如何控好水分，避免误差过大？

六、教学点评

本探究活动完整地体现了以下探究活动的过程：

1. 从珊瑚现状及面临危机引入，联系国际国内珊瑚保育情况。

2. 学生自然而然提出问题：如何促进珊瑚生长？通过查阅文献，发现电沉积技术能促进珊瑚生长。

3. 学生结合微型珊瑚生态模拟缸的结构自行设计水电循环装置，制订实验计划，选出控制变量为电流，设计电流梯度对照实验，实施计划时认真观察和记录，收集证据、数据，评价数据的可靠性。

4. 通过照片对比分析珊瑚通电前后的变化，分析和判断收集的照片、珊瑚质量数据变化，得出结论。

5. 最终写出促进珊瑚生长的水电循环装置报告。

存在问题

1. 本探究活动珊瑚质量的数据存在误差，原因是称量珊瑚质量，需要将珊瑚从海水中拿出来控干水分后称量，珊瑚水分过多，称量会将水的质量记为珊瑚质量，但水分不可控得太干，否则珊瑚会死亡。水分控制比较难以把握，存在水分控得不够干，将一部分水的质量记为珊瑚的质量，从而导致结论不够严谨。

2. 珊瑚生长周期较长，短期培养的珊瑚质量变化不明显，需要长期的实验探究。

学生在亲历完整的探究性的学习过程中，学会尊重客观事实，养成严谨的科学态度，并在发现问题和解决问题的过程中，提升自身动手能力，并逐步形成一定的理性思维。

珊瑚生态模拟缸的制作

程忠娣　周小燕

一、项目背景

珊瑚虫属腔肠动物门珊瑚虫纲动物，珊瑚是珊瑚虫分泌出的外壳。经年累月，珊瑚和其他生物分泌的钙质骨骼胶结在一起便逐渐形成大块的礁体，就是被誉为海洋中的热带雨林的珊瑚礁。珊瑚礁生态系统是海洋中生物种类最多、生物量最丰富的生态系统，海洋中大量的生物都依靠珊瑚礁来生活，是维系海洋生态的基石。由于海洋环境恶化导致珊瑚钙化，使珊瑚礁受到很大影响，甚至使珊瑚礁退化。通过本项目，学生动手设计保育珊瑚的微生态缸，了解生物生存所需要的环境条件，了解净化水的常用方法，知道水质的营养盐、酸碱度的检测方法。

二、项目任务

设计并制作一款保育珊瑚的微生态缸。

三、融合要素对接

类别	目标详解
学科原理	生物：1.举例说明光照、温度、水分、空气等是生物生存的环境条件，描述生态系统中的食物链和食物网，概述生态系统的组成。2.阐明生态系统的自我调节功能是有限的（人教版生物七年级上册第二章了解生物圈第一节《生物与环境的关系》、第二节《生物与环境组成生态系统》）化学：1.了解吸附、沉淀、过滤和蒸馏等净化水的常用方法（人教版化学九年级上册第四单元自然界的水课题水的净化）；2.会用指示剂和pH试纸检验溶液的酸碱性（人教版化学九年级下册第十单元实验活动《酸和碱溶液酸碱性的检验》）
技术制作与技术知识	1.掌握海水的配置、水净化系统的制作方法及使用方法 2.水质检测和维护的技术
工程支持	微型珊瑚生态缸的组装方法，整体搭建的方法
艺术设计	对珊瑚微缸进行造景设计，使微缸更美观
阅读与写作	学生通过查阅文献、书籍学习关于检测水的方法、净化水的原理，并掌握珊瑚的生存环境等相关知识

四、课前准备

亚克力板生态缸（空）、阳光模拟灯、电线、海盐、盐度计、pH试纸、氨氮测试盒子、过滤棉、微型水泵。

五、5E教学过程

情境引入→问题探究及方案设计→实验操作→相关原理探讨→外观设计→完善改进→模型成品展示交流。

5E 探究式教学流程

1. 参与引入

珊瑚礁是大量生物的栖息地，被誉为海洋中的热带雨林。同时珊瑚礁是天然的防波堤，大大降低了海浪到达海岸的高度，保护海岸线。由于温室效应导致海水温度升高、海平面上升，以及海水污染和人类过度捕捞等人为破坏，珊瑚现在面临严重的威胁。我们深圳拥有广阔的海域，在全球海洋中心城市定位的大背景下，我校也建立了珊瑚保育站。请同学们思考：人们采用什么方法模拟珊瑚在海里的生存环境呢？运用什么原理保持模拟的生存环境适合珊瑚的长期生存？

2. 自主探究

原理探究

你是否也想自己制作一个珊瑚生态系统缸？引发学生兴趣后，提出问题：

（1）珊瑚生活在海水中，海水的 pH 值、盐度是多少？盐度如何计算？

（2）海水是流动的，本身有较强的净化能力。如何确保配制好的人工海水也具有流动性和良好的水质？有哪些净化水的方法？有哪些检测水质的方法？

（3）珊瑚在海里的生存环境是一个复杂的、完整的生态系统，我们又该如何维持珊瑚生态缸中微型生态系统的平衡？

（4）在海里，太阳光促进藻类进行光合作用，我们制作的珊瑚生态缸需放在室内，用什么方式补充太阳光？

教师通过以上问题引发学生思考，学生在探究的过程中调取相关的学科知识之后，为接下来学生自行设计制作珊瑚生态缸打下基础。

技术探究

（1）如何用海盐配制与海水的盐度一致的人工海水？

（2）参照水族缸的水循环系统，你该如何设计生态缸的水循环系统？

（3）根据已有材料，你采用哪种净化水的方法？如何检测水质是否达标？

（4）阳光模拟灯应该如何安装？

（5）你设计的珊瑚生态缸是什么样子的？请画出设计图。

3. 解释交流

学生分小组设计，课上采用 PPT 汇报各组实验设计，然后开展小组内评、组间互评、教师评。投票选出最佳设计实验方案进行表扬。最后师生共同优化实验设计，确定最终实验方案。

（1）生态系统的组成

生态系统是指在一定的地域内，生物与环境构成的统一的整体，生态系统包括生物成分和非生物成分，生物成分包括植物（生产者）、动物（消费者）和微生物（分解者）。生态系统的组成成分越复杂，其自动调节能力就越强。

（2）水过滤的技术

按照水过滤的精细程度目前分为微滤、超滤、纳滤和反渗透，每种过滤方式所处理的对象都不一样，它们的过滤粗细也不同。微滤又称微孔过滤，是以多孔膜为过滤介质，截留溶液中的沙砾、淤泥、黏土等颗粒、藻类和一些细菌等，而小分子及少量大分子溶质都能透过膜的分离过程。

（3）适合珊瑚生存的环境

要求生长在暖水中，最适宜水温为 25～30℃，下限为 18℃，上限为 36℃。要求有充足的光照，珊瑚主要与虫黄藻共生，才能生长良好。虫黄藻是一种植物，它要进行光合作用，就需要有充足的光照条件。要求水体运动更新，不断扰动或运动的水体含有较多的溶解氧和饵料，有利于珊瑚的生长。要有适宜的附着基底，一般坚实的基底，利于珊瑚的固着生长，泥沙质底质容易被波浪和水流掀动，不利于珊瑚的固着。要求较高的透明度，清晰透明的海水利于珊瑚生长，相反浑浊的水体，由于含有大量的悬浮物质，不利于珊瑚的呼吸与生长，甚至会令其窒息死亡。

4. 精致完善

在经过教师对需解决的关键问题进行讲解后，学生们设计具体的方案，形成工程项目书（见下表），让学生根据项目书进行珊瑚生态缸的制作。

LED 灯　　　　　循环水泵　　　　　细菌培养基　　　　　滤棉

 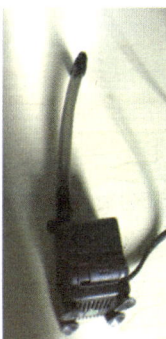  

图1　实验器材

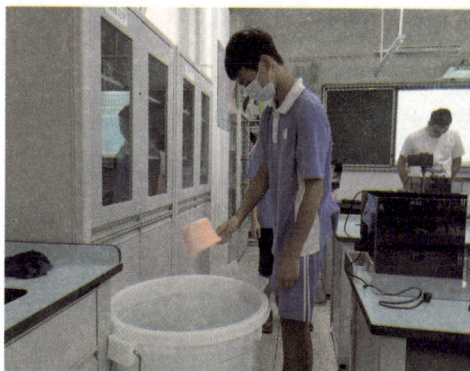

图2　配制海水

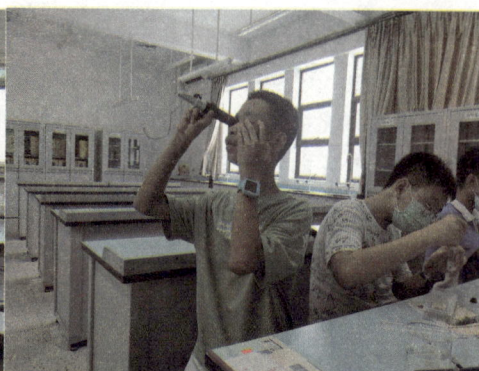

图3　海水盐度检测

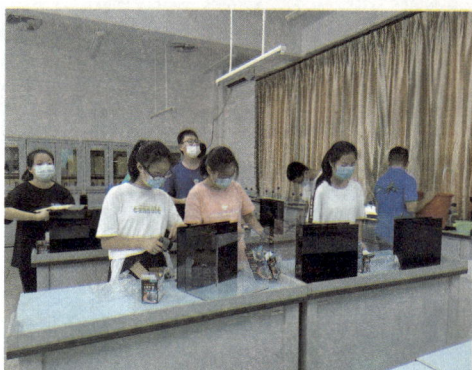

图4　组装珊瑚缸

图5　珊瑚缸造景

工程项目书

项目名称：
进行时间：
小组成员及分工：
所需材料：
珊瑚生态缸总体框架制作方案（画出模式图）：
制作方案（怎样配制海水、怎样保持海水流动、检测水质达标）：
设计方案（检测海水的盐度，并进行人工配制）：
珊瑚模拟生态缸造景设计方案（让生态缸内外景观更加美观）：

　　学生们在制作过程中老师用引导的方式给予学生提示，不直接给出答案，从而更好地锻炼学生解决问题的能力。

5. 展示评价

学生展示交流他们所做的珊瑚生态缸，讲述制作过程和制作心得。

从以下几个方面对珊瑚生态缸的制作效果进行评价：

项目	自评	他评	教师评	总评
生态缸设计				
操作过程				
实际效果（海水循环装置、海水净化装置、阳光模拟装置是否可以运行）				
新颖之处				
外观样式				

进一步提升

1. 当微缸中海水浓度过高或过低，该怎么调整人工海水为适宜的盐度？

2. 还有哪些方法使得珊瑚微缸中的生态系统更加稳定？

3. 珊瑚微缸日常维护过程中有哪些注意事项？

六、教学点评

通过本次实践活动，学生能够清楚地意识到珊瑚对生长环境要求非常高，温度、pH 值、营养盐浓度、盐度须达到一定条件才能生存。但由于人类活动的影响，温室效应导致海水温度上升、海水酸化严重、海洋水体污染严重，全球范围内珊瑚白化严重。掌握了人工养殖珊瑚技术之后，接下来我们将进行进一步探索促进珊瑚生长的条件，在宣传珊瑚保育知识的同时，致力于为海洋珊瑚保护提供一些参考依据。

《海错图》中的海洋生物造型

韩 雪

一、项目背景

《海错图》是清代画家兼生物爱好者聂璜所绘制的涵盖了 300 多种生物的

书，里面不光有当时存在的海洋生物，也有神话故事中光怪陆离的神秘生物。在本项目中，我们将利用版画，重现《海错图》，学习相关海洋生物的知识。

二、项目任务

能够用版画的形式再现清代《海错图》，并结合生物学科知识对《海错图》中的生物有一定的了解。

三、融合要素对接

类别	目标详解
学科原理	美术：学习版画的制作过程与技法，用版画的形式再现清代《海错图》（岭南美术出版社美术七年级下册第五单元 第9课《海风·海潮·渔歌》） 生物：学会探究鱼类运动和呼吸的方式，概述鱼类的主要特征（人教版生物八年级上册第五单元第一章第一节《水中生活的动物》）
学科知识	美术：掌握版画的制作过程；刻刀、滚筒、油墨的正确使用方法；刀法种类的风格特点等 生物：掌握这些动物形态结构与它们的生活环境和运动方式有什么关系
工程支持	版画制作方法。动物形态结构特点及名称
编创描述	在对其他海洋生物的创作上，需要熟悉该海洋生物的造型特点及生活习性
艺术设计	版画创作上，技法熟练，作品具有独特的风格与特点
阅读与写作	学生通过查阅关于海洋生物的文献、书籍资料，能够总结海洋生物与《海错图》的区别与相似之处，罗列表格

四、课前准备

刻刀、滚筒、版画油墨。

五、5E 教学过程

参与引入 ➡ 自主探究 ➡ 解释交流 ➡ 精致完善 ➡ 展示评价。

5E 探索式教学流程

1. 参与引入

教师展示地球表面超过 70% 的面积都被液态水覆盖的照片，这是地球区别于其他行星的重要特征。自有历史记载以来，海洋的神秘莫测就吸引着人类。

有资料表明，5亿年前的人类远祖及其近亲是有眼睛有脑有脊椎的天下第一鱼（昆明鱼类）。我们人类是由鱼类进化而成的，这太神奇了！接着展示《海错图》画册，介绍《海错图》的历史背景。

教师：同学们，《海错图》里的海洋生物是真实存在的吗？历经了三百多年，它们的外貌是否发生了变化？与现实生物对比有何不同？是什么原因造成了它们的变化？与人类的行为有着怎样的联系？我们还能用何种形式临摹《海错图》？让更多的人发现海洋生物的可爱，提高海洋保护的意识。

2. 自主探究

原理探究

观看图片后学生引起兴趣，进一步进行问题探究：

（1）《海错图》中的海洋生物与现实生物对比有何不同？现实生活的海洋生物具有哪些结构？《海错图》中的生物有吗？

（2）造成它们的变化的影响因素有哪些？

（3）如何用版画的形式临摹《海错图》？

教师通过这两个问题引导学生将清代《海错图》里的海洋生物与现实生物的资料进行收集与对比，了解它们的"前世今生"外貌形态的演变历程、习性及生长环境等，增长关于海洋生物的相关知识。学生自行查阅资料，集体讨论，提高信息技术能力与资料整合能力。

从版画制作原理出发，进行套色木刻版画制作，继承与发展传统文化。培养分工与合作的意识，提高逻辑思维与团队合作能力。从而为接下来学生自行创作海洋生物版画打下基础。

制作探究

教师继续进行引导：同学们已经对《海错图》里的海洋生物的"前世今生"外貌特征有了初步的了解，下面让我们学习如何用版画的形式临摹《海错图》。

（1）如何将《海错图》中图案复制到木版上？

（2）如何正确使用木刻刀？不同种类的木刻刀刻出来的形状有什么特点，适合在什么地方使用？

（3）如何给木版上色？滚筒如何使用？

（4）如何将木版上的图案印制到纸上？最后如何签署？

3. 解释交流

学生们对海洋生物的结构进行探讨，对比《海错图》中的生物与现代海洋生物结构的差别。

学生总结得出结论：①用鱼鳍游泳；②呈流线型，减小阻力；③用鳃进行呼吸；④身体颜色上深下浅为保护色；⑤身体表面覆盖鳞片，鳞片上有黏液，减小阻力。

学生们进行探讨，并分组展示讨论成果，教师为学生进行分析指导，帮助学生找到最严谨最规范的版画制作方法。

（1）上稿——将《海错图》的海洋生物复制到木版上

选取《海错图》中同学们感兴趣的海洋生物，电脑调整图片至左右翻转镜像后打印出来。打磨木版，用复写纸将不同色块的部分拷贝不同的木版上（分版上稿）。之后用毛笔在描好图案的木版涂上加了水的蓝色钢笔墨水（方便区分未刻与已刻部分）。待干后，用 2000 目水砂纸轻轻打磨一次，然后用熨斗在木版上烫蜡，将蜡烛液均匀融入木版内，这样能使木版更好刻。最后再用砂纸打磨木版表面直到木版的手感如婴儿肌肤般光滑，木版的前期准备就完成了。

（2）木刻刀的种类与使用方法

木刻刀分为圆刀、斜刀、平刀、三角刀等。使用时，右手虎口顶住刀柄向前推，左手控制刀头方向，注意左手不能放在刻刀前方，以免误伤。

（3）上色——滚筒的使用方法及油墨的调和方法

在玻璃台上挤上版画油墨，然后用刮刀调色均匀，用滚筒在油墨上反复上色，达到又薄又匀的状态后，在木版上滚上颜色，以薄而均匀为佳。

（4）版画印制与签署

印的时候，木版与纸张要先确定位置，并固定，不然套色会套不准，产生重影，降低清晰度；最后，磨印的时候要全程按住纸张，不然纸张与木版发生位移，图案也会模糊。可以中途揭开纸张一角，检查是否都印实了，如没印好，把纸张放下用马莲继续磨印。

签署规范：在版画的下方，用铅笔按照印数、画名、作者名、创作时间顺序签署。

4. 精致完善

学生进行版画练习，采用分小组合作进行，打磨完善，对制作效果不理想的部分进行多次重复训练直至图案刻制准确、颜色调和自然、印制图形清晰、签署规范准确。

（一）先由学生自行发现问题所在，再由教师统一进行指点，更正问题。

（二）小组之间相互发现问题，组内成员相互点评与指点，未发现与改正的错误再由教师进行勘误。

【版画创作】

经过生物教师对海洋生物的特征及生活习性的讲解，让学生们对自己感兴趣的海洋生物进行手绘创作练习，并将画稿制作成版画。

海洋生物名称：
造型特点及生活习性：
所需素材：
创作手稿：
版画创作风格（选择单色还是套色）：

学生们在创作过程中老师用引导的方式给予学生建议，不直接修改，从而更好地锻炼学生创作的能力。

学生在版画创作过程中，不断调整画面效果，直至获得满意的作品。

5. 展示评价

学生展示自己完成的版画作品，小组间进行投票，选出同学们心目中最好、最具个性、最生动的作品。在这个过程中学生分享创作构思，相互交流制作心得。

图6　套色木刻版画作品《海鲦鱼》

项目	自评	他评	教师评	总评
真实性				
生动性				
完整性				
创意性				

提升

除了海洋生物，想一想：陆地生物、空中生物是否也可以用此方法创作。

版画展评

六、教学点评

通过本项目，学生能够系统地研究清代《海错图》里的生物，并与现实生物进行对比，制作图文对比表格；通过学习传统艺术版画的制作过程与技法，用版画的形式再现清代《海错图》；立体地学习《海错图》里的人文自然及艺术造型之美并付诸实践，为提高学生的美术核心素养能力及终身学习奠定基础。

海上事故逃生讲解立体模型图设计

黄颖新

一、设计背景

地球的表面积为 5.1 亿平方千米，其中 71% 为海洋，29% 为陆地。海洋之大，海洋之广，使人类活动有很多时候会在海洋中进行。因此不可避免地存在海上事故的发生，每年都会因为海上事故发生人员伤亡。创设一个海上事故情境，让学生投入到该情境中进行逃生讲解立体模型图的设计，可以让同学们在实际问题的解决中掌握知识的运用和技能的学习，符合项目式教学理念。

二、解决问题

探索出海上事故逃生讲解立体模型图设计制作的方法以及所需要的材料。

三、融合要素对接

类别	目标详解
科学原理	地理：1.地理中的洋流对海上流动和人在海上漂流位置的影响的相关知识 生物：人体在海上的温度变化及其对生命特征的影响 物理：1.探究群体如何在海上维持一定区域的海上温度；2.探究人在海上浮力的作用（人教版八年级下册物理 第十章《浮力》） 工程：使用激光切割进行海上事故现场模型打造 美术：设计科学美观的立体讲解模型图（七年级美术上册第五单元科技模型与美术）
技术制作与技术知识	学生掌握相关的专业知识和逃生知识。例如洋流、激光切割的运用、低温症、水温控制、浮力作用等
工程支持	学生考虑该研究题目的价值，能否推广到实际生产生活中

四、课前准备

视频、木板、电脑、热熔枪、不同颜色卡纸、不同大小木头、可塑橡皮泥。

五、5E 教学过程

情境引入→问题创设与探究→科学原理分析→自主探究与小组讨论→激光切割图形设计→小组作品分享。

5E 探究式教学流程

1. 参与引入

教师利用情境导入：现在我们乘坐一艘邮轮出海游玩，邮轮失控侧翻，大家都掉入水中，船也解体沉入大海，伴随着许多物件浮上水面。此时如果我们全班同学都在这个船上，我们该如何进行自救？

2. 问题思考（小组讨论）

（1）我们遇到海上事故，如何自救？

（2）自主讨论，学生总结。

（3）教师点评。

3. 教师与学生共同探究分析

举例： 2017 年，一艘载有中国游客的游船在马来西亚沙巴州环滩岛附近发生沉船事故。已有 20 名中国游客和 2 名船员获救，3 名中国游客不幸遇难。另外仍有 5 名中国游客和 1 名船员共 6 人下落不明。以此事故为例子，从实际出发学生自主探究该事故中，可学习的逃生经验，并进行总结分享。

4. 根据案例中的相关经验，进行相关知识原理讲解

（1）浮力

浸在流体内的物体受到流体竖直向上托起的作用力叫作浮力。浮力指物体在流体（液体和气体）中，各表面受流体压力的差（合力）。

（2）洋流

洋流，即海流，也称洋面流，是指海水沿着一定方向有规律的具有相对稳定速度的水平流动，是从一个海区水平或垂直地向另一个海区大规模的非周期性的运动，是海水的主要运动形式。

（3）水温变化

在人围着的区域水温的温度会比外部区域更高一点。

（4）生命特征变化

人的身体情况，有没有受伤的地方，有没有不适的情况。

（5）心理特征变化

人在危机的情况下，会出现的不同的心理变化，正确的认识这些变化，可以有效地解决心理问题。

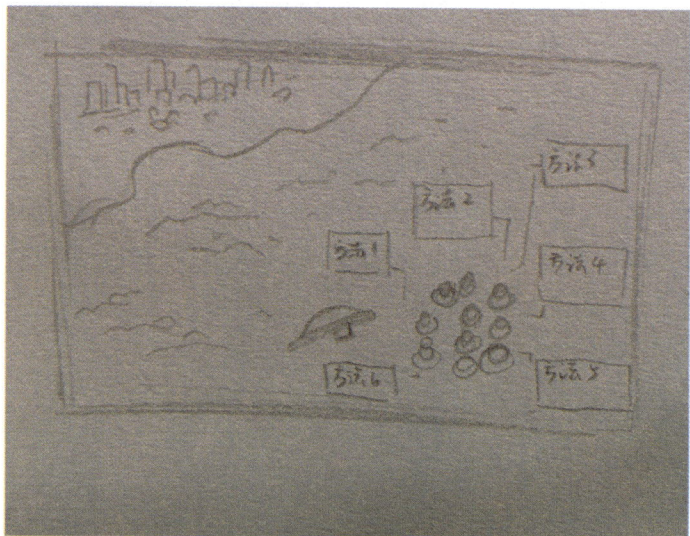

立体模型图设计

5. 海上事故逃生讲解图模型的设计制作

（1）使用电脑进行所需模型的设计。

（2）进行讲解图模型搭建。

6. 成果汇报会

（1）各组分享作品并现场讲解相关逃生原理。

（2）学生投票选出最佳创意奖。

7. 评价

学生得出研究报告后，分享自己的研究成果，讨论怎样进行讲解图设计制作更科学。进行进一步的鉴定。学生根据参与情况对本节课的表现给予评价。

项目	自评	他评	教师评	总评
设计思路				
实验操作				
创意想法				
是否解决问题				

六、教学点评

本节课为探究式的教学，设计制作较多，培养了学生的思维能力和设计制作操作能力。在自主设计探究的过程中，也培养了学生的逻辑思维能力，本节课主要的内容是海上事故逃生讲解图模型设计制作，将日常生活中可能会遇到的问题与实际教学相互联系，使题目更具有研究意义。

航海简易地图制作

黄颖新

一、设计背景

地图在我们的生活中应用越来越普及，尤其是近些年来电子地图的应用使我们的生活更加便捷，但是在生活当中经常有人拿着地图却看不懂地图，还有时会出现没有地图的情况，这就需要我们进行基本地图绘制的学习，这不仅可以方便我们的日常生活，同时也可以为突发事件提供不时之需。

二、解决问题

如何在荒岛中进行简易地图制作并逃生？

三、融合要素对接

类别	目标详解
科学原理	地理：1.地图绘制三要素（人教版地理七年级上册第一章第一节地图的认识与绘制）；2.比例尺的计算；3.图例的描述 艺术：1.图例的设计（七年级美术上册第五章第一节视觉与艺术）；2.地图的美化
技术制作与技术知识	Inkscape 相关绘图软件的应用
数学描述	比例尺的计算

四、课前准备

全球定位系统数字地图、电脑中绘图软件、绘图纸（A4 大小）、铅笔、直尺、计算器。

五、5E 教学过程

情境引入→初步形成设计图→地图绘制知识、绘图知识讲解→方案改进→地图绘制→完善改进→地图展示交流。

5E 探究式教学流程

1. 参与引入

教师创设情境，假设我们在一座荒岛上，我们需要乘坐自己制作的木筏逃离这座小岛，那我们需要什么呢？木筏需要往哪个方向前进？哪个方向前进不会遇到一些不可知的地形危险？

教师出示 Google earth 地图，让学生自行选择一块小区域进行简单地图的绘制。

2. 自行探究

指导学生进行自主探究

（1）学习地图绘制的一些基本要素；

（2）小组合作选取本组所要绘制的区域；

（3）小组合作设计所选区域事物图例；

（4）小组合作进行比例尺的计算；

（5）小组合作将所绘草图用绘图软件呈现。

3. 解释交流

教师让学生们将自己设计的方案以小组的形式进行展示，教师根据学生的展示，向学生解释一个完整的地图应该如何进行绘制。

地图绘制的方法

一幅地图的绘制需要包含 3 个要素：方向、比例尺、图例或注记。其中方向的标注是一幅地图的基础，方向的判别分为指向标法、经纬网法、生活情境法，一般默认"上北下南，左西右东"，其他情况下则需要根据实际情况进行方向的具体判断和调整。比例尺指图上距离和实际距离的比值。在选择比例尺数值的时候一定要合理，不可太大，否则无法囊括所有地图事物；亦不可太小，否则不能保证事物的详细。图例或注记指具体事物的小标，在设计的过程中要尽量简洁形象。

4. 精致完善

学生根据老师的讲解进一步改善初步草图，思考在绘制地图的过程中遇到的困难，提出来在全班面前交流完善。

5. 展示评价

学生展示交流他们所绘制的区域地图，并与实际地图进行比对，同时组与组之间进行交换评价。

项目	自评	他评	教师评	总评
方向判别				
比例尺计算				
图例设计				
创意想法				
是否一目了然				

六、教学点评

本节课将地理当中地图的绘制与现实生活结合起来，同时让学生学会基本绘图软件的应用，将现代科技与地理知识相结合，符合未来对学生提出的求。

制作简易海水净化器

任亚楠

一、设计背景

我们都知道地球水库容量是非常巨大的，在地球总地表面积中，有三分之二以上的面积被水覆盖，但是在其中只有百分之零点几是淡水资源，而在仅有的淡水资源中又只有少部分的水是可以饮用、被人类利用的。这就需要我们去充分开发可以利用的淡水资源，改善水资源分布不均和水资源严重短缺的现状，同时将地球上的海水资源进行有效淡化，以供人类所需，那如何将海水净化呢？

二、解决问题

制作简易的海水净化器。

三、融合要素对接

类别	目标详解
科学原理	地理：1.海水的储量和淡水资源的储量（人教版地理七年级下册第七章第三节《西亚海水淡化》）；2.海水淡化技术 美术：海水净化器的设计与美化（七年级美术上册第五章第一节《视觉与艺术》）
技术制作与技术知识	如何将海水进行淡化需要相关的海水淡化技术支持，需要了解清楚工艺流程
工程支持	设计并测试海水净化器的使用效果
数学描述	计算海水淡化之后的含盐量

四、课前准备

海水资源的资料查阅、家用净水器的工程了解、净化海水的材料、净化海水的技术支持、课程进行过程中的实际需要。

五、5E 教学过程

地理问题引入→海水淡化知识→初步形成方案→方案改进→方案实操→完善改进→成品展示交流。

5E 探究式教学流程

1. 参与引入

导入一：教师创造情境，假设我们大家在一个荒岛上，那么在你看来维持生存最重要的是什么？是的，当然是水，有人曾经调查过，一个人如果不吃食物只喝水可以维持 7 天的时间，如果不吃食物也不喝水最多只能维持 3 天，可见饮水对于生存的重要性，接着教师提出问题：荒岛周围的水可以直接饮用吗？学生答不可以。这时引出我们的主题：海水净化器的制作。

导入二：出示地球上水资源的总量以及可饮用水资源总量，同时结合当下区域水资源分配不均，部分人群遭受缺水威胁的境况，提问学生：如何增加更多的饮用水以供人类使用？

2. 自主探究

指导学生进行自主探究：

（1）查阅地球水资源总量及可饮用水相关数据；

（2）查阅市场上的纯净水处理器以及海水净化技术；

（3）学生根据收集的资料进行海水净化器设计；

（4）学生根据绘制的设计图，寻找合适的材料，先初步设计海水净化器。

3. 解释交流

教师让学生们将自己设计的方案以小组的形式进行展示，教师根据学生的展示，向学生补充海水净化相关技术和材料知识。

海水净化技术：由于海水淡化可以帮助人们开源，所以其实在很多年前，人们就已经有了海水淡化技术，可以说其历史源远流长。截至 2021 年，全球的海水净化技术已经有 20 多种，其中包括反渗透法、低多效、多级闪蒸、电渗析法、压汽蒸馏、露点蒸发法、水电联产、热膜联产以及利用核能、太阳能、风能、潮汐能海水淡化技术等等，以及微滤、超滤、纳滤等多项预处理和后处理工艺。在这些方法中反渗透法和蒸馏法是市场的主流。

4. 精致完善

学生根据老师的讲解进一步改善初步设想，并选择其所支撑的技术原理，思考在制作这样的海水净化器时需要哪些材料，怎样选择材料才能达到净化海水的目的，同时不会产生二次污染。学生在这个过程中可以自行采购材料，尽量用一些生活中常见的材料，运用所学相关知识来解决问题。

5. 展示评价

学生展示交流他们所做的海水净化器，有条件的地方，让学生捞取适量的海水，进行现场效果实验。

项目	自评	他评	教师评	总评
设计草图				
外观制作				
内部结构				
创意想法				
是否解决问题				

六、教学点评

本节课将地理中水资源相关知识的学习与艺术中净水器的设计章节相结合，通过创设情境和进行相关资料的收集查询，对海水净化技术有一个初步的了解，在此基础上进行小组合作探究制作海水净化器，在这个过程中学生充分将其所学与实际生活相联系，不仅提升了学生们的探究思维，同时提高了他们对于科学的兴趣。

海上逃生木筏制作

黄颖新

一、设计背景

地球的表面积为 5.1 亿平方千米，其中 71% 为海洋，29% 为陆地。海洋之大，海洋之广，使人类活动有很多时候会在海洋中进行。因此不可避免地存在海上事故，每年都会因为海上事故发生人员伤亡。事故发生时，有的海上逃生者有幸找到岛屿上岸，也无法与外界联系。因此学习海上逃生木筏的制作，可以拓展学生的荒野求生的思维和能力。可以激发学生在特定情境下的思考纬度和学习激情，也能通过学习海上逃生木筏的学习情景创设，让学生从生活出发，在实际问题的解决中掌握知识的运用和技能的学习，符合项目式教学理念。

二、解决问题

寻找出逃生木筏制作的方法以及所需要的材料。

三、融合要素对接

类别	目标详解
科学原理	物理：1. 通过探究不同木块布局对浮力大小的影响，探究发现木筏设计布局的最佳方案（八年级物理下册第十章《浮力》）。2. 木筏动力探究，探究帆布代替材料的运用及可靠性分析。3. 探究风向标设计对风向的判断
技术制作与技术知识	激光切割机的使用
工程支持	学生考虑该研究题目的价值，能否推广到实际生产生活中
艺术体现	美术：木筏设计和结构布局（七年级上册第四单元知识点）

四、课前准备

木头 20 个、木扦 10 条、热熔枪一把、胶水一只、不同颜色纸张 5 张。

五、教学过程

情境引入→材料分析和选择→制作方法分析→浮力实验——材料布局→不同环境木筏承受力探究→木筏设计制作。

探究式教学流程

1. 参与课题导入

教师利用情境导入：有 4 个人开船去一个岛屿游玩，四个人坐在一个充气船上睡觉，到了下午，大家睡醒发现漂到了一个孤岛上。根据时间计算，大家离船的位置不算太远。由于大家没有带通信设备，现在需要制作一艘逃生木筏回到原来的船上才能获得救援。

2. 问题思考（小组讨论）

问题： 逃生木筏应该具备哪些结构？

学生总结（教师归纳）

（1）木筏的筏身应该由木头进行组合以支撑多人的漂浮重量。

（2）木块的拼装要稳固，并且要设计固定座位的结构（例如：扶手、围栏）。

（3）为了让木筏具备足够的动力，应有帆布的结构（考虑替代的材料）。

（4）为了判断风向，应有一个风向标。

3. 自主探究

指导学生进行自主探究

【自主探究一】根据讨论的结果，请同学们以小组为单位在白纸上进行草图设计，并进行草图设计的讲解。

小组分享设计成果，并解释设计意图。

【自主探究二】木筏设计制作（教师提供材料有：大小不同的木块、绳子、小碎布、叶子、不同重量的铁球、水盆）。

木筏的底层结构设计制作

各组根据自己的设计，用木块进行组合拼装木筏底层结构。

（1）浮力相关知识讲解。

（2）浮力比赛：我们都知道木头能浮于水面，但是木头的浮力有多少，怎样组合木头的结构才能有更大的浮力，需要我们进行研究。让学生初步理解木头的组合对浮力的影响，通过比赛的形式提高学生的研究热情。

各组的同学将制作好的木筏底层结构捆绑不同重量的铁球，比一比谁制作的木筏底层结构浮力最大。同时根据老师提供的材料，测算出自己的木筏的浮力大小，并且不断改进。

（3）稳定性结构讲解：三角形是最稳定的结构。

（4）风帆制作（不同的碎布、小木快、胶水）。

（5）风向标制作。在航行的过程中，我们需要判断风向来调整我们的船身的方向，达到最好的航行速度顺风而行。同时将风帆调整到位，既提供足够的动力，也避免因为风力过大来不及处理导致船只侧翻。

4. 成果汇报会

各组将自己设计制作的木筏作品进行小组汇报。汇报浮力的大小、结构设计、外观设计、风帆设计、风向标设计等设计意图以及需要改进的方向。

学生投票选出最佳创意奖、最安全木筏奖。

5. 解释

（1）漂浮问题"五规律"

规律一：物体漂浮在液体中，所受的浮力等于它受的重力。

规律二：同一物体在不同液体里，所受浮力相同。

规律三：同一物体在不同液体里漂浮，在密度大的液体里浸入的体积小。

规律四：漂浮物体浸入液体的体积是它总体积的几分之几，物体密度就是液体密度的几分之几。

规律五：将漂浮物体全部浸入液体里，需加的竖直向下的外力等于液体对物体增大的浮力。

（2）浮力的认识

①浮力的定义：一切浸入液体（气体）的物体都受到液体（气体）对它竖直向上的力叫浮力。

②浮力方向：竖直向上。施力物体：液（气）体。

③浮力产生的原因（实质）：液（气）体对物体向上的压力大于向下的压力，向上、向下的压力差即浮力。

④物体的浮沉条件：物体浸没在液体中，且只受浮力和重力。

物体沉浮状态和受力关系。

下沉	悬浮	悬浮	漂浮
$F_浮 < G$	$F_浮 = G$	$F_浮 > G$	$F_浮 = G$
$\rho_液 < \rho_物$	$\rho_液 = \rho_物$	$\rho_液 > \rho_物$	$\rho_液 > \rho_物$

说明：密度均匀的物体悬浮（或漂浮）在某液体中，若把物体切成大小不等的两块，则大块、小块都悬浮（或漂浮）。

6. 精致

学生根据探究创作得出结论，将其拍照记录下来，形成探究结果实验报告。

7. 评价

学生得出研究报告后，分享自己的研究成果，得出怎样进行木筏设计制作更安全的结论。进行进一步的鉴定。学生根据参与情况对本节课的表现给予评价。

项目	自评	他评	教师评	总评
设计思路				
实验操作				
创意想法				
是否解决问题				

六、教学点评

本节课为探究式的教学，设计制作较多，培养了学生的思维能力和设计制作操作能力。在自主设计探究的过程中，也培养了学生的逻辑思维能力，本节课主要的内容是逃生木筏的制作，将日常生活中可能会遇到的问题与实际教学相互联系，使得题目更具有研究意义。

简易测风仪制作

黄颖新

一、设计背景

测风仪可以用作风能资源分析、风场微观选址、风机及风场发电量计算、进行风场风能资源分析，用于对风速、风向、温度、湿度、大气压力、太阳辐射、雨量等要素值进行全天候的监测。直流电动机具有可逆特性的原理，它可以将电能转化成机械能，也能够将机械能转化成电能，当转子主动旋转时它就成为一个发电机。风能是一种机械能，利用直流电动机的可逆特性，就能将风能转化成电能输出。如果制作一个简易的测风仪，可以应用在室内、地下、室外等工作环境。在通信不便、无法知道外界气象条件的情况下，如冬天天气很冷，通过它便可以在家里知道室外的实时风力情况，以便增减衣服和决定出门与否。在海上，我们可以判断风速和风向，以确保航行的安全。

二、解决问题

寻找出简易测风仪制作的方法以及所需要的材料，并成功制作一款测风仪。

三、融合要素对接

类别	目标详解
科学原理	物理：1. 探究如何把风的动能转变成机械动能，再把机械能转化为电力动能，利用风力带动风车叶片旋转，再透过增速机将旋转的速度提升，来促使发电机发电；（人教版初中物理第四节《机械能及其转化》）2. 通过测风仪探究风向变化和风速测量 美术：简易风向仪设计风格和结构布局（七年级美术上册第10课《测风仪模型设计》）
技术制作与技术知识	学生能够掌握简易测风仪的方法和原理
工程支持	学生考虑该研究题目的价值，能否推广到实际生产生活中

四、课前准备

末端带橡皮擦的铅笔头、吸管、用过的纸杯、图钉、剪刀、卡纸、四驱车小电动机、风速仪表盘、两根电极线。

五、5E 教学过程

情境引入→原理讲解→制作方法分析→材料选择和实验→模型的设计制作→产品分享。

5E 探究式教学流程

1. 参与课题导入

教师利用情境导入：有 4 个小伙伴在孤岛上做好了一个逃生木筏，但是他们还需要一些必备的逃生工具，现在天上有一个空投箱准备给这 4 个小伙伴一个工具。这个工具就是简易测风仪，但是需要由同学们设计出来然后空投给这 4 个小伙伴使用。

2. 问题思考（小组讨论）

问题：同学们了解的测风仪是什么？有什么作用？

学生总结（教师归纳）

（1）测风仪的作用和应用价值。

（2）测风仪的原理。

（3）测风仪在生活中的应用。

（4）测风仪的构成结构和制作方法。

（5）需要准备哪些材料。

3. 自主探究

指导学生进行自主探究

【自主探究一】根据讨论的结果，请同学们以小组为单位在白纸上进行草图设计，并进行草图设计的讲解。

小组分享设计成果，并解释设计意图。

【自主探究二】测风仪设计制作

（1）简易测风仪模型结构设计制作。

（2）各组根据自己的设计，用手上的材料进行组合设计制作简易测风仪模型结构。

（3）探究风能、机械能和电能之间能量转换。

（4）检测教室外的风速大小和风向。

（5）让测风仪更加美观。

4. 成果汇报会

各组将自己设计制作的简易测风仪作品进行小组汇报。汇报设计原理、风向仪结构组合、风速风向的实验结果等以及需要改进的方向。

5. 学生投票选出最佳作品奖、最美观奖。

6. 解释

将风能转换成电能需要一台小直流电动机，这很容易找到，四驱车的小电动机就能实现这个功能。风力的指示需要一个仪表盘，而风能转化成电能后输出的是电能，用一只电流表就可以指示风力的大小。用一只指针式电流表接收小电动机的电能输出，风车转动时指针就会摆动，摆幅的大小就能准确反映室外风力的大小。将纸质风车和四驱车的小直流电动机组成的小风力发电系统固定到室外通风的地方，把两根电极线引入室内，装上一只电流表。

在风力的作用下，风扇叶片转动所产生的机械能通过小电动机转化成电能，通过电流表的指针摆动便可以反映风力的强弱和变化。这样，简易测风仪便完成了。这种简易测风仪的制作原材料便宜、容易找到，外形较为小巧，操作简便，使用者可根据电流表实时了解风力的强弱和变化。

7. 精致

学生根据探究创作得出结论，将其拍照记录下来，形成探究结果实验报告。

8. 评价

学生得出研究报告后，分享自己的研究成果，得出怎样进行简易测风仪设计制作更科学的结论。进行进一步的鉴定。学生根据参与情况对本节课的表现给予评价。

项目	自评	他评	教师评	总评
设计思路				
实验操作				
创意想法				
是否解决问题				

六、教学点评

本节课为探究式的教学，设计制作较多，培养了学生的思维能力和设计制作操作能力。在自主设计探究的过程中，也培养了学生的逻辑思维能力，本节课主要的内容是简易测风仪的设计制作，将日常生活中可能会遇到的问题与实际教学相互联系，使项目更具有研究意义。

为干净的海发声——海洋塑料垃圾和塑料微粒

陈碧云

一、项目背景

　　大家都喜欢美丽的海洋，夏日在沙滩上漫步，吹着海风，感觉非常惬意。但是你是否有观察到这样的现象，当你在快乐游玩时会发现海面上漂浮着和环境格格不入的垃圾，这些垃圾不仅影响美观还影响着海洋生物的健康。在本项目中，你将化身成为联合国代表，提出你的议案，共筑和谐家园。

二、解决问题

　　制订解决海洋塑料垃圾和塑料微粒的方案。

三、融合要素对接

类别	目标详解
学科原理	地理：掌握海洋地理位置的原理（人教版八年级地理第二十章第一节）；信息：信息搜索引擎能力（广东高教 B 版七年级上册信息技术第二章善用互联网信息服务第二节《网上获取与保存信息》）
公众演讲能力储备	1. 能够正确梳理演讲稿的框架和要点 2. 掌握立场文件的撰写方法
搜索引擎支持	信息的搜索引擎正确方法
阅读与写作	学生通过查阅文献、书籍关于海洋塑料垃圾和塑料微粒的资料，能够找出海洋塑料微粒，并掌握相关知识

四、课前准备

　　海洋塑料垃圾图片和相关视频

五、5E 教学过程

　　情境引入→问题探究及方案设计→信息搜索操作→相关原理探讨→立场文件撰写→完善改进→关于海洋塑料垃圾解决提案展示交流。

5E 探究式项目流程

1. 参与引入

教师播放一段当前海洋塑料垃圾和塑料微粒现状的视频，并询问学生是否了解过，以及通过什么渠道和方式了解。学生根据生活经验回答世界上海洋塑料垃圾和塑料微粒引起的原因，目前了解的解决方案是什么，生活中接触的解决方式是怎么样的，生活中见到过倡议活动有哪些。这些对我们保护海洋有什么帮助？

2. 自主探究

原理探究

教师在学生看完视频后引起学生兴趣后询问，你们是否也想了解海洋塑料垃圾和塑料微粒的问题如何解决，进一步引入探究问题：

（1）海洋里的塑料垃圾和塑料微粒有哪些，形成原因是什么？

（2）当前海洋塑料垃圾和塑料微粒给海洋造成的影响是什么？

（3）当前海洋塑料垃圾和塑料微粒给海洋里的生物造成的影响是什么？

（4）世界上对于海洋塑料垃圾和塑料微粒的解决方案是什么？还可以结合国情做出的解决方案是什么？

教师通过这 4 个问题引导学生从认识海洋塑料垃圾和塑料微粒的类别及分析成因出发，在自行了解探究的过程中，掌握其中涉及的科学知识，从而为接下来学生自行制定立场文件和撰写决议案打下基础。

技术探究

教师继续进行引导：现在你已经对海洋塑料垃圾和塑料微粒的成因和类别有了初步的认识，如果请你来提出解决海洋塑料垃圾和塑料微粒的问题，你有好的想法吗？为了能够成功撰写具有说服力的立场文件和决议案，你需要考虑以下问题：

（1）根据海洋形态特点，如何分析海洋地理位置和经济发展的平衡关系？

（2）怎样才能结合国情、海洋地理位置及工业发展制定立场文件和决议案？你可以结合所查资料的原理和所学的生物、地理知识给出想法吗？

（3）制作立场文件和决议案需要什么材料支撑？

让学生初步得出制定立场文件的方案，将方案用文字或者画图形式记录下来。

3. 解释交流

学生们在有了自己的方案后，以小组为单位进行展示，分享自己的方案，老师对学生的方案做出分析指导。学生们会头脑风暴出很多答案，在这里没有固定的标准答案，教师可根据实际情况做出调整。老师引导的思路应与提出的问题相同。

在探索交流中汇总海洋塑料垃圾和塑料微粒的成因。

联合国 2018 年披露数据显示，每一年，世界范围内塑料袋的消耗数量为 5000 亿个；每分钟，全球卖出 100 万个塑料瓶；每年至少有 800 万吨塑料制品倾泻到海洋中，相当于平均每秒钟就有一卡车的塑料垃圾被倒入海中。在全世界的海洋中，约有 51 万亿个塑料微粒，是银河系中恒星数量的 500 倍。这些塑料微粒被浮游生物所摄入，并影响食物链。

4. 精致完善

在经过教师对原理的讲解之后，让学生们设计具体的方案，形成项目书（见下表），让学生根据项目书进行立场文件和决议案撰写。

项目书

Committee:＿＿＿＿＿＿＿＿＿＿
Topic: ＿＿＿＿＿＿＿＿＿
Country:＿＿＿＿＿＿＿＿＿＿
Delegates:＿＿＿＿＿＿＿＿＿
Topic Background
Geography reason
Factory
Weather
Past Actions

续表

Possible solutions
References
决议案 & 修订案
Committee:_____
Topic:_____
Sponsors:_____

学生们在撰写过程中老师用引导的方式给予学生提示，不直接给出答案，从而更好地锻炼学生解决问题的能力。

学生在撰写过程中，小组合作分工查找信息和数据图，分析汇总材料，直至获得满意的作品。

5. 展示评价

学生展示交流他们所写的立场文件和决议案，分享当前消除海洋塑料垃圾和塑料微粒的影响及可采取的措施。在这个过程中学生讲述查找信息、汇总数据、分析数据、找出方案的心得。

从以下几个方面对立场文件决议案的进行评价：

项目	自评	他评	教师评	总评
立场文件的内容				
格式				
解决方案可行性				
方案创新处				
演讲技巧				

进一步提升

1. 解决方案如何更加具体化，操作性更强？

2. 英语表达的准确性要进一步完善。

六、教学点评

通过本项目，让学生自己动手查找关于海洋垃圾的信息，从而让学生能够掌握当前海洋塑料垃圾和塑料微粒的成因和类型，掌握关于解决海洋塑料垃圾的知识，并将这些知识运用在模拟联合国国家代表发言及提案当中。在项目体验的过程中，更能培养学生的动手能力、解决问题的能力、思考能力和公开演讲能力。

艺术融合课程

　　本项目是艺术的天堂，是充分调动学生美学素养，涉及音乐、美术、舞蹈多种艺术融合课程。既有传统文化艺术，也有充满科技感的艺术创造。初中学生抽象思维正处于发展阶段，而艺术正能够培养学生的创造力。通过艺术表现手法，直观地将情感表现出来，激活学生的情感。

水果音乐贺卡

陈克娜

一、设计背景

生活在现代科技社会的我们，已经对"电"有了丰富而又强烈的感性认识。电是一种自然现象，它虽然看不见、摸不着，但对我们人类的生产生活有着不可或缺的作用。初中阶段，学生学习了有关原电池的知识。原电池是把化学能直接转化为电能的装置。教材中有关原电池知识的介绍，离学生真正亲身感悟的环境太远，很难形成一个全方位的感官体验。如果能从学生最真实的生活作为切入点，让学生选择最常见的水果或者蔬菜作为原材料去做电池，会极大地增强学生探究的兴趣。同时，选择学生感兴趣的产品去制作，学生的兴趣会更加浓厚。因此本项目是让学生选择最熟悉也最新奇的水果电池来切入，去探讨原电池的工作原理，同时让学生制作各式各样的生日音乐卡片，送给喜欢的小伙伴，增强学生探究的兴趣，提高他们的素养。

二、解决问题

如何用水果制作电池，进而为生日音乐贺卡供电？

三、融合要素对接

类　别	目标详解
科学原理	化学：1.电解液的作用（九年级化学上册第十一章课题《生活中常见的盐》）；2.电池正负极发生的化学反应方程式（九年级化学上册第四章课题《水的组成》） 物理：1.导电性等物理性质；2.电路图等电路的基本知识；3.电池发电的原理（九年级物理全册第十五章《电流和电路》）
技术制作与技术知识	电路连接技术
工程支持	设计电路
数学描述	水果的种类、数量、果汁电解液的量对电池发电效果的影响
艺术体现	不同水果形状，生日贺卡设计体现出来的美观性与艺术性

四、课前准备

导线、锌片、铜片、学生自选水果、检流计、音乐贺卡机芯、卡片等。

五、5E 教学过程

情境引入→查阅资料并初步画出电路图→电路原理等讲解→完善电路图并连接→ DIY 贺卡和水果形状→水果电池连接贺卡并测试→成品展示交流与评价。

5E 探究式教学流程

1. 参与引入

教师提出问题： 你觉得水果能够给你手机充电吗？学生思考并回答。

教师播放一段用 2380 瓣橙子瓣给 iphone 充电的视频。学生认真观看，体验其中的奇妙。

教师进一步启发： 同学们是否也想用水果制作电池来供我们用呢？你们可以制作水果电池，并进一步做成音乐贺卡送给你的好朋友吗？

2. 自主探究

引导学生查阅资料，尝试通过已学和了解到的知识设计水果电池图。

（1）电是如何来的？

（2）电池的种类有哪些？

（3）铜锌原电池发电的原理是什么？其中的铜锌金属等材料的作用是什么？

（4）电路中电流是如何形成的？电子是如何移动的？

（5）水果为什么可以充当电池，任何水果都可以做电池吗？影响因素会有哪些？

图 1　苹果电池

3. 解释交流

学生对查阅并总结的资料与同学们分享，同时讲解初步设计的电路图的思考。

教师根据学生的设计图，讲解以下关键知识点：

（1）形成水果电池电极应该满足的条件

教师引导学生正确地连接实验装置，比如：①水果上要有切口方便金属条插入；②检流计的作用以及与导线的连接方式。

（2）水果电池产生电流的本质原因

教师引导并提示学生参与如下问题的讨论和思考：①电流流向与电子流向间的关系。②为什么会产生电子？③为什么锌会失去电子，而铜没有失去电子？④哪些反应会产生电子？⑤为什么锌失去电子后会将电子转移到铜电极上？⑥锌、铜做电极的水果电池中，哪一极是正极，哪一极是负极？

具体解释：锌片的活性较强，比较容易失去电子，因此作为负极；相对而言，铜片的活性较弱，不易失去电子，因此作为正极。铜片和锌片通过电解质（即水果中的酸）和导线构成闭合回路，闭合回路中产生电流，如果连接二极管，二极管就能发光。

但是很多水果电池的电压影响其发电的效果，比如水果电池串联供电电压更大。具体还与哪些因素有关，引导学生进一步探究，比如水果种类、插入水果的深浅、金属片的种类、金属片的距离等，启发学生可以用控制变量法去进一步探究。

4. 精致完善

为了形成对比，教师先规定每个小组利用苹果进行实验。学生利用控制变量法探究不同影响因素对苹果电池使 LED 灯亮起来的数量的区别。清楚了原理和连接思路后，教师引导学生，自己绘制精美的贺卡，将音乐贺卡机芯粘上并装饰贺卡后，进行连接，探究如何才能使音乐贺卡工作起来，不同小组之间进行对比。

小组内还可以根据探究的深度，进一步利用不同的水果进行尝试，如西红柿、柠檬、杧果等，并把它们切成有趣又美观的形状，增强趣味性。

5. 展示评价

教师组织对本探究项目做整体性评价，如下表所示。

项目分解	自评	他评	教师评	总评
资料收集				
电路连接设计				
展示说明				
供电效果				
创意想法				
音乐贺卡美观性				
是否解决问题				

六、教学点评

本探究项目的知识出发点很简单，就是利用原电池的工作原理，大部分学生都很清楚，但是如何在此知识的基础上进自己动手做电池，还让其供电于有趣的产品，是让学生比较感兴趣的。本节课的特点不仅仅是电路的连接，还有整个过程的影响因素探究等科学方法的利用。该项目可能因为电压不够大，最终不一定能够成功，但是在整个探究的过程中，学生能够学会辩证地思考问题，也能够从反面去思考问题，探索新知。

虢国夫人带你去春游

李 聪

一、项目背景

《虢国夫人游春图》是唐代画家张萱所创作的绢本设色人物画，所描绘的是唐玄宗的宠妃杨玉环的三姊虢国夫人及其眷从盛装出游的场景。这幅作品无论从构图、人物的编排还是设色上都别具匠心，从不同方面刻画了人物的不同性格及阶层，这幅画不仅将春游时不同人物的特点描绘得生动传神，更重要的是它真实反映了唐朝时期的人物和风俗。游春是开放的唐朝的社会风俗，以每年的三月三为盛，妇女们尤其是贵族妇女都会去"曲江池"游赏一番，虢国夫人与其姐妹盛装游春，展现了盛唐时期的时代风貌。

二、项目任务

能够结合唐朝的时代背景，根据人物的穿着、配饰、妆容分析人物形象，从画面的构图、设色、线条感受中国工笔人物画的魅力。

三、融合要素对接

类别	目标详解
学科原理	美术：学会以线性程序欣赏评述名画的方法（岭南版八年级美术上册第三单元第二课） 历史：唐朝是中国历史上的鼎盛时期，社会风气开放，兼容并包，充满活力，展现了鲜明的时代特色
学科知识	美术：学会描述画面、分析名画、解释名画的细节，评价名画的价值 历史：掌握唐朝时期的社会风貌及时代特点
技能支持	工笔画的构图、设色、用笔的特点。理解唐朝时代背景的影响
画面分析	在进行名画故事情节创编的过程中，要注意结合唐玄宗时期，杨氏一家的影响
艺术特点	结合工笔画的几大要素，分析人物的时代特点和人物形象处理
评价鉴赏	学生通过历史课堂的学习，可以将《虢国夫人春游图》这一故事情节，结合当时唐玄宗对杨氏一家的宠爱及重用，使画面的展现更加具有故事性

四、5E 教学过程

参与引入 ➡ 自主探究 ➡ 解释交流 ➡ 精致完善 ➡ 展示评价

5E 探究式教学流程

1. 参与引入

教师播放《虢国夫人春游图》的视频介绍。

教师：同学们，通过刚才的视频赏析，请思考以下问题：

（1）画中描绘了怎样的一种画面？

（2）画中人物是属于哪个朝代的？

（3）你觉得图中的 9 位人物的身份地位如何？

2. 自主探究

原理探究

观看图片后学生引起兴趣，描述画面给予的感受：

（1）图中人物装束有何特点？

（2）图中你觉得谁是虢国夫人？

教师通过这两个问题引导学生从我国历代的时代背景出发，结合历史老师所讲的七年级下册的第一单元"繁荣与开放的时代"中所涉及的内容，从历史背景出发，了解唐朝的人们的物质生活和精神生活，为接下来分析画中人物做好准备。

作品探究

教师进行引导：同学们已经对唐朝时期的历史背景有了一定的了解，那么接下来我们就一起跟随画家张萱的脚步，去感受一下盛唐的魅力和社会风气并思考以下问题。

（1）欣赏《虢国夫人春游图》，如何看出这是一幅春游的画面？

（2）画面的构图以及人物形象的刻画透露出怎样的故事情节？

（3）画面中设色以及线条的刻画有何艺术特色？

让学生通过欣赏画面，感受其艺术特色。

3. 解释交流

学生们小组合作进行探讨得出 3 个问题的答案，并分组展示讨论成果，教师为学生进行分析指导，帮助学生分析时代背景、构图、设色、线条、人物形象，从而有助于学生更全面的学习，学会欣赏评述名画的方法。

（1）如何看出是春游图

画面中的 9 位人物，穿着并不厚重，衣服颜色亮丽清新，而且没有随从打伞遮阴，能够看出是一个舒适的天气环境，而且在唐朝本身就有三月游春的社会风俗，由此可见，画面中虽然没有描绘花卉植被，青草绿木，春水微微，但也可以看出是在春天，这与中国画留有余地的风格非常契合，给人以悠闲欢愉的无限遐想。

（2）画面的构图特点及人物形象的刻画透露出的故事情节

A 构图：在画面上我们可以看出人物的安排，从单行的三骑到两骑并行，最后三骑并行，这既符合贵族出行的特点，整个画面又像是一首歌一样富有节奏，把人物的视觉慢慢地引入，从序曲到主题到高潮。画面人物的编排上，疏密对比，分散和集中，色调有轻有重，甚至对于马蹄的动作安排上也别具心思。

B 人物形象的刻画：画中人物形象的刻画透露出了人物的形象和地位：三位封建的权贵被安排在画面的主体位置，骑鞍上金缕银丝精细的绣织，都显得十分富丽。夫人们风姿绰约，雍容华贵，挥鞭前行的就是主人公虢国夫人，红裙、青袄、白巾、绿鞍，着男装（唐朝有女扮男装的时尚），眉宇间透露出了骄纵之气。一位从监和侍女紧随其后。后面三骑并行的是一男一女两位奴仆和怀抱小主人稍显老态的保姆。位于画面中央的秦国夫人和其姊妹韩国夫人，神情自若，与仆人形成鲜明的对比。

C 故事情节：画面中生动的人物形象透露出春游的故事情节，人物穿着轻薄，颜色鲜艳明快，又无仆人拿伞遮阴，展现出了舒适的天气环境。显赫一时的杨氏三姐妹在众女仆和从监的引导和护卫下，一行八匹马九个人，从容自若，浩浩荡荡，一行人前呼后拥，花团锦簇，再现唐玄宗宠妃杨玉环姐妹及其眷从盛装春游的场景。

（3）设色及线条

《虢国夫人游春图》是一幅工笔画，图中人物的衣纹运用了"低染法"，也称"凹染法"，就是沿着勾好的纹渲染，把衣纹的线条一侧染重，脸部也是同样的方法。画家在色彩配置和色彩结构的处理上匠心独运，画面整个色彩结构中的粉白、浅红色也就是对春天意象色彩感觉的把握，同时与抽象的背景的粉红、嫩绿等形成对比呼应，很好地传达了春天的信息。画中从监所骑的黑马是大片的黑颜色，在画面前疏后密的构图中起到了一定的平衡作用，也突出了墨在中国画中的重要作用。背景中用湿笔画出的斑斑草色，既突出了前面的人物，也使画中的意境显得更加清新。线条的处理也是别具匠心，毛笔在起笔运笔的过程中一波三折，画家根据不同的客观对象和人物的情感要求，如画面中前三骑与后三骑的侍从、侍女和保姆，以及身旁的随行者，这里线描的用笔是通过韵律、节奏、力度、动势、方向等来表现情感，把线的长短、粗细、轻重、浓淡、刚柔、虚实、顿挫、转折等变化加以巧妙组合，刻画出各种不同的气质和性格特征。

4. 精致完善

学生根据学习，在小组之间将《虢国夫人春游图》以故事的形式进行讲述，结合唐朝的时代背景，将虢国夫人春游的情节进行故事再现的讲述。

教师再次进行分析和点评。

【故事情节设计】

经过老师的讲解和历史课堂学习，将《虢国夫人春游图》按照描述、分析、解释、评价的程序进行春游场景的再现，以文字的形式编写出来。

时代背景：
出行人物：
人物形象的刻画：
画面的艺术特点：
有何价值：

学生们在编写的过程中，以小组合作的形式来呈现，结合本节课老师讲解的内容，利用文字表达的形式，利用《虢国夫人春游图》的画面呈现，将其编写为一个生动的故事。

5. 展示评价

学生展示各小组的故事作品，分别从历史角度和艺术角度对《虢国夫人春游图》的故事再现进行评价。

项目	自评	他评	教师评	总评
作品的历史角度				
作品艺术效果				
参与程度				
表达效果				

舞麒麟的麒麟头造型特点

李　聪

一、项目背景

在坪山，每逢佳节或者是有重大的活动，都会有舞麒麟活动。在客家人的心里，麒麟是吉祥之物，在祈福的时候，将麒麟的形象通过舞蹈的形式展现出来，对于客家人而言有着独特的魅力。

在岭南版八年级上册美术课中，我们有一个单元是学习中国的传统纹样以及民间的传统工艺，通过学习我们知道工艺美术中的纹样都有其寓意和应用的功能，而麒麟头的八卦、龙凤、祥云以及各式各样的花朵又有什么独特寓意呢？

结合美术课程与综合实践双向融合，对坪山舞麒麟的麒麟头造型进行探究。

二、项目任务

通过对美术课本上知识的解读以及对客家麒麟文化的了解和综合实践课程的探索，确定项目任务为：

1.了解并宣传客家舞麒麟的文化传统和艺术造型。

2.将客家的麒麟造型元素与美术和综合实践课堂结合起来，创作麒麟的造型。

三、融合要素对接

类别	目标详解
学科原理	美术：1.麒麟头的制造工艺；2.麒麟头的纹样装饰特点 综合实践：根据美术学科知识将坪山舞麒麟的麒麟头造型进行手工制作
学科知识	美术：中国传统纹饰的造型特点 历史：掌握舞麒麟的扎制工艺
技能支持	纸扎工艺的学习
造型分析	在进行舞麒麟的麒麟头造型扎制的过程中注意制作工艺要求
艺术特点	麒麟头的纹饰设计
评价鉴赏	学生通过美术课堂和综合实践课程的结合，学生能够了解中国传统纹饰特点以及掌握纸扎工艺

四、5E 教学过程

参与引入 ➡ 自主探究 ➡ 解释交流 ➡ 精致完善 ➡ 展示评价

5E 探究式研究流程

1. 参与引入

教师播放坪山舞麒麟的视频介绍。

教师：同学们，通过刚才的视频赏析，请思考以下问题：

（1）视频中展示的是什么活动？

（2）一般是在什么样的场合会有舞麒麟的活动？

（3）舞麒麟的造型又有何讲究呢？

2. 自主探究

原理探究

观看视频后学生引起兴趣，描述视频中对舞麒麟的造型感受：

（1）视频中的舞麒麟活动都在哪些地区有？

（2）视频中的舞麒麟是采用什么工艺制作完成的？

教师通过这两个问题引导学生从舞麒麟的盛行地区出发，了解舞麒麟的历史渊源，并从综合探究方面了解主要用糯米浆、纸张、竹子、绘制花纹和字体的纸扎工艺。

造型探究

教师进行引导：同学们已经对舞麒麟的纸扎工艺有了一定的了解，那么接下来我们就一起对麒麟头的造型和纹饰进行深入的探究。

（1）认真观察，麒麟头的制作工艺是什么？

（2）麒麟头的结构图有哪些？装饰纹饰都以哪些图案为主？

（3）麒麟头的纹饰设计又有何寓意呢？

让学生通过欣赏画面，感受其艺术特色。

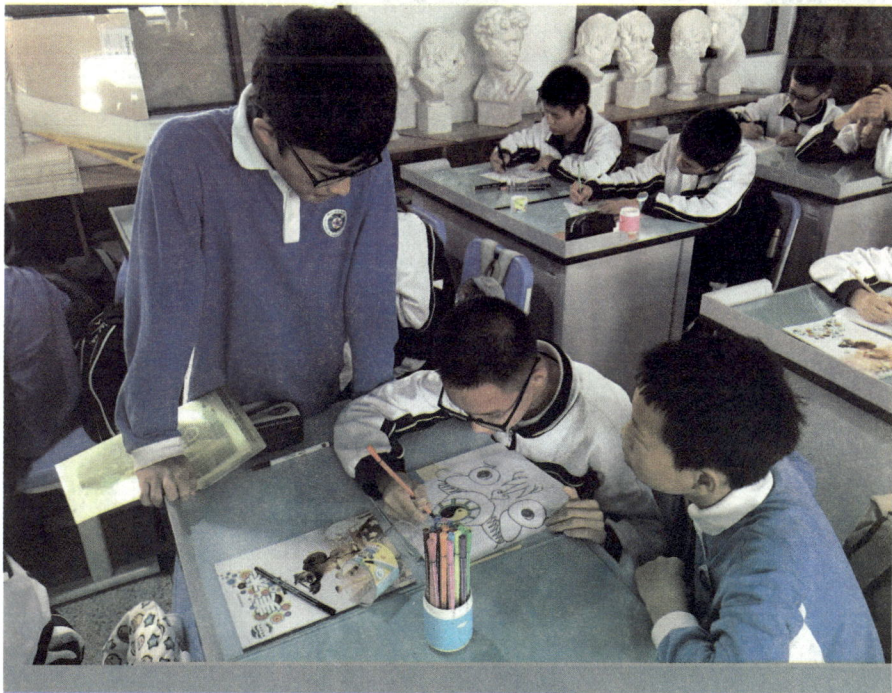

学生自主探究

3. 解释交流

学生们小组合作进行探讨，得出 3 个问题的答案，并分组展示讨论成果，教师为学生进行分析指导。

（1）麒麟头的制作工艺以及造型特点

麒麟的制造工艺： 坪山的麒麟属于纸扎工艺，制作的时候先将竹篾编制出麒麟的雏形，接着在表面粘纸，涂上糯米的糨糊，再次粘纸，一般需要粘 12 层纸，放在太阳底下晒，晒干之后敲打以此来增强其韧性；在麒麟的额头镶嵌银色的圆片，起到辟邪的作用；麒麟的眼睛一般是用乒乓球制作，也有用钨丝灯泡制作的；最后再绘制花纹以及文字。

（2）麒麟头的结构以及纹饰寓意

麒麟集龙头、鹿角、狮眼、虎背、熊腰、蛇鳞、马蹄、牛尾于一身。客家的麒麟头是白鸽狮，上画有一龙二凤一八卦的图案和各种吉祥饰物，头和身写"风调雨顺、国泰民安"八字，为"龙凤呈祥，驱邪佑吉，安居乐业，五谷丰登，天下太平"之意。主体色是青色和黄色，青色代表着天，黄色代表着地。

角： 前额为标志性的平角，在麒麟头的上方有一个向上弯起的角（鹿角），头的后面是三个大小一致的尖角（金角）。

额头： 额头的花纹是标志性的太极八卦，代表着阴阳以及金木水火土，围绕着八卦的是以菊花和牡丹为代表的花卉的纹样，寓意着花开富贵。

学生绘图

眼睛：以黑色和蓝色为主，蓝色由黑色的眼球向四周渐变扩散，再以红圈白点装饰，睫毛棕色为主且呈弯直相间分布。眼睛用鸡血开光，先开左眼观四方，先开右眼观八方。

鼻子：鼻尖黑底红色祥云纹装饰，鼻翼左右对称且以花卉装饰。

脸颊：以花纹以及二重鱼鳞纹为装饰并且贴以金属亮片装饰，脸颊的边缘左右分别五个铜钱装饰，圆为天之形、方为地之态，人在天地间繁衍生息，遵循自然法则。

触须：两根弹簧插在鼻子的上方，并且以毛球为装饰，由内而外染为红绿色。使麒麟在舞动过程中增加其灵动性。

口：麒麟的口分为左中右。左右为二重鱼鳞纹，以红白色装饰，中间以白色划分成四部分。

麒麟头上的装饰主要有花卉、祥云、龙凤、鱼鳞纹（二重线或者三重线）、圆点以及金属亮片。

4. 精致完善

根据学习，学生在小组之间将舞麒麟的麒麟头造型特点通过纸扎工艺的制作再现，将传统纹饰的绘制过程进行展示。

教师再次进行分析和点评。

【故事情节设计】

经过老师的讲解和综合探究课堂学习将舞麒麟的麒麟头造型进行工艺展示。

材料准备：
麒麟头结构：
纹饰种类：
纹饰寓意：
工艺要求：
注意事项：

学生们在创作的过程中，以小组合作的形式来呈现，结合本节课老师讲解的内容，利用手工制作的方式将麒麟头的纹饰、造型、制作工艺进行再现。

5. 展示评价

学生展示各小组的作品，分别从综合探索和艺术创作两个方面对麒麟头的造型特点进行评价。

项目	自评	他评	教师评	总评
综合探索				
艺术创作				

蒙古族长调

郑 伟

一、项目背景

哪里有草原，哪里就有长调；哪里有牧人，哪里就有长调。长调是草原上的歌，是马背上的歌。可以说，蒙古族长调演唱艺术是代表蒙古歌唱艺术最高成就的艺术形式。长调在音乐上的主要特征是歌腔舒展，节奏自如，高亢奔放，字少腔长，不少乐句都有一个长长的拖音，再加上起伏的颤音，唱起来豪放不羁，一泻千里。歌曲《牧歌》是一首传唱度极广的蒙古族代表性歌曲，其悠长的旋律、繁复的波折音和只可意会的内在节律，使歌曲优美动听、风格鲜明。但对于长调这样鲜明风格的形成原因，同学们没有进行过探索，也不曾知道其原因。以下我将通过地理与历史以及音乐的融合，带领学生们一同探索悠长动听的长调及其背后的形成原因。

二、项目任务

能够用准确的节奏、旋律和饱满深情的情绪演唱《牧歌》，并结合地理与历史相关学科知识对蒙古族长调形成原因进行探索。

三、融合要素对接

类别	目标详解
学科原理	音乐：学唱蒙古族长调歌曲《牧歌》（人音版七年级上册 第三单元） 地理：掌握内蒙古地形名称与地形形态（湘教版八年级上第二章《中国的自然环境》） 历史：了解内蒙古历史进化与变迁（人教版七年级下册第二单元）
学科知识	音乐：掌握音乐的旋律与节奏特点，把握歌曲的速度与力度；有感情地运用正确的歌唱方法准确而巧妙地唱好乐句 地理：掌握沙漠、平原、河流、高原、山脉等地形特点与形态 历史：蒙古族的形成与建立，长调形成的有关历史变迁
工程支持	歌曲的演唱方法，音乐理论，多地形特点形态及名称
素材收集	收集除《牧歌》外的其他长调歌曲与内蒙古短调歌曲用于对比
阅读与写作	学生通过查阅关于内蒙古地区地形的文献、书籍资料，能够说出该地区的所属地形、历史、生活及音乐特点，并掌握相关学科知识

四、核心知识与能力

本项目实际的核心知识

基础音乐知识

1. 节奏、旋律、力度、连音等乐谱知识。

2. 内蒙古长调《牧歌》歌词，演唱方法。

3. 演唱时的情感表达。

地理与历史知识

1. 学习内蒙古地区地形特点与植被特点，充分了解内蒙古地区地理环境。

2. 学习内蒙古地区的农牧业类别与发展历程，探索内蒙古地区的历史变迁。

融合总结

1. 用所学内蒙古地区地形特点与内蒙古草原农牧业变迁进行分析，结合地理、历史与人民生活的特性等，总结长调歌曲形成原因及探索演唱方法。

2. 探寻短调的起源，了解短调特点，长调与短调歌曲进行对比，再次论证蒙古族长调风格由来成因。

五、项目实施

面对这一问题，我们该如何解决呢？

（一）项目启动（一课时）

导入话题，让学生思考"同是内蒙古地区，为什么会形成两种风格差异巨大的音乐（短调与长调）"。

具体过程

1. 教师向学生展示内蒙古长调与短调的音乐，请学生总结它们在旋律特点、节奏特点、描绘的情景等方面的不同。

2. 以小组为单位，学生将长调与短调歌曲的特点进行对比，教师做出总结，并绘制表格。

3. 学会演唱歌曲《牧歌》，熟悉长调旋律特点。

4. 观看内蒙古地区草原视频，结合以上音乐加深对乐曲的想象和感受。

（二）知识构建（一课时）

阶段目标

使学生掌握艺术源于生活，受生活与环境影响的概念。

具体过程

1. 内蒙古都有哪些地形？它们的形态是怎样的？

2. 展示内蒙古地形地图，由学生总结牧区地形特点。

3. 分组在网上收集内蒙古的农牧业分布与发展，并结合歌曲特点进行解析。

4. 结合短调流行区域的特点，分析长调流行区域特点。

（三）归纳总结

1. 根据所学地理知识与历史知识，结合歌曲《牧歌》描绘的画面，总结出长调歌曲的特点与对应人文地理成因。

2. 通过制作图表与PPT，展示学科知识的收集与阐述长调形成的多种原因。

3. 多元展示《牧歌》，可运用不同的表演艺术形式。

【展示评价】

1. 学生小组间进行特点描述及长短调对比表格评比，选出同学们心目中阐述最准确的组。在这个过程中学生分享在收集资料时的思路与灵感，相互交流制作心得。

2. 活动：内蒙古不同地区、地形歌曲的特点抢答比赛。

从以下几个方面对学习效果进行评价：

项目	自评	他评	教师评	总评
内蒙古地理、历史知识				
蒙古族音乐特点及长调特点				
长调与短调区别				
演唱把握				
现场比赛及展示				

进一步提升

1. 小组间进行长调歌曲表演（可加自制道具、背景和舞蹈动作）。

2. 对歌曲旋律进行改编，让歌曲更加新颖。

3. 模拟场景进行蒙古族礼仪及演唱。

六、教学点评

本项目涉及北方地区及少数民族相关方面的多学科知识，很能吸引学生的兴趣，激发学生的探究精神，让学生在好奇及快乐中学习。

蒙古族音乐作为中国少数民族音乐的重要支撑，是中国民族民间音乐的瑰宝，它的音乐特点及演唱方式对于学生来说还是比较陌生的，学生通过自我探究及教师辅助得到知识，更能提升他们的成就感与知识把握的精准性，通过个人及小组探究、对比、展示讲解等，让学生可以发现问题再主动探讨解决问题，在过程中能够提升他们解决问题的能力，培养思维的活跃性与创新性。

最后通过舞台表演、比赛、抢答等形式让学生所学知识得到巩固与升华。

唱脸谱

郭美燕

一、项目背景

通过本项目，让学生了解中国传统京剧的艺术魅力，根据京剧行当掌握人物的性格特征，从中简单了解京剧脸谱的基本知识，让学生自己用水彩画京剧脸谱，学唱《唱脸谱》，并以小组为单位，按歌词内容分角色参与演唱表演活动。在项目体验的过程中，更能培养学生的动手能力、对京剧艺术的鉴赏能力。

本项目预计利用 2 课时完成。

二、解决问题

分析京剧行当的人物性格特征，设计制作京剧面具，演唱表演《唱脸谱》。

三、融合要素对接

类别	目标详解
学科原理	音乐：体验京剧唱腔的韵味，积极参与演唱、欣赏等实践活动，并对中国传统艺术产生兴趣及自豪感（人音版八年级下册第五单元京腔京韵《唱脸谱》） 美术：能够了解脸谱所蕴含的独特文化内涵，体会造型夸张、色彩强烈的脸谱所表达的人物性格特点，用水彩画京剧四大行当的面具（岭南美术出版社九年级上册 第二单元《有性格的形象 独具魅力的面具》）
技术制作与技术知识	1. 能够了解京剧脸谱的基本知识；熟悉京剧四大行当 2. 能够掌握京剧脸谱的特征和制作方法
艺术设计	对京剧脸谱造型设计，用水彩画设计京剧四大行当的脸谱
阅读与写作	学生通过查阅文献、书籍关于京剧艺术的资料，能够说出《唱脸谱》中人物的性格特点，并掌握相关知识

四、课前准备

多媒体教学设备、钢琴、白色手绘面具、水彩颜料。

五、5E 教学过程

京剧行当与脸谱→问题探究及方案设计→京剧脸谱的绘画设计→京剧四大行当的分析→《唱脸谱》音乐体裁→京剧脸谱水彩画作品展示→《唱脸谱》融合课展演。

5E 探究式教学流程

1. 参与引入

教师演唱一首京剧戏歌《故乡是北京》，让学生们思考：老师所演唱的歌曲是什么剧种，对其有什么了解。学生根据生活经验做出回答。说出我国京剧的文化内涵以及艺术价值，京剧被誉为"国剧""国粹"，脸谱在京剧中有什么作用？

唱腔有什么特点？《唱脸谱》采用了那些音乐元素？如何设计京剧各行当的脸谱？

思考：老师所演唱的歌曲是什么剧种？

2. 自主探究

原理探究

做好课前发声练习，引导学生学习科学的发声方法。

（1）了解京剧（秒懂百科）小视频。

（2）京剧脸谱的作用。

（3）京剧四大行当的特点以及所表达的人物形象。

歌曲探究

演唱时，引导学生注意京腔京韵，简单了解唱腔知识，也是为下面演唱做铺垫。

（1）思考：歌曲《唱脸谱》由几部分组成？

第一部分：用通俗歌曲的创作手法。

第二部分：采用了京剧的唱腔。

（2）聆听第二遍（要求学生小声跟唱）。

（3）学唱第一段。

（4）学唱第二段：歌曲中人物形象特征。思考：歌曲唱腔是哪个行当？

（5）解决难点：结尾乐句拖腔练习。

（6）让学生跟着伴奏完整表演《唱脸谱》，及时评价。

上课场景

学习《唱脸谱》内容时，注意发挥学生的主观能动性，教师做好声音示范，保持良好的歌唱状态。在教学过程中培养学生的鉴赏能力，学会用音乐术语评价学生的展演。

3. 解释交流

（1）美术课优秀脸谱面具展示（学生分享自己创作作品的经验和评述作品的方法）。

（2）老师示范京剧亮相动作，学生创编舞蹈动作，并带上学生自己创作的京剧脸谱面具，参与展演活动。

4. 精致完善

教师总结：这节课我们共同学习了《唱脸谱》，认识了京剧中的脸谱和"戏歌"音乐体裁，希望同学们通过本节课的学习，喜欢上我国的国粹京剧艺术。

【编创设计】

经过美术教师的京剧脸谱讲解与歌曲的学唱，让学生们根据京剧的音乐元素特点，设计编创歌曲《唱脸谱》，让学生结合歌词和设计的面具对歌曲进行表演创编。

歌曲名称：
创编时间：
创编内容及分工：
所需素材：
歌曲编创设计理念（选择角色、行当）：
歌曲展示形式（演唱形式、表演形式、器乐舞蹈的添加）：

5. 展示评价

学生展示演唱自己小组完成的展演，小组间进行投票，选出同学们心目中最喜欢的歌曲作品。在这个过程中学生分享在编创过程思路与灵感，相互交流编创心得。

项目	自评	他评	教师评	总评
行当的认识				
京剧音乐元素的表现				
实际效果（歌曲是否押韵和谐）				
新颖表演形式之处				

进一步提升

（1）小组与小组之间进行歌曲结合表演。

（2）对歌曲展演进行创编，让歌曲更加新颖。

六、阅读鉴赏链接拓展

1. 欣赏京剧《定军山》选段《这一封信来得巧》。

2. 欣赏京剧唱段《我们是工农子弟兵》。

3. 阅读《中国京剧》莫丽云编著。

4. 阅读《京剧音乐概论》刘吉典编著。

5. 阅读《梨园声韵学》何佩森编著。

6. 阅读《中国戏曲音乐》蒋菁编著。

七、教学点评

本项目学习京剧戏歌《唱脸谱》，它是一首在戏歌中流传较广，颇有影响的佳作。这首歌巧妙地将通俗歌曲的演唱风格及伴奏手法与曲艺音乐、戏曲音乐融合一起，它既是流行歌曲，又是京剧唱段。歌曲第一部分阐述了外国人对我国京剧的美好印象的赞赏，第二部分是对各种脸谱的勾画，惟妙惟肖地勾画出了一张张美佳佳的脸谱。通过美术课对京剧脸谱的造型和纹理学习，设计绘画京剧四大行当的京剧脸谱，从而加深了学生对京剧行当的了解。

在教学设计方面，根据学生的心理、态度，精心设计，使教学充满了活跃的气氛，通过音乐学科和美术学科的融合，做到在唱中画、在画中唱，增强了教学的形象性，趣味性和创造性。通过课件介绍京剧唱脸谱的谱式，眼色与人物性格的关系，脸谱样式的辨别，使学生对京剧脸谱产生兴趣。

彩色的中国

陈羽歆

一、项目背景

歌曲《彩色的中国》从最直观的中国地图入手，将平原、沙漠、长江、黄河和宝岛台湾纳入歌词，以亲切赞美的口吻，跳动优美的旋律，表达了孩子们质朴的爱国之情。再结合地理学科中的地形地貌等相关知识，增进学生对我国自然风光的了解，加深对祖国大好河山的热爱，根据音乐艺术的表现特征，引导学生对音乐表现形式的整体把握，领会音乐要素在音乐表现中的作用，为增进音乐素养及终身学习奠定基础。

二、项目任务

能够用准确的节奏、旋律和饱满深情的情绪歌唱《彩色的中国》，并结合旋律与地理学科知识对歌曲进行编创。

三、融合要素对接

类别	目标详解
学科原理	音乐：掌握三拍子节奏型，运用声断气不断的方法准确而巧妙地唱好休止符（人音版七年级上册 第一单元歌唱祖国第一节） 地理：掌握歌词中出现的中国境内地形名称与地形形态（湘教版八年级上第二章 中国的自然环境）
学科知识	音乐：掌握三拍子的指挥图示；乐句气口的划分与歌曲段落划分；声断气不断的演唱方式；歌曲的速度与力度 地理：掌握沙漠、平原、河流、高原、山脉等地形特点与形态
工程支持	歌曲的演唱方法；歌词押韵的编创方法；多地地形特点形态及名称
编创描述	在对其他地区地形的歌曲描绘编创上，需要熟悉该地区地形的可编创科学性
艺术设计	歌曲编创更加押韵，歌曲更流畅
阅读与写作	学生通过查阅关于中国其他地区地形的文献、书籍资料，能够说出该地区的所属地形特点，编创属于该地区的歌词，并掌握相关知识

四、5E 教学过程

5E 探究式研究流程

参与引入 ➡ 自主探究 ➡ 解释交流 ➡ 精致完善 ➡ 展示评价

1. 参与引入

教师播放我国各地色彩不同的地形地貌，如内蒙古锡林郭勒草原、新疆塔克拉玛干沙漠、长江、黄河、珠穆朗玛峰、丹霞山，背景音乐播放《彩色的中国》。

教师：同学们，这些都是我国著名的自然景观，这些色彩斑斓的地貌的名称有哪些同学知道？它们都是什么颜色的？它们为什么如此色彩斑斓？

2. 自主探究

原理探究

观看图片后学生引起兴趣：你是否知道这些地形地貌色彩形成的原因？进一步进行问题探究：

（1）造成地形地貌不同色彩的影响因素有哪些？

（2）我国还有哪些色彩斑斓的地形地貌？

教师通过这两个问题引导学生从我国自然地理环境色彩形成原理出发，在自行了解、小组探讨与地理教师的讲解的过程中掌握涉及的地理学科知识，从而为接下来学生自行编创歌曲打下基础。

歌曲探究

教师进行引导：同学们已经对我国绚丽多彩的自然地理地貌有了初步的了解，下面让我们学习一首描绘祖国自然地理地貌的歌曲。播放今天需要学习的歌曲《彩色的中国》，思考以下问题：

（1）结合歌词，歌曲的情绪是怎样的？

（2）歌曲描绘了一幅怎样的情景？有什么含义？

（3）歌曲中出现的三拍子节奏型有什么特点？带给我们什么样的感觉？

（4）歌曲的休止符为歌曲提供了怎样的风格特点？

让学生通过聆听歌曲，初步掌握歌曲情绪与内涵。

3. 解释交流

学生们进行探讨给出歌曲含义结论，并分组展示讨论成果，教师为学生进行分析指导，帮助学生分析音乐情绪，从而找到最准确最完整的歌曲含义。在歌曲的专业音乐知识方面，探讨这首歌曲中三拍子节奏与休止符产生的歌曲效果意义。

（1）歌曲的速度与力度所产生的情绪

歌曲速度为中速，力度采用了较弱的力度进行演唱，使整首歌曲产生轻快、舒缓、欢乐的情绪。

（2）歌曲情感所包含的含义

A 段歌曲由少年打开地图册看到碧绿的草原、金黄的沙漠、长长的长江、弯弯的黄河入手，表现我国绚丽多彩的地形地貌，通过少年的口吻发出自豪感。

B 段则出现了"宝岛台湾像小船在东海上漂"，一个"漂"字隐喻了台湾还未真正回归祖国怀抱，得出"少年"热切希望祖国能够早日完整统一的心境。"神州处处好"可以看出我国秀美的自然地理环境值得每一个中国少年感到自豪。

（3）三拍子节奏型

三拍子的歌曲给人以亲切、舒缓、活泼的愉悦感。通过教授学生三拍子的指挥图示，把握歌曲的节拍，使歌唱时能用准确的拍子演唱。

（4）休止符的妙用

歌曲中"少年"打开地图册时发出的感叹，又是如何通过音乐手段表现的呢？歌曲中 A 段除了运用弱起开头，还频繁运用休止符。每一次的休止符都在模拟"少年"发出的感叹，为歌曲增添风味，也生动形象地描绘了"少年"的惊讶情绪。

4. 精致完善

学生进行演唱练习，采用全班共同演唱与分小组演唱进行打磨完善，对歌唱不准确的部分进行多次重复训练直至歌曲节拍准确、旋律和谐、音准达标、气息顺畅，同时演唱富有情感，用诚挚欢快的情绪进行演唱。

（1）全班共同演唱，先由学生自行发现问题所在，再由教师统一进行指点，更正问题。

（2）分小组进行演唱，小组之间相互发现问题，组内成员相互点评与指点，未发现与未改正的错误再由教师进行勘误。

【编创设计】

经过地理教师的地形地貌讲解与歌曲的学唱，让学生们根据自己家乡的地形地貌特点设计编创歌曲《彩色的……（地名）》，让学生根据地理书图册的介绍对歌词进行改编。

歌曲名称：
编创时间：
编创内容及分工：
所需素材：
歌曲编创制作方案（选择区域、涉及地形地貌）：
歌曲成品（歌词填写）：
歌曲展示形式（演唱形式、表演形式、器乐舞蹈的添加）：

　　学生们在编创过程中老师用引导的方式给予学生提示，不直接给出答案，从而更好地锻炼学生解决问题的能力。

　　学生在编创过程中，不断调整歌曲用词与歌词素材，直至获得满意的作品。

5. 展示评价

　　学生展示演唱自己小组完成的编创作品，小组间进行投票，选出同学们心目中最好听的歌曲作品。在这个过程中学生分享在编创过程思路与灵感，相互交流编创心得。

项目	自评	他评	教师评	总评
歌词设计				
地貌地形科学性				
实际效果（歌曲是否押韵和谐）				
新颖表演形式之处				

　　进一步提升

1. 小组与小组之间进行歌曲表演。

2. 对歌曲旋律进行改编，让歌曲更加新颖。

"绳"一般的韵动课

黎永豪

一、项目背景

通过本项目，让学生掌握花样跳绳的节奏分配与花样变化，通过音乐的节奏和韵动，来掌握花样跳绳的技巧，从而能够掌握花样跳绳的技术要领，在团队的花样表演中展示风采。在项目体验的过程中，培养学生的自主学习能力、掌握体育运动技巧的能力。

二、解决问题

设计花样跳绳的动作变化与音乐节奏搭配，使同学们能通过音乐节奏以及韵律搭配花样跳绳动作，掌握花样跳绳的技术动作要领，展示花样跳绳运动的魅力。

三、融合要素对接

类别	目标详解
学科原理	音乐：1. 韵动是指以什么样的韵律而动或者舞动，韵指韵律，动指以什么而动；2. 花样跳绳的动作变化与音乐韵律的搭配，形成跳绳的节奏（人教版九年级全一册体育与健康第九章《花样跳绳》）
技术制作与技术知识	1. 能够找到花样跳绳的技巧与音乐韵律 2. 能将花样跳绳的速度与音乐的韵律结合在一起，掌握跳绳的技巧与节奏
工程支持	花样跳绳的技巧，音乐韵律的寻找，节奏的搭配
数学描述	花样跳绳，如何分配速度，音乐韵律的快慢，需要计算
艺术设计	对音乐韵律的节拍需要有一定的音乐基础
阅读与写作	学生通过查阅文献、书籍关于跳绳技巧的资料，能够说出花样跳绳的节奏伴随音乐旋律变换、随动的技巧，并掌握相关知识与技巧

四、课前准备

短绳、小音箱、动感音乐曲。

五、5E 教学过程

情境引入→问题探究及方案设计→跳绳速度与音乐节奏设计→相关原理探讨→跳绳与音乐融合训练→编制一套花样跳绳展示操→跳绳展示交流。

5E 探究式教学流程

1. 参与引入

教师播放一段跳绳伴随音乐旋律运动的视频，在激情音乐的伴奏下，随乐而动，随着音乐的节奏进行跳绳的速度分配，提问同学们是否欣赏过此类运动？随乐而动，随音乐旋律加快而提高跳绳的速度与节奏，如何通过音乐旋律来提高我们花样跳绳的技术动作的瞬间变化，展示花样跳绳运动的魅力？

2. 自主探究

原理探究

教师在学生看完视频后引起学生兴趣后询问：你是否也想在激情的音乐下进行跳绳训练，通过旋律节奏强的音乐来提高花样跳绳的欣赏性？

进一步引入探究问题

（1）影响花样跳绳欣赏性的因素有哪些？

（2）为什么要通过音乐旋律来配合跳绳节奏，这能达到什么样的效果？

教师通过这两个问题引导学生从花样跳绳的欣赏性入手，在自行了解探究的过程中，掌握其中涉及的音乐科学知识，从而为接下来学生自行编制花样跳绳动作变化与音乐节奏的搭配打下基础。

技术探究

教师继续进行引导：同学们花样跳绳的技术动作有了一定的初步了解，对花样跳绳技术编制也有初步的了解，对选择音乐旋律，编辑剪辑音乐需要进一步的学习与思考。

你需要考虑以下问题

（1）花样跳绳的动作变化，如何合理的编排与设计？

（2）怎样剪辑动感的音乐旋律？

（3）如何将花样跳绳的动作变化与音乐旋律搭配展示出来？

让学生初步编制花样跳绳的 4 个 8×8 拍的技术动作，将方案用文字和画图形式记录下来。

3. 解释交流

学生们有了自己的动作编制的初步想法，教师从中进行引导，遵循运动的规律，循序渐进，由慢到快，由简单的动作到复杂多变，最后配合音乐的搭配，展示成果。

在设计探究中发现技术要领

花样跳绳技术动作的编制：由静到动，从简单的甩绳开始设计动作，原地的技术动作变换，到移动的技术动作变换，从单人的技术动作，再到双人、多人的技术动作。技术动作变换与音乐的搭配：音乐的剪辑与花样跳绳技术动作的搭配设计。

【技术动作设计】

在经过教师对技术动作设计讲解之后，让学生们设计具体的编制方案。

具体实施项目和要求：

（一）花样跳绳的种类：短绳跳、长绳跳。

1. 短绳跳包括：单人跳、双人跳和三人跳。

2. 长绳跳（三人以上跳绳）具体项目形式、动作要领。

小组成员进行技术动作的研讨与设计

（二）基础要求

1. 量绳：跳绳之前，要学会量绳，选择适合自己身长的绳子。方法是：两手各握绳子一端，一脚或两脚踏在绳中间，两臂弯曲平举，手心向上，肘部靠近体侧。绳子被拉直时，即为适合自己的身长。

2. 摇绳要求：摇绳要以肘关节为轴，用手腕带动，两手好像在体侧前方画小圆圈。切忌以肩为主的大臂挥动。

3. 停绳要求：练习之初，还应掌握停绳方法。想停绳要把绳踩在脚下。

4.绳操把绳子折起来，当作棍使，各种体操练习。如持绳上举后抢，持绳体转，体回转等。这种绳操可定位做，也可以行进间做。编成成套绳操时，应充分利用绳子的特点，按照便操的基本原则进行编排。例如：（1）把绳子折成四折，两手握绳端，把绳拉直，持绳做伸展运动、体侧运动、体前后屈运动。（2）绳子如有把柄做一些打击动作。（3）握绳一端做头上脚下的绕转运动。

5.跳绳学习应注意的几个问题：

（1）要注意正确的开始姿势和结束姿势。在教师的统一指挥下进行练习，力求做到说停就停，不能持绳随意做其他动作。队列的间距要大一些，以免彼此影响。

（2）开始学跳绳时，一定要强调持绳、摇绳、停绳的基本动作，要注意身体姿势，做到一举多得，既学会了方法，又掌握了动作，还进行了美育德育。

（3）要注意正确有节奏的呼吸。练习地点最好在室外，避免在烟尘和灰尘太大的环境中进行。

（4）跳绳时，腿部、上肢、内脏器官活动较多，躯干动作较少。可在跳绳之后，加做一些躯干动作，也可在练习时选择一些前后屈、体转等躯干动作结合进行。

（5）要掌握好适宜的运动量。应根据运动者的不同性别、年龄特点、身体状况，安排不同的跳绳次数、速度和持续时间，注意调节运动量，安排好练习之间的适当休息。每次练习后，要适当做一些放松活动。运动量要适当，开始时应轻松慢跳，慢跳两分钟后休息一分钟，然后再逐步加大运动量。

两人合作跳练习

（三）音乐剪辑与技术动作的搭配

1. 寻找下载富有激情和节奏动感的音乐。

2. 搭配动作，修改技术动作。

3. 跟着音乐进行悦动跳绳，搭配完整音乐。

队形创编

4. 展示评价

校园艺术节展演

学生设计花样跳绳创编套路、剪辑音乐，将编排的动作与音乐搭配进行展示，通过学校艺术节的平台展示花样跳绳的魅力，收集学生、教师等评价。

六、阅读链接

花样跳绳运动，首先，是具有简单可行的特点。简单可行是指花样跳绳运动项目简单易行、便于操作，项目初学者在体能和技能方面可"零门槛"准入。

其次，是具有花样繁多的特点。花样跳绳项目的花样繁多主要体现在花样跳绳运动摇与跳的动作上，增加了它的观赏性。

再次，是它具有安全性高的特点。很多运动都会有安全隐患，需要采取措施把运动的安全隐患降到最低。而花样跳绳运动本身就具备这方面的优势。花样跳绳运动是在保证安全健康的前提下开展。也就是说花样跳绳运动是在保证跳绳参与者的人身生命安全的基础上，一方面有助于维持和改善花样跳绳参与者的骨骼、肌肉、关节等身体形态；另一方面还有助于保持和提升参与者的心血管机能、免疫机能、心肺功能等身体机能，从而全面促进跳绳参与者的体质发展。

最后，是它具有娱乐观赏性高的特点。每一项运动可以延续下去，被人们接受，就是因为它有一定的观赏性。花样跳绳项目的观赏性也是它受欢迎的一个原因。世界杯之所以为人们所喜欢，就是因为这项运动具有更高的观赏性，即使没有直接参与运动，也可以通过视觉直接感受运动带来的乐趣，这便是一项体育运动的价值。作为参与者，我们可以通过直接或间接参与运动，在里面得到愉快的、满足的情感体验。

此外，花样跳绳还体现出较强的节奏和韵律、对称和协调、简捷和变化、规范和新颖。

花样跳绳是有价值的。首先，花样跳绳具有健身价值。其在增强人体体质、增进健康和美塑造型方面具有重要作用。中小学生的身体正处于高速发展阶段，无论是心理还是生理都需要通过运动来协助它的生长。经常参加花样跳绳运动能够增强肌肉力量，促进骨骼的发育；能增强身体的协调性，提高神经系统的灵活性；增强人的心肺功能，发展耐力素质；促进人体的新陈代谢，是减肥的极佳运动。

其次，花样跳绳具有休闲娱乐价值。运动可以给人体带来释放感，同样也可以带给人娱乐。娱乐是指人的一种愉快心理和精神享受，在生活中起着不可缺少的重要作用。人的一生中如果没有娱乐，那将会是一个乏味的人生。然而花样跳绳因其种类的多样性就决定了它与我们的娱乐生活密切相关。花样跳绳运动起初发展快速，正是由于它的种类繁多，变化丰富，难度可根据能力进行选择，男女老幼都可以参与。在中小学校园里花样跳绳项目能够大大增加学生的参与兴趣，调节学习生活，缓解其作业繁多的压力，有效地提高中小学生的学习效率。直接参与运动的人可以从中获取快乐，间接参与的人可以通过视觉获得精神愉悦，所以说花样跳绳具备较强的休闲娱乐价值。

再次，花样跳绳具有教育价值。花样跳绳运动可以增强学生的意志品质。花样跳绳入门技术较简单，很容易掌握，中小学生好奇心大，求知欲也非常的强，非常容易吸引中小学生参与进来。随着技能水平的不断提高，花样跳绳运动产生了许多不同的组合变化，从最简单的单摇步法的变化到高难度的多摇以及融入体操、健美操等基本步法，更是增加了花样跳绳的丰富度。作为花样跳绳运动参与者，我们可以通过自己的努力达到每个层次阶段的要求，满足不同的个体需求。作为教授者，我们可以引导学生进行探究式的学习，开发学生的创新精神，增强学生的意志力，提高学生自我学习的能力和不断挑战极限的意志品质。

七、教学点评

本项目采用学生自主设计创编花样跳绳技术动作，自主剪辑音乐，将技术动作与音乐搭配起来进行展示，整个设计由慢到快变换节奏，增强学生的节奏感同时掌握技术动作，巩固学生的跳绳技术，激发他们的学习兴趣。特别强调的是自主创编环节，让学生做到"相信我能行"，大大增强学生自信心，让学生真正体验成功的喜悦。另一方面，提供小组学生合作训练的场地，积极鼓励学生的想法，任意组合搭配，增加合作的可能性。在花样跳绳创编的练习过程中，学生通过动脑—实践—总结—分享，主动探究，在练习过程中发现问题，解决问题，根据自己的能力和经验做各种跳绳的练习，不仅锻炼了身体的协调性，同时培养了学生们善于动脑、敢于创新、大胆实践的优秀品质。